U0709959

吐魯番學研究叢書甲種之二

新獲吐魯番出土文獻

上

中華書局

圖書在版編目(CIP)數據

新獲吐魯番出土文獻/榮新江，李肖，孟憲實主編.
北京：中華書局，2008.4
ISBN 978-7-101-05812-3

Ⅰ.新… Ⅱ.①榮…②李…③孟… Ⅲ.出土文物-文獻-研究-吐魯番地區 Ⅳ.K877.04

中國版本圖書館CIP數據核字（2007）第123642號

吐魯番學研究叢書甲種之二

新獲吐魯番出土文獻（全二册）

主　編　榮新江　李　肖　孟憲實

責任編輯　于　濤
裝幀設計　劉　麗
封面題籤　馮其庸
封面攝影　黄　彬

出　版　中華書局
（北京市豐臺區太平橋西里38號　100073）
http://www.zhbc.com.cn
E-mail:zhbc@zhbc.com.cn

印　製　北京精彩雅恒印刷有限公司
787×1092毫米1/8・62.5印張・396千字
二〇〇八年四月第一版　二〇〇八年四月北京第一次印刷

印　數　1-1000册
定　價　1800.00元
国際書號　ISBN 978-7-101-05812-3

主　編

榮新江　李　肖　孟憲實

編　纂

張永兵　張銘心　朱玉麒　湯士華

史　睿　雷　聞　余　欣　姚崇新

畢　波　游自勇　王媛媛　裴成國

陳　昊　文　欣　丁　俊

合編單位

北京大學中國古代史研究中心

新疆維吾爾自治區吐魯番學研究院

中國人民大學國學院西域歷史語言研究所

本書出版得到國家古籍整理出版專項經費資助

本書係以下項目成果：

教育部人文社會科學重點研究基地
北京大學中國古代史研究中心重大項目
「新出土及海内外散藏吐魯番文獻的整理與研究」

新疆維吾爾自治區吐魯番學研究院
「新獲吐魯番出土文獻的整理與研究」項目

中國人民大學國學院西域歷史語言研究所
「西域出土文獻的整理與研究」項目

總目

索　引

序

榮新江　李　肖　孟憲實

歷史學以實證性研究爲特徵，沒有史料，歷史研究就是無米之炊。新史料嚮來是史學發展的重要動力之一，發掘新史料幾乎就是史學家最日常的工作之一。雖然在舊史料中發現新意也是新史料發現的一種途徑，但相對而言，近代以來新史料的發現主要依賴的是考古學。考古學資料對於不同歷史階段的意義有所不同，重視考古新發現已經成爲史學研究的基本意識，對於上古和中古史研究而言，如果沒有考古資料或者不重視考古新資料，史學研究至少是存在很大缺陷的。

近代以來，古史研究的新進展或者依賴新史料的發現，或者依賴新的史學理論，而推動中國近代史學研究的「四大發現」，即甲骨文、漢簡、敦煌文書和明清檔案，確實在相應的研究領域發揮了重要作用。敦煌學提供的新資料是多方面的，不僅有古文書，還有洞窟、壁畫、雕塑等資料可供研究，而與敦煌毗鄰的吐魯番所提供的資料，一方面有着與敦煌相近的特點，另一方面近年更有上乘表現，吐魯番也有洞窟、壁畫、雕塑，但吐魯番學的主要支柱其實是古代墓葬，正是這些墓葬提供了源源不斷的吐魯番出土文獻（文書、墓誌等）。過去，吐魯番被人熟知的是阿斯塔那、哈拉和卓兩個古墓區，近年更有一些新的古墓區出現，而規模最大、未來意義更大的要數洋海墓地。洋海墓地的資料現在雖然只披露了很小的一角，就已經讓人大感驚奇。吐魯番學隨着考古新進展、新資料的不斷出現，未來的大好前景是不容置疑的。

本書就是對近些年吐魯番新出文獻的一個整理合集。因爲我們整理的不僅有古墓出土文書，也有寺院遺址出土的佛經殘片，還有墓誌，所以我們統稱之爲「出土文獻」。這些文獻不僅來自阿斯塔那，還有洋海、巴達木、木納爾等古墓區出土者，吐魯番地區文物局徵集的文書，應該也是出自吐魯番的古墓。我們的整理工作，按照前人的慣例，以墓葬爲單位加以定名、釋文等。出土文獻，其自身也是珍貴文物，一方面考古工作提供的信息，是文獻整理工作所依賴的基礎條件；另一方面出土文獻的深入研究，又反過來推進了對考古資料的認識。本書實際上是考古學与歷史學結合的產物，我們希望我們的工作對於考古與歷史都有意義。

整理工作由北京大學中國古代史研究中心、新疆維吾爾自治區吐魯番學研究院、中國人民大學國學院三家單位牽頭，由國內多個學術機構的研究人員合作完成。這項工作得到了多方面的支持：中國人民大學國學院名譽院長馮其庸先生一直關懷本書的進展，還特地爲本書題寫書籤。吐魯番地委、行署和新疆維吾爾自治區文物局始終關心和支持本書的整理和出版。地委書記孫昌華同志、行署專員熱孜萬·艾拜同志、地委副書記鄭强同志、行署副專員席克然木·吾甫爾同志等多次過問或親臨我們在吐魯番博物館的工作現場。中國人民大學國學院常務副院長孫家洲教授、副院長徐飛教授，爲本書從完成到出版，給予了極大的支持。北京大學中國古代史研究中心原主任張希清教授、副主任李孝聰教授，現主任閻步克教授、副主任羅新教授以及中心圖書館館長臧健女史，爲本書的整理工作提供了諸多的方便。吐魯番地區文物局更是給予了全面的支持，他們爲此提供了大量的人力物力。鄯善文管所也爲我們調查該所所藏文書原卷提供了方便。在此，我們表示衷心的感謝。

學術界的前輩和同仁也對本書的完成給予了巨大幫助。文獻整理完成初稿後，我們特别邀請陳國燦、朱雷、王素、凍國棟、張涌泉、黄征、劉安志等先生專程到北京參加定稿會，他們的學識與見解，爲本書的完成提供了基本的學術保證。日本學者吉田豊先生爲我們解讀了粟特語文書，荒川正晴先生、關尾史郎先生也爲一些文書提供過重要學術意見。這部書的完成，也部分地體現了國際學術界的合作。攝影家爾冬强、黄彬先生提供了部分精美照片。我們在此也向他們表達最誠摯的謝意。

中華書局從文書整理之初，就給予了極大的關心，在出版方面更是積極熱情。感謝副總編輯徐俊先生、歷史編輯室主任于濤先生，他們多次前往工作現場，參與部分文書的釋讀並提供很多有益的建議，使得本書以美觀大方的形式呈現給讀者。

從二〇〇五年十月起，整理小組每周六集合在北京大學中國古代史研究中心工作，利用照片進行整理。我們也多次前往吐魯番，利用原卷對照整理。有時一字半句的理解和録文，都經過多次反覆查證、商量、争論。如今轉眼已經過去兩年多的時光，在這些整理過程的日子裏，自然有很多發現的喜悦，也有長期不得進展的苦悶。雖然出版在即，我們心中仍不能因此而平静。現在提供給學術界的這部資料書，體現的是整理小組成員的一致努力，不足之處在所難免，我們静待方家批評指正。

二〇〇七年十二月

近年吐魯番的考古新發現

新疆維吾爾自治區吐魯番學研究院
新疆維吾爾自治區吐魯番地區文物局

吐魯番是中國歷史文化名城，古絲綢之路重鎮之一，地上、地下蘊藏着極爲豐富的歷史文化遺產。早在十九世紀末，俄國的亞伯特·雷格爾、德國的格倫威德爾和勒柯克、英國的斯坦因、日本的橘瑞超等，打着「探險」、「考古」的幌子，在吐魯番先後多次劫掠了大量的珍貴文物，在國人的痛苦與無奈之中，一門國際性的新學問——吐魯番學就這樣誕生了。

吐魯番學的誕生與發展，其每一個關鍵時刻都伴隨着大規模的田野考古發掘。如果說敦煌學的資料基礎是奠基在藏經洞的寶藏之上，那麼吐魯番學的資料基礎則是建立在若干時期對當地古遺址、古墓葬的考古發掘之上，出土文獻的主要內容特徵是世俗性、社會性，而且時間跨度大。人們利用吐魯番出土的這些文獻資料，既可以吐魯番盆地爲坐標點縱向地研究從魏晉南北朝到宋元時期的歷史文化，也可橫向地研究某一個特定時期的地域關係。這些通過發掘問世的歷史文獻，爲從事相關領域研究的人們提供了一個在正史資料之外研究東西方文化交流史和地方社會生活史的新窗口，而且是一個隨着考古發掘不斷深入、資料不斷積累而逐漸擴大的窗口。這是吐魯番學的突出特點之一。

吐魯番文獻的出土大致集中於以下幾個階段：

第一階段：十九世紀末到二十世紀上半葉。這一階段的出土文獻主要是由外國探險隊發掘、收集所獲構成，後期雖然有以黃文弼爲代表的中國考古工作者的參與，畢竟收穫不多，無法依靠這些資料構築中國自己的吐魯番學研究框架。

這一階段出土文獻的特點，一是數量巨大，出土範圍廣泛，幾乎涵蓋了現今已知的所有遺迹，這批材料構成了今天吐魯番學研究的基礎。二是時代範圍廣，從西晉一直延續到元代。三是由於特定的歷史條件，這批材料基本流失到海外，散佈在英、德、俄、美、瑞典、土耳其、日、韓等十三個國家的博物館和文化機構之中，至今仍有部分文書尚未公佈。這其中只有極少部分保存在國內，形成了和敦煌學研究一樣的局面：即吐魯番在中國，吐魯番學在國外。四是內容豐富，內容上從佛經到世俗文書，從漢語寫本到多種胡語文獻，都有涵蓋，並由此激發國際學術界對傳統漢學、回鶻語、吐火羅語、粟特語、敘利亞文、中古波斯文以及佛教、摩尼教、景教、祆教等的研究，從而造就了一批知名的學者和一批相關學術成果。但需要特別指出的是，由於當時在世界範圍內考古學都處在一個初創階段，加之在吐魯番進行探險發掘的各支隊伍人員素質差別極大，所以這批資料的出土地點、地層關係、埋藏情況多不明瞭或過於簡單，只能依靠字體、紙質等方面的信息去推測其時代背景和使用情況，使得這批材料的學術價值大打折扣，這也是吐魯番學研究中的一個永遠的遺憾。

第二階段是二十世紀五十年代到八十年代。自中華人民共和國成立以來，國家對吐魯番地區的文物古迹實行了有效的管理，二十世紀初葉以來的那種無序發掘得以根除。出於保護的目的，這一階段對高昌故城、交河故城等遺址進行的發掘極少，出土文獻資料寥寥無幾；但對受到大型基本建設和自然破壞威脅的阿斯塔那古墓群、哈拉和卓古墓群以及柏孜克里克千佛洞進行了大規模的搶救性發掘，出土了大量的墓誌、文書、經卷等文獻資料。

這一階段的特點，一是工作均由中國學者完成，文獻集中出土於上述三個地點，世俗文書基本上以漢文爲主，佛經類包含有部分胡語文書。二是出土文獻的時代跨度、種類和數量要短於或少於上一階段，但均保存在國內幾家相關機構中並得到了充分的研究，由此培育出中國自己的吐魯番學研究隊伍。三是考古發掘工作雖較前一階段有質的改變，但考古資料的田野記録還是失於簡單，特別是整理工作嚴重滯後，近五十年過去了，考古報告還未整理出版，給出土文獻的研究帶來諸多不便，極大地影響了國內吐魯番學的發展進程。

第三階段是二十世紀九十年代到本世紀初。由於國家實行全面改革開放的政策，中國吐魯番學的研究纔真正迎來了自己的黄金時代，培養了一批高素質的研究人員，並取得了豐富的學術成果，研究水準直追國際學界，並且開始呈現出田野發掘與研究國際化的趨勢。一九九四至一九九六年中日聯合組隊對交河故城溝西墓地的發掘就是一次成功的合作，發掘報告在很短的時間内完成並出版〔二〕，體現出新時期的高效率。

但這一時期吐魯番地區的文物保護事業所經受的壓力也是空前的。特别是近年來，受經濟利益的驅使和爲恐怖組織籌集資金，國内一些不法分子與境内外文物販子相互勾結，有組織有計劃地大肆盜掘文物，使吐魯番盆地的文物古迹受到嚴重的破壞。加之近年來大面積的土地開墾，長期的灌溉滲透，也使得埋藏在地下的文物受到嚴重威脅。

面對上述情況，吐魯番地區文物局積極應對，加大執法力度和保護宣傳陣勢，想盡一切辦法挽回損失。這次公佈的文書材料，部分是通過清理被盜掘的墓葬後得到的，部分是從文物犯罪分子手中收繳的；還有一部分出自關心吐魯番文物保護事業的文物收藏家和當地老百姓的慷慨捐贈。

這一階段出土文獻的地點基本上是以新發現的墓葬群爲主。洋海、阿斯塔那古墓二區、巴達木、木納爾、交河故城溝西墓地等新發現的文獻開始進入研究者的視野。雖然這些文獻資料多獲自對盜掘墓葬的搶救性清理，但由於案件破獲及時，加上考古發掘的

〔二〕新疆文物考古研究所一九九四年吐魯番交河故城溝西墓地發掘簡報，新疆文物一九九六年第四期，一一—一二頁；又一九九五年吐魯番交河故城溝西墓地發掘簡報，新疆文物一九九六年第四期，一三—四〇頁；又一九九六年新疆吐魯番交河故城溝西墓地漢晉墓葬發掘簡報，考古一九九七年第九期，四六—五四頁；新疆吐魯番交河故城溝西墓地麴氏高昌—唐西州時期墓葬一九九六年發掘簡報，考古一九九七年第九期，五五—六三頁；又交河溝西——一九九四至一九九六年度考古發掘報告，新疆人民出版社，二〇〇一年；シルクロード學研究センター編中國・新疆トルファン交河故城城南區墓地の調查研究，シルクロード學研究一〇，奈良，二〇〇〇年。

高度科學性，使這一階段獲取的文獻資料得以建立在翔實可靠的田野考古學基礎之上。

這一階段的特點，一是文獻的出土地點多是以前不爲人知的新地點，即使是一百多年前的外國探險隊也未涉足這些遺迹。二是這批文獻雖以世俗文書爲主，但由於出土地點突破了前兩個階段的範圍，所以内容也往往是前兩個階段所缺乏的。通過對新出土文獻的研究，極大地豐富了吐魯番學的内涵，使吐魯番學的研究上昇到了一個新高度。三是發掘報告的整理與文書的整理研究同步進行，相互印證，使兩方面的研究都達到了全新的境界。既加速了本階段研究成果的轉化，也爲前一階段吐魯番考古資料的整理與研究提供了新的推動力。四是該階段的工作無論是田野發掘還是文書整理與研究，都是由一批研究機構和高校的高學歷、高素質的中青年學者完成的，部分研究領域還有外國學者參加，體現了二十一世紀吐魯番學的時代特徵。

新獲吐魯番文獻主要出土於洋海墓地、阿斯塔那古墓二區、木納爾墓地、巴達木墓地、交河故城溝西墓地、交河故城大佛寺旁以及臺藏塔，質地以紙質文書爲主，還包括一部分書寫於方磚、泥坯、木板的墓誌，除了交河故城大佛寺附近和巴達木墓地出土有胡語文書，其餘均爲漢文文書。這批文獻多爲世俗文書，時代從高昌郡經闞氏、麴氏高昌國到唐西州晚期，以下分别加以介紹。

一　一九九七年洋海墓地出土文書

一九九七年十一月，吐魯番地區文物局考古工作者在洋海清理一座被盜的墓葬，編號97TSYM1，該墓位於洋海一號墓地的北面。出土了一批闞氏高昌國時期（四六〇—四八八）的珍貴文書。該墓葬形制爲斜坡道土洞室墓，墓室内有兩具棺木，係夫妻合葬，除衣物疏與典籍外，其他文書均拆自墓主人三隻紙鞋，内容以帳簿爲主，一組多件。有些文書正背面都有文字，另有十幾件爲碎片，共計編號爲三十三件。此墓北側一被盜掘一空的墓葬中，棄置一方木質墓表，隱約可見「威神城主張祖」，推測爲盜墓者從洋海一號墓中取出，棄置於此，加之缺名衣物疏寫於張祖買奴券背面，則此墓墓主疑爲張祖[一]。同墓出土的隨葬品有泥俑、泥馬、木器、陶器等。

二　二〇〇二年交河故城出土文書

二〇〇二年四月，一場大風後，工作人員在交河故城城上清掃垃圾，在大佛寺附近的虚土内發現裸露出的文書殘片，文物局派考古工作人員及時進行了清理，共出土大小文書殘片八十餘片，經工作人員整理拼接爲四十三件，編號爲2002TJI001—043，其中

[一] 吐魯番地區文物局（張永兵執筆）吐魯番地區鄯善縣洋海墓地斜坡土洞墓清理簡報，敦煌吐魯番研究第一〇卷，上海古籍出版社，二〇〇七年，一—九頁。

2002TJT041 是回鶻文文書，2002TJT042 爲婆羅謎文文書，2002TJT043 爲漢文世俗文書，其餘均爲漢文佛典寫本。

三　二〇〇四年阿斯塔那古墓二區出土文書

二〇〇四年三月，吐魯番地區文物局考古工作者在阿斯塔那二區南緣邊清理九座因遭水淹坍塌的墓葬，編號爲2004TAM392—400。墓葬形制均爲斜坡道土洞室墓，其中三個墓葬中出土文書。2004TAM395 墓墓室無棺木，地下葦席上躺着一位成年女性墓主，文書出自墓主人的紙鞋及握木、左肩、泥俑旁。有一件文書紀年爲載初元年（六八九）。同墓隨葬品有木器、陶器等。2004TAM396 墓位於阿斯塔那二區南緣，西鄰2004TAM394 墓約兩米，墓室無棺木，在地下葦席上有三人，中間爲成年男性，緊靠墓室北爲一成年女性，面部圓潤，靠門邊的是一個未成年的女孩，文書發現在女孩頭部上方一塊橢圓形石塊前方。同墓出土的隨葬品有陶器、木器、紅棗、波斯銀幣等。2004TAM398 墓西鄰2004TAM397 墓約五米，東鄰2004TAM392 墓，墓室無棺木，地下葦席上爲男女墓主，爲夫妻合葬，此墓被嚴重盗擾，身首分離，在墓室東壁下沙土中發現四件紙鞋形狀文書殘片，另外在女性墓主身下也發現一件文書。同墓出土的隨葬品有木器、陶器、紡織品等（簡報正在整理中）。

二〇〇四年六月，阿斯塔那二區中部一座墓葬被盗，吐魯番地區文物局考古工作者及時對此墓進行搶救性清理，編號爲2004TAM408。該墓爲斜坡墓道洞室墓，墓室頂部爲覆斗形狀，頂中部有三個四方形從大到小套合的攢尖頂。墓室内淩亂，棺板亂丢在一起，地下鋪兩張葦席，上爲成年男女墓主，身首異處，在後牆壁上繪有壁畫，在墓門口發現一件墓主人隨葬衣物疏，内容爲令狐阿婢隨葬衣物疏。同墓出土的隨葬品有木器、陶器、銀器、銅錢、串飾、紡織品等〔二〕。

四　二〇〇四年巴達木墓區出土文書及墓誌

二〇〇四年十月，吐魯番地區文物考古工作者在巴達木墓地，對被盗墓葬進行搶救性發掘清理，清理被盗墓葬七十九座。墓葬分佈於南北相鄰的三個臺地上，形制可分斜坡道土洞室和斜坡道帶天井土洞墓室兩型。

一號臺地近似長方形，面積二百平方米，在塋院内第一排西南角2004TBM114 墓道内出土白坏奴墓表一方，故稱該塋院爲白氏家族墓地。在此墓地清理十八座墓葬，其中三座墓葬有文書，2004TBM107 墓位於一號墓地白氏家族塋院第二排南邊第一座，與2004TBM114 延壽十四年（六三七）白坏奴墓東西爲鄰。墓室擾亂嚴重，無棺木，一男二女均係成年人，身體被翻動，移位、疊壓置

〔二〕吐魯番地區文物局新疆吐魯番地區阿斯塔那古墓群西區四〇八、四〇九號墓，考古二〇〇六年第一二期，三—一一頁。

放墓室南壁下。墓室填土内發現兩件文書，一件爲漢文，另一件爲粟特語文書。同墓出土一方土坯墓誌，寫有「白願佰」三字，爲墓主姓名，同墓出土隨葬品有木器、陶器、銅飾、串珠、紅棗等。2004TBM113墓位於巴達木一號臺地白氏家族墓塋院東南部，墓室已被盜擾，隨葬品移位，該墓内男性墓主人已被移位於墓室中部，其左脚上穿着一隻紙鞋，是用帶文字的廢紙製成。同墓出土的隨葬品有木器、陶器、刺繡、小袋等。2004TBM115墓位於巴達木一號臺地白氏家族塋院内第二排南邊另一座墓葬，南依塋院圍溝，西北東三面依次相鄰2004TBM114、M112、M116、M117號墓。由於盜擾，墓室内原在棺牀内的墓主均被拉出移位，爲成年夫妻合葬。在墓道的填土中發現一件文書，同墓隨葬品有木器、陶器、貝幣、銅飾、串珠等。

二號臺地由於開墾侵蝕呈不規則狀，面積約七千平方米，二號臺地位於一號臺地的南側，以田間小道爲界。臺地上共發現墓葬六十座（2004TBM201—260），其中十三座（M231—235、M240、M242—248）位於臺地東北部的長方形塋院内，在臺地塋院内外墓葬均出土康姓墓誌磚或土坯墓誌，故稱二號臺地爲康氏家族墓地，在二號臺地上出土文書的墓葬有九個。2004TBM203墓位於康氏家族墓地西起第二排北邊第一座墓葬，北依塋院圍溝，西北東三面依次相鄰2004TBM202、M212、M213、M204號墓。該墓爲斜坡道土洞室墓，坐北向南，由於盜擾，墓主身首分離，墓道口發現男性乾屍，疑爲從別的墓中拉出拖至墓道，墓室内葦席上發現一男三女，應爲夫婦妾合葬。由於盜擾嚴重，隨葬品全部移位，在墓室中部沙土中發現一件文書（2004TBM203:30），同墓中隨葬品有木器、陶器、冥幣、串珠等。2004TBM207墓位於二號墓地北部中間，北鄰2004TBM206墓，東鄰2004TBM230墓，墓葬形制爲斜坡道土洞室墓，墓室内見一棺牀上鋪一張葦席，墓主被拉出棺外，爲成年男性，由於盜擾，墓室内隨葬品均不在原位，在墓室門口沙土中發現一卷文書（2004TBM207:1），同墓出土的隨葬品有木器、陶器、泥牛、泥馬、泥俑等。2004TBM209墓位於二號墓地東北角，西鄰2004TBM208墓，東鄰康氏塋院西圍溝。墓葬形制爲斜坡道土洞室墓，坐北向南，墓室盜擾嚴重，棺牀和墓室各鋪有葦席，棺牀上爲一成年男性，保存完好，但口被撬開。身上鋪蓋一幅完整的伏羲女媧絹畫，墓室口發現一成年女性，身首分離，在其腿南側發現一件文書（2004TBM209:8），同墓出土的隨葬品有陶器、木器、銅簪、紡輪等。2004TBM223墓位於二號墓地邊緣西南角，東鄰2004TBM224墓，墓葬形制爲斜坡道帶天井土洞室墓，在棺牀上及墓室内清理骨架兩具，應爲夫婦合葬，墓室盜擾嚴重，隨葬品很少，且均不在原位，在墓室中部沙土中發現一件文書（2004TBM223:3），另外發現一件銅鏡，保存完好，出土於棺牀下南壁處，爲盛唐時期流行的葡萄紋鏡，又有一件小陶盤。2004TBM233墓位於二號臺地康氏家族塋院北端中間，西鄰2004TBM232墓，東鄰2004TBM234墓，地勢平坦。墓葬形制爲斜坡道土洞墓，室内有男女墓主，女性保存完好，周身用白色麻布纏裹，雙脚分別穿着用紙做的鞋，紙上有墨書文字，面部殘存有絲巾，應爲覆面，下身有帶伏羲女媧圖案的白麻布一殘塊。男性墓主身首分離，身體較魁梧，左脚殘斷，身上用麻布纏裹，被盜墓者拖拉到墓室的東南部位。同墓出土的隨葬品有陶器、木器、絲織品等。2004TBM234墓位於二號墓地康氏家族塋院北端偏東部，西鄰2004TBM233墓，東鄰2004TBM235墓。墓葬形制爲斜坡道土洞墓，墓室盜擾嚴重，發現一具男性人骨架，無葬具，在墓道口發現一塊延昌三十七年（六一七）康姓墓誌。同墓出土的隨葬品有木器、陶器、金幣、泥人、木鴨等。在墓室沙土中發現一件文書殘片（2004TBM234:16）。2004TBM237墓位於二號墓地北端東部，東鄰2004TBM238墓，西鄰2004TBM236墓，墓葬形制爲斜坡道土洞室墓，此墓爲夫妻合葬，墓主均平躺在棺牀上，無擾動，呈頭西脚東，緊靠棺牀前北側的爲男性，保存完好，口内含有一枚鎏金銀幣，與男性相依的南側女性亦保存完好。同墓出土的隨葬品有小陶碗、石紡輪。2004TBM245墓位於二號墓地康氏塋院西南角，西鄰塋院西圍溝，東鄰2004TBM244墓。由於盜擾已將墓道填土湧入墓室内，墓室後有生土棺牀，棺牀上和墓室底各鋪有「人」字形編織的葦席，發現有兩具人骨架，均被擾於棺牀下，係夫妻合葬，女性骨架位於裏面，仰身直肢。身首分離，男性墓主位於女性骨架右側，均已殘。在墓室口填土中發現一件隨葬衣物疏。同墓隨葬品有木器、陶器、覆面、串飾、銅飾等。2004TBM247墓位於二號墓地康氏塋院南，西鄰2004TBM246墓，東鄰2004TBM248墓。墓葬形制爲南北向斜坡土洞室墓，墓室已被嚴重擾亂，在墓室内的生土棺牀上，鋪有「人」字形編織葦席，放着兩具骨架，爲夫妻合葬，男性骨架位於棺牀裏面，保存不好，女性骨架位於棺牀外面，仰身直肢，頭向西，面向北。在墓道填土中發現一件粟特文殘片（2004TBM247:8），同墓出土的隨葬品有木器、陶器、珠飾品等[二]。

五　二〇〇四至二〇〇五年木納爾墓地出土文書及墓誌

二〇〇四至二〇〇五年吐魯番地區文物局組織考古工作人員三次對木納爾被盜墓地三個臺地進行考古清理。一號臺地位於墓地東部，西距二號臺地約六百米，臺地呈不規則長條形，南北長四百米，東西寬九十米，在臺地中部偏南有塋院墓地一處，在塋院内北部發現墓葬四座（2004TMM101—104），東西向呈「一」字形排列，墓向與塋院方向一致。這次清理的四十二座墓葬中僅兩座墓葬出土文書計十八片，其中2004TMM102墓出土十一片，2004TMM103墓出土七片，均爲麻紙質，竪行墨書，行體，内容有牒文、帳簿、衣物疏等。2004TMM102墓位於一號臺地宋氏家族塋院北部，西鄰2004TMM103墓，北依塋院圍牆，東鄰2004TMM107墓，墓葬形制斜坡道土洞室墓，在墓道口發現一塊墓誌，紀年爲唐顯慶元年（六五六），墓室盜擾嚴重，墓主身體和隨葬品均被移位，墓室後部有兩具被擾亂的人骨架，爲夫妻合葬。兩個頭骨置於散亂的骨架中，骨架下發現葦席殘片。隨葬品大多移位，出土有文書、陶器、木器、金幣、泥俑、鐵器、泥馬、泥駱駝等[三]。

[二] 吐魯番地區文物局新疆吐魯番地區巴達木墓地發掘簡報，考古二〇〇六年第一二期，四七—七二頁。

[三] 吐魯番地區文物局新疆吐魯番地區木納爾墓地的發掘，考古二〇〇六年第一二期，二七—四六頁。

六　二〇〇五年徵集臺藏塔出土文書

本批文書是一九九六年臺藏塔遺址旁居民阿合買提在塔頂抓鴿子時，無意間在塔東壁上方的洞内發現的，當時文書被捲成小卷放在洞内，我們隨後派考古工作人員上去清查，未發現新的文書。二〇〇五年高昌文管所工作人員在宣傳文物法時，阿合買提主動把收藏的文書上交吐魯番地區文物局。

七　二〇〇四至二〇〇五年交河故城溝西墓地出土墓誌

二〇〇四至二〇〇五年，吐魯番地區文物局兩次對交河故城溝西墓地近幾年由於風蝕、盜擾等因素而裸露的墓葬進行了搶救性發掘，這兩次發掘墓葬共三十六座，其中康氏家族塋院内三十三座，塋院外發掘三座，墓葬形制分爲兩種，斜坡土洞墓和竪穴偏室墓。出土墓誌五方，均爲灰陶方磚，出土於墓道沿壁上〔二〕。

八　二〇〇六年徵集吐魯番出土文書

二〇〇六年，烏魯木齊市一名文物收藏愛好者，主動把自己多年收藏的吐魯番出土文書捐贈給吐魯番地區文物局，共計八十餘件，編號爲2006TZJI:001—198。

九　二〇〇六年阿斯塔那六〇七號墓出土文書

二〇〇六年九月九日至十二日，經新疆維吾爾自治區文物局同意，吐魯番地區文物局與自治區博物館聯合對阿斯塔那二區被盜墓葬2006TAM607發掘清理。該墓位於阿斯塔那墓群二區中部，墓葬屬斜坡土洞墓。在墓道南端入口向北一點三米東壁下出土木牌代人一件，漢文竪行墨書「此是麴倉督身」六字（2006TAM607:1）。墓道北端被盜掘，墓室口暴露。墓道南部填土中出土漢文墨書文書一件。在前室擾土中出土漢文墨書文書兩件，其中一件（長卷）保存較完整，内容爲糧帳簿，年號有神龍元年、神龍二年、神龍

〔二〕吐魯番地區文物局新疆吐魯番地區交河故城溝西墓地康氏家族墓，考古二〇〇六年第一二期，一二—二六頁。

三年、景龍二年。隨葬品除文書以外，無其他文物。

十　二〇〇六年鄯善洋海一號墓地保管站北區出土文書

二〇〇六年十月，吐魯番地區文物局在洋海一號臺地新建的保護站北區清理了八座墓葬，墓葬主要分佈在臺地北區邊緣中部，墓葬形制除2006TSYIM4墓爲長方形豎穴雙偏室墓外，其他均爲長方形豎穴土坑墓。

2006TSYIM4 墓爲長方形豎穴雙偏室墓，南北偏室各葬一人，北偏室爲男性，仰身直肢，頭東足西，身穿毛織的衣褲，足穿毛織的襪子。原戴有紙帽，出土時已移向封門處。身長一點九六米。身下鋪有葦席，用粗草繩將葦席與身體套住。南偏室爲一女性，仰身直肢，頭東足西，右小腿被折斷移向偏室封門處。身着色彩絢麗的毛織裙衫，足穿帛襪。原穿有印花紙鞋，已被擾動，一隻散落在偏室外，一隻移向北偏室附近。身上蓋有葦席，身長一點七三米。因墓室已被嚴重盜掘，隨葬品均已移位。在墓坑底内出土有文書（男性衣物疏）、紙鞋（女性右鞋）、木梳、帶字木片，北偏室近封門處出土文書、紙帽、紙鞋（女性左鞋）等，南偏室在女性左手臂下出土女性衣物疏。

以下單位和同志爲相關遺址的發掘、修復、整理作出了巨大的貢獻，在此一併表示感謝（按姓氏拼音爲序）。

發掘工作：

阿不都古力　安彦蒙　韓宜林　何存禮　黄興華　李春長　李輝朝　李肖　藺濤　劉澄宇　熱西提　任新宇　舍秀紅　王會峰　王綿他　楊華　張永兵　張振峰　張慧静　朱海生　祖力皮亞・買買提

器物修復：

李春長　劉澄宇　任新宇　王會峰　楊華

文書、絲織品修復：

季秀文（首都博物館）　賈應逸（新疆維吾爾自治區博物館）　江玉慧（新疆維吾爾自治區博物館）　李媛　瑪麗亞木・伊不拉音　王亞蓉（首都博物館）　王雲（新疆維吾爾自治區文物考古研究所）　徐建華（北京故宫博物院）

文書保管：

楊華　于子勇（北京故宫博物院）　再同古麗　張慧静　鄭渤秋（新疆維吾爾自治區文物考古研究所）

資料信息：

古麗努爾　胡振慧

房娟　李媛　劉娟　湯士華

器物繪圖：

劉澄宇　任新宇

攝影：

張永兵

數字化處理：

舍秀紅

這批文獻資料面世後，吐魯番地委、行署非常重視資料的整理和出版工作，多次指示吐魯番地區文物局要利用一切可以利用的力量，抓緊資料的整理與研究工作。吐魯番地區文物局整合了國内在吐魯番學研究領域佔有重要地位的研究機構和專家學者，組成了由新疆維吾爾自治區吐魯番學研究院、北京大學中國古代史研究中心、中國人民大學國學院、新疆師範大學人文學院、中央民族大學民族學與社會學學院、國家圖書館善本特藏部、中國社會科學院歷史研究所、復旦大學歷史系、中山大學人類學系等研究機構的學者和研究生構成的整理小組，對這批出土文獻進行整理與研究，日本京都大學的學者也對文獻中的部分胡語文書進行了釋讀。這次文獻的整理與研究工作面臨着和此前完全不同的環境條件。初始時期，無論是經費還是人力資源，完全是靠新疆維吾爾自治區吐魯番學研究院的微薄之力和相關高校、研究所同仁們的無私支持，使成果及時面世，引起了學界的廣泛關注，因而後期得到國家有關部門的支持與資助，使整理工作順利完成。經過兩年多艱苦的工作，整理工作大功告成！藉此機會，向參與新獲吐魯番文獻發掘、整理與研究的所有人員表示崇高的敬意！吐魯番人民不會忘記你們，吐魯番學的里程碑上將永遠銘刻你們的名字與業績。

（執筆：李　肖　張永兵）

新獲吐魯番出土文獻概説

榮新江　李　肖　孟憲實

吐魯番位於今新疆維吾爾自治區的東北部，古代稱高昌。絲綢之路幹道從長安出發，經河西走廊到敦煌，從敦煌可以直接到吐魯番盆地，也可以經過樓蘭或伊州（哈密）到達吐魯番。再由吐魯番西行，經焉耆、龜茲（庫車）、疏勒（喀什），翻越帕米爾高原，進入中亞、南亞、西亞地區。因此，古代吐魯番地區是東西文化交流的通道，佛教、瑣羅亞斯德教（祆教）、道教、摩尼教、景教（基督教）等等，都曾在此流行。公元三二七年，河西王國前涼在此設立高昌郡。四四三年，北涼餘部在此建立王國。從四六〇年開始，先後爲闞、張、馬、麴氏統治的高昌國。六四〇年，唐太宗滅麴氏高昌，設立和內地州郡體制相同的西州，吐魯番成爲唐朝的一個組成部分。九世紀初葉唐朝勢力退出後，這裏被蒙古高原的回鶻汗國所控制。九世紀末，回鶻汗國瓦解，部衆西遷，在吐魯番盆地建立高昌回鶻王國（或稱西州回鶻、畏吾兒王國，今人或稱西回鶻王國）。本書所刊文獻所屬的時代範圍，主要是從高昌郡到唐西州時期（公元四至八世紀）。

吐魯番地區爲山間盆地，氣候乾燥，除了交河地區比較潮濕之外，大多數遺址的古代文物能够保存下來，不論是埋藏在佛教寺院、洞窟中的，還是民居、墓葬內的，即使是在中原地區容易腐蝕的絲綢、紙張，都能因此保存下來。從十九世紀末葉以來，吐魯番盆地就是考古學者的樂園。俄國的克萊門兹（D. A. Klementz）、奥登堡（S. F. Oldenburg），德國的格倫威德爾（Albert Grünwedel）、勒柯克（Albert von Le Coq），英國的斯坦因（M. A. Stein），日本的大谷探險隊，都在這裏發掘到大量的古代文物和文書。一九五九至一九七五年，新疆考古工作者配合當地農田水利建設，在阿斯塔那（Astana）和哈拉和卓（Khara-khoja）古墓區進行了十三次發掘，獲得大量從高昌郡到唐西州時期的古代文書。以後，吐魯番地區文物局又有少量的發掘。

吐魯番盆地是個聚寶盆，古代文物和文書仍在不斷出土。一九九七年，吐魯番地區文物局考古工作者清理了洋海一號墓，出土一批闞氏高昌王國時期（四六〇—四八八年）的珍貴文書。二〇〇四至二〇〇六年，吐魯番阿斯塔那、巴達木、木納爾、洋海等墓地又相繼出土了一批文書。同時，吐魯番地區文物局又陸續徵集了近十多年來從吐魯番地區流散出去的古代文書，其中除了一組來自臺藏塔之外，大多數應當也是來自吐魯番的古代墓葬。

二〇〇五年十月，北京大學中國古代史研究中心、新疆維吾爾自治區吐魯番學研究院、中國人民大學國學院西域歷史語言研究所三個單位達成合作協定，由榮新江、李肖、孟憲實三人負責，組成了一個「新獲吐魯番出土文獻整理小組」〔一〕，開始從事整理工

〔一〕「新獲吐魯番出土文獻整理小組」成員的組成具有流動性，因爲有的學者一度出國，有的學生畢業分配到另外的工作崗位，同時小組成員也不在一地，所以參加整理工作的時間也不一樣，以下名單大

作。這項工作也是教育部人文社科重點研究基地北京大學中國古代史研究中心「新出土及海内外散藏吐魯番文獻的整理與研究」項目、新疆維吾爾自治區吐魯番學研究院「新獲吐魯番出土文獻的整理與研究」項目、中國人民大學國學院西域歷史語言研究所「西域出土文獻的整理與研究」項目的組成部分。

一　整理經過

前人對吐魯番文獻的整理已經取得了很多成果。二十世紀五十年代以來日本學者對大谷文書的整理，池田温先生對敦煌吐魯番社會經濟文書的整理，特别是七十、八十年代以唐長孺先生爲首的「吐魯番文書整理小組」對一九五九至一九七五年吐魯番出土文書的整理工作，以及陳國燦先生對英藏吐魯番文獻、寧樂美術館藏蒲昌府文書的整理，沙知先生對英藏吐魯番文書的整理等等，爲我們今天的工作奠定了基礎，而且提供了一個合理的整理模式。這些前輩的業績對於我們今天的整理工作給予了巨大的幫助，不論從文書性質的確定，還是文字的校録，我們都從敦煌吐魯番社會經濟資料[一]、中國古代籍帳研究[二]、吐魯番出土文書[三]、斯坦因所獲吐魯番文書研究[四]、日本寧樂美術館藏吐魯番文書[五]、大谷文書集成[六]、斯坦因第三次中亞考古所獲漢文文獻（非佛經部分）[七]等著作中得到啓發和幫助，所以我們首先要對這些前輩學者的功績表示敬意和謝忱。

由於大多數墓葬經過盜擾，所以新出土的文書比較零碎，無法和一九五九至一九七五年間出土的文書相比。但這些文書除了出自阿斯塔那墓地的以外，還有出自高昌城東北巴達木墓地、鄯善縣吐峪溝鄉洋海墓地、吐魯番市東郊蘇公塔東北兩公里處木納爾墓地、交河故城等處，也有一些文書從類型或内容方面和過去所見吐魯番文書都有所不同。因此，出土地點的擴大和文書性質的豐富，

體依年齡和工作量來排序，括號中爲現在的本職或學習單位。組長：榮新江（北京大學中國古代史研究中心）、李肖（新疆維吾爾自治區吐魯番學研究院）、孟憲實（中國人民大學國學院）；組員：張永兵（新疆維吾爾自治區吐魯番學研究院）、張銘心（中央民族大學民族學與社會學學院）、朱玉麒（新疆師範大學人文學院）、湯士華（新疆維吾爾自治區吐魯番學研究院）、史睿（中國國家圖書館善本特藏部）、雷聞（中國社會科學院歷史研究所）、余欣（復旦大學歷史系）、姚崇新（中山大學人類學系）、畢波（中國人民大學國學院西域歷史語言研究所）、游自勇（北京大學歷史系）、王媛媛（中山大學歷史系）、裴成國（北京大學歷史系）、陳昊（北京大學歷史系）、文欣（北京大學歷史系）、丁俊（中國人民大學歷史系）。

〔一〕西域文化研究會編西域文化研究第二、第三，法藏館，一九五九至一九六〇年。

〔二〕池田温中國古代籍帳研究，東京大學出版會，一九七九年。

〔三〕唐長孺主編吐魯番出土文書（圖録本）一—四册，文物出版社，一九九二至一九九六年。

〔四〕陳國燦斯坦因所獲吐魯番文書研究，武漢大學出版社，一九九四年。

〔五〕陳國燦、劉永增日本寧樂美術館藏吐魯番文書，文物出版社，一九九七年。

〔六〕小田義久主編大谷文書集成三卷，法藏館，一九八四至二〇〇三年。

〔七〕沙知、吴芳思斯坦因第三次中亞考古所獲漢文文獻（非佛經部分）一、二册，上海辭書出版社，二〇〇五年。

是本次吐魯番文獻新的特色之一，預示了吐魯番文獻研究的新的增長點。

我們的工作方式是根據吐魯番地區文物局提供的彩色照片或經網絡傳輸過來的圖片，先在北京大學以讀書班的形式會讀，做釋讀和録文工作。然後再利用假期到吐魯番博物館核對原卷，做拼接工作。其中二〇〇六年一月寒假期間，我們到吐魯番博物館據原卷做了第一次整理。四月底、五月初「五一」長假期間，整理小組的大多數成員都到吐魯番博物館工作，對於文書的拼接、復原取得重大進展。同時，我們也在烏魯木齊市的新疆維吾爾自治區博物館，考察了吐魯番出土文書收録的與新出文書相關的文書，特别是出版物上不够清晰的文書上的朱印痕。通過「五一」勞動節的勞動，我們基本上形成了全部文書的録文稿本，並開始根據小組成員的研究特長，撰寫相關的論文，因爲只有做深入的研究，纔能發現録文中存在的問題。八月二十二日至九月一日，部分小組成員到吐魯番參加「唐代與絲綢之路——吐魯番在絲綢之路上的地位和作用」學術研討會，提交給會議四篇有關新出吐魯番文書的研究論文，同時我們在吐魯番博物館據原件整理未確定的文書殘片次序，其間得以向對吐魯番文書研究有深厚功力的陳國燦、朱雷先生當面請教釋讀中的部分問題，還和陳國燦先生一起到鄯善縣，校録了鄯善縣文管所徵集的一組文書。

十一月中旬，文書的定名、解題、録文等整理工作基本結束，形成了新獲吐魯番出土文獻的書稿。十七至二十一日，在唐研究基金會的資助下，我們邀請武漢大學朱雷、陳國燦、凍國棟、劉安志，北京故宫博物院王素（以上是整理吐魯番文書的專家），浙江大學張涌泉、南京師範大學黃征（以上是釋讀别字、俗字的專家），中華書局徐俊、于濤（以上是出版社代表）先生，在北京召開「新獲吐魯番出土文獻定稿會」，大家對照圖版，一起討論我們的書稿，改正了一些解題和録文中的錯誤，使書稿更加完善。爲了讓北京的中古史和敦煌吐魯番學界儘早瞭解這批文書的内容和我們的初步研究成果，由唐研究基金會主辦，北京大學中國古代史研究中心、新疆維吾爾自治區吐魯番學研究院、中國人民大學國學院西域歷史語言研究所三家合作，於十一月二十二日在北京大學舉行了一場報告會，整理小組的九位成員向與會者匯報了新出文書的考古發掘和整理研究過程，以及文書的主要内容和一些個案研究成果，引起與會者的極大興趣。

二〇〇七年初，吐魯番地區文物局按照我們書稿拼接的文書順序進行拍照。四月間，我們對文書圖版和録文對照編排。四月底、五月初，部分整理小組成員又到吐魯番，一方面確定排版格式，另一方面整理二〇〇六年十月新清理的兩個墓葬的文書，這批文書在「五一」節前剛剛被技術人員從紙鞋和紙帽中拆出。從五月到八月，我們對照圖版，對書稿做最後的核對工作。

我們在整理過程中，既遇到許多難點，也有一些有利的條件。不利的方面是這些新出文書一般都經過盗擾，大多數是碎片，相互之間的關係不明。在最初整理時，許多文書尚未清洗、展平，給釋讀造成很大困難。有些文書在發掘之後就用早期整理的方式托裱了，使一些重要信息遮蔽在裱紙中，無法正常顯現，透着燈光纔能依稀看到。此外，文書的數量不是很多，但時間和内容的跨度很大，給釋讀和研究都帶來困難；有的文書所涉及的方面很難找到合適的研究者，因此性質也很難確定。這也和近年來吐魯番文書的研究不太景氣有關，一些訓練有素的學者轉向吴簡和中原傳統課題的研究。與敦煌文書的研究相比，吐魯番文書的研究總體上不够深入[一]。

與此同時，和前輩學者相比，我們的整理工作也有不少有利條件。如上所述，此前吐魯番出土文書基本上都已經整理出版，並且有很多研究成果可供參考。特别是唐長孺先生爲首的「吐魯番文書整理小組」整理出版的吐魯番出土文書，爲我們的整理工作確立了標本，我們基本上是按照這本書的體例來做，許多具體問題的處理方法我們也採用他們的方法，一些難以釋讀的相同字形的文字録文也遵循他們的成果。另外，最近二十年，整個敦煌吐魯番文獻的整理工作取得很大進步，這包括敦煌吐魯番文獻圖録的影印、敦煌文獻分類録文集的出版，以及相關的研究成果，都爲我們的整理工作提供了方便。目前，中國學術界雖然玉石混雜，但整體上還是有許多進步，許多問題都有人在研究，可供參考，也可以請教一些專家。最後，電腦技術的進步和電子文獻的大量增加，給我們比定、綴合文書提供很大幫助。在這些有利條件的支持下，我們得以在比較短的時間裏，基本上完成了這一批文書的整理工作。

二 内容概説

以下大體按年代順序，來提示新獲吐魯番文獻中一些富有研究意趣的内容。

（一）高昌郡時期

二〇〇六年十月，吐魯番地區文物局在洋海墓區一號臺地上，搶救清理了一座被盗過的墓葬，編號2006TSYIM4，發掘出土了一些紙本文書，有衣物疏、訴辭等。二〇〇七年初，文物局聘請的修復專家從女性死者紙鞋上拆出白文詩經、論語寫本殘片和前秦建元二十年户籍殘片；四月，文物局技術室修復人員從男性墓主的帽子上拆出一批北涼義和三年（四三三）、緣禾二年（四三三）官文書。其中女性墓主左脚的鞋底和兩層鞋面都是用户籍剪成的，鞋底的一張和其中一層鞋面可以完全綴合，另一層鞋面不能綴合，但屬於同一件户籍是没有問題的，背面寫白文論語。這件我們定名爲前秦建元二十年（三八四）三月高昌郡高寧縣都鄉安邑里籍（2006TSYIM4:5-1、2006TSYIM4:5-2）的文書，是目前所見紙本書寫的最早的户籍，換句話說，即敦煌吐魯番文書中現在所知最早的户籍。該户籍保存造籍的年份，也有人户所在的郡縣鄉里名稱，内容保存了五户人家的基本情況和田地、奴婢等財産異動的情况，爲我們認識十六國時期高昌郡的户籍實際面貌提供了極其直觀的實物資料，也將爲深入探討中國古代籍帳制度的發展演變提供不可或缺的材料[二]。

同墓所出北涼緣禾二年（四三三）高昌郡高寧縣趙貨母子冥訟文書（2006TSYIM4:1）是一份珍貴的史料。它模仿陽世官文書

〔一〕參見孟憲實、榮新江吐魯番學研究：回顧與展望，西域研究二〇〇七年第四期，五一—六二頁。

〔二〕榮新江吐魯番新出前秦建元二十年籍研究，中華文史論叢二〇〇七年第四輯，一—三〇頁。

的格式進行書寫，帶有濃厚的佛教色彩，爲我們認識闍羅信仰在中國中古時期的流衍提供了新的材料，同時使我們對於五涼時期高昌佛教在民間的發展水準有了新的估計。與墓券材料强調「生死永隔」的冥界觀不同，這件冥訟文書透露出的祖靈觀念呈現出了更爲複雜的情境，死去的先人與陽世的家庭仍然保持着緊密的聯繫，甚至可以對陽世的家庭糾紛進行裁決。因此，這是深入認識中古前期民衆冥界觀念發展的鮮活而生動的個案〔一〕。

在徵集文書中，有一組六件官文書，初步研究的結果顯示，這批文書是北涼高昌郡下某縣的官文書。在出土文物中，西域漢簡之後，紙文書中首次出現了「交河」，能够説明北涼佔據交河之初，以及高昌郡轉軌進入王國體制之初的當地官府狀況。對於縣一級地方機構的官員設置等，這組文書也給出了新的資料〔二〕。

另外，在徵集的文書裏，有一組從紙鞋上拆出的若干殘片，可以判定爲北涼時期的計貲出獻絲和計口出絲兩組帳，爲此前研究非常薄弱的北涼時期的賦税制度提供了寶貴的新資料。由此文書可知，北涼時期的計貲出獻絲帳徵收的是户調，而其依據就是貲簿〔三〕。計貲出獻絲帳的發現，進一步證明北涼時期的貲簿確實是只計土地的情況而不及其餘的資産，這也是北涼的户調徵收的特殊之處。計口出絲帳徵收的則是一種口税，當時的北涼政權具備嚴格掌握當地户口和土地情況的能力，客觀上使得口税的徵收成爲可能。此外，北涼時期的田租也納絲。可見這一時期的租調、口税徵收都以絲爲主，這是由當時的紡織品爲本位的貨幣形態和絲綢之路的貿易形勢所決定的〔四〕。

吐魯番阿斯塔那古墓群西區四〇八號墓出土了一件完整的隨葬衣物疏（2004TAM408:17），衣物疏主名叫令狐阿婢，登録的内容十分豐富，是研究高昌郡時期吐魯番物質文化的重要參考資料。該墓墓室不大，可是隨葬衣物疏記載的内容却比較豐富，可惜的是墓葬已被盗掘破壞，隨葬品不全，但還是有不少資料可以對比。還值得提到的是，該墓北壁繪有一幅莊園生活圖，反映了高昌郡時期當地富有人家的日常生活景象〔五〕。這幅壁畫所表現的墓主家境情況，是可以和隨葬衣物疏相印證的。

（二）闞氏高昌王國時期

公元四六〇年，柔然殺高昌大涼王沮渠安周，立闞伯周爲高昌王。闞氏雖然開啓了「高昌王國」的新紀元，但由於闞氏爲柔然所立，故此採用柔然受羅部真可汗的「永康」紀年。據魏書蠕蠕傳，永康元年爲北魏和平五年（四六四），歲在甲辰。但據清末吐魯番出土妙法蓮華經卷十題記，永康五年歲在庚戌（四七〇），王樹枏據此推算永康元年應歲在丙午，相當於公元四六六年〔六〕，學

〔一〕參見游自勇吐魯番新出冥訟文書與中古前期的冥界觀念，中華文史論叢二〇〇七年第四輯，三一—六三頁。

〔二〕參見孟憲實吐魯番新出一組北涼文書的初步研究，西域歷史語言研究所集刊第一輯，科學出版社，二〇〇七年，一—一二頁。

〔三〕關於貲簿，參見朱雷吐魯番出土北涼貲簿考釋，武漢大學學報一九八〇年第四期；收入作者敦煌吐魯番文書論叢，甘肅人民出版社，二〇〇〇年，一—二四頁。

〔四〕參見裴成國吐魯番新出北涼計貲、計口出絲帳研究，中華文史論叢二〇〇七年第四輯，六五—一〇三頁。

〔五〕李肖吐魯番新出壁畫莊園生活圖簡介，吐魯番學研究二〇〇四年第一期，一二六—一二七頁，封底。

〔六〕王樹枏新疆訪古録卷一，二三頁。此卷現藏東京書道博物館。

界多遵從此說〔一〕。新出資料也印證了這一看法。

過去有關闞氏高昌時期的文書很少，吐魯番哈拉和卓第九〇號墓出土有永康十七年（四八二）殘文書，同墓出土的其他文書，可能也屬於永康年間〔二〕。但總的來說，有關闞氏高昌王國的史料很少，使得這一時段的許多問題無法弄清〔三〕。

一九九七年清理的洋海一號墓（97TSYM1）〔四〕，爲我們認識闞氏高昌王國提供了許多新的資料。此墓是一個名叫張祖的官人的墓，他的墓表寫在一塊木板上，文字不够清楚，其生前的官職可能是「威神（？）城主」，這在當時應是一個重要的職位。大概由於張祖的官人身份，而他又是一個通經義、會占卜的文人，所以在他的墓中，出土了一批富有研究價值的文書和典籍。

張祖墓出土一件屬於女性的隨葬衣物疏，只有四行文字，非常簡略，它是用一件契券的背面書寫的，上面還有屬於契券的文字「合同文」三個大字的左半邊。正面的契券文書，可以定名爲闞氏高昌永康十二年（四七七）閏月十四日張祖買奴券（97TSYM1:5），是張祖用「行緤百叁拾柒匹」，從一位粟特人康阿醜那裏買一個年三十的胡奴的契券〔五〕。這件文書既説明了張祖生活的時代在永康十二年前後，同時也證明了進入高昌的粟特人及其販運奴隸的事實〔六〕。這件契券也是這座出土了豐富文獻的墓葬中所留存的唯一帶有明確紀年的文書，它爲我們判定同墓出土的其他文書的年代提供了重要的根據〔七〕。

張祖大概與當時高昌國的税役衙門有關，或許當時的城主有着徵税派役的職責，在他的墓裏，出土了一批百姓供物、差役的帳，如「某人薪供鄢耆王（有時寫作耆鄢王）」、「某人致苜宿」、「某人致高寧苜蓿」、「某人薪入内」、「某人薪付某人供某人」、「某人燒炭」等等，這爲我們提供了闞氏高昌時期難得的收税和派役的材料。

同墓出土的一件闞氏高昌永康九年、十年（四七四、四七五）送使出人、出馬條記文書，提供給我們當時高昌送往迎來的信息，以及高昌派各城鎮出人、出馬的記録，内容異常珍貴。這件文書反映了闞氏高昌對外的交往，往來的使者有從南朝劉宋來的吴客，也有從塔里木盆地西南山中來的子合國使、焉耆國王，還有從遥遠的西北印度來的烏萇國使，以及更爲遥遠的南亞次大陸來的婆羅門使者，大大豐富了這一時期東西交往的歷史内容。公元五世紀下半葉，正是中亞歷史上最爲混亂的時代，周邊各大國都把勢力伸進中亞，力圖控制那些相對弱小的國家。在嚈噠的壓力下，中亞、南亞的一些小王國寄希望於柔然或者北魏，我們過去從魏書本紀中看到過許多中亞王國遣使北魏的記載，現在我們又從吐魯番出土送使文書中看到他們越過北山，奔赴柔然汗廷的身影，由此不難

〔一〕參見池田温中國古代寫本識語集録，東京大學東洋文化研究所，一九九〇年，八八—八九頁。

〔二〕吐魯番出土文書（圖文本）第壹册，一一六—一二七頁。

〔三〕參見王素高昌史稿統治編，文物出版社，一九九八年，二六六—二八一頁。

〔四〕張永兵吐魯番地區鄯善縣洋海墓地斜坡土洞墓清理簡報，敦煌吐魯番研究第一〇卷，上海古籍出版社，二〇〇七年，一—九頁。

〔五〕柳方吐魯番新出的一件奴隸買賣文書一文，録出這件契券的文字，並對年代、格式、所反映的經濟和社會面貌做了分析，文載吐魯番學研究二〇〇五年第一期，一二二—一二六頁。但個別文字和標點與我們的録文略有不同。

〔六〕榮新江新出吐魯番文書所見的粟特，吐魯番學研究二〇〇七年第一期，二九—三一頁。

〔七〕關於張祖墓出土文獻年代的考證，見陳昊吐魯番洋海一號墓出土文書年代考釋，敦煌吐魯番研究第一〇卷，一一—二〇頁。

看出柔然汗國在五世紀後半中亞政治生活中的重要地位。而送使文書所出自的高昌，再次向人們展示了它在東西南北各國交往中的咽喉作用，也説明闞氏高昌作爲柔然汗國的附屬國，在柔然汗國控制西域、交通南北時所扮演的不可替代的角色〔二〕。

另外，這件文書記録了一批闞氏高昌時期的城鎮名稱，其中高寧、横截、白艻、威神、柳婆、喙進、高昌、田地八個地名，應當就是當時的八個縣，也就是魏書、北史的高昌傳所記的高昌「國有八城」。從這件送使文書所記録的闞氏高昌城鎮名稱，我們可以看出最重要的特徵是交河當時還没有立郡、縣，由此我們可以認識高昌郡縣制發展的歷程，即高昌郡縣的體制是從吐魯番盆地東半邊發展起來的。以高昌城爲核心，最先在北涼時發展出東部的田地郡、田地縣以及高寧、横截、白艻諸縣，到闞氏高昌時期，增加了威神、柳婆、喙進縣，分别在高昌城的東南、南面、西南。這是高昌王國有意識的安排，以構成比較整齊的防禦外敵和徵收賦税的體系。而此時車師故地由於剛剛佔領，還未及建立郡縣，大概到了麴氏高昌時期，交河郡及其下屬各縣纔陸續建立〔三〕。

張祖不僅是一個處理俗務的官人，也是當地一個頗有學識的文人，在他的墓中發現的一件典籍寫本殘葉，一面寫論語注（很可能是鄭玄注），另一面寫孝經義，都是現已失傳的古書〔三〕。既然兩面抄寫的都是典籍，可能是作爲書籍而陪葬的，那麼這個寫本或許是張祖生前所讀之書。另外，這個墓中還出土了一件相對於一般的吐魯番文書而言是比較長的卷子，大約有三張紙的篇幅保存下來，内容是有關易雜占的，或許可以填補戰國秦漢簡帛文獻和敦煌文獻記載之間的某些空白〔四〕。占卜書的背面，有關於曆日和擇吉的文字，雖然内容不多，但年代較早，因此也是十分珍貴的曆法史和術數史的資料〔五〕。張祖墓出土的這組典籍類文獻，可以幫助我們理解北涼及闞氏高昌時期學術文化的淵源，特别是與南北方文化的聯繫問題。論語古注和孝經義本身是十分珍貴的佚書，有助於我們理解儒家典籍及其傳播的歷史。

總之，雖然只有一座墓葬出土了闞氏高昌時期的文書，但這些信息異常豐富，爲我們研究高昌王國時期的早期歷史提供了多方面的資料。

（三）麴氏高昌王國時期

新發現的文書中，屬於麴氏高昌時期的文書相對不多。二〇〇四年發掘的巴達木二四五號墓出有一件麴氏高昌延壽九年（六三二）六月十日康在得衣物疏（2004TBM245:1），其書寫中可見解除（解注）方術的痕迹〔六〕。在新徵集的文書中，還有一些斛斗帳、

〔二〕榮新江闞氏高昌王國與柔然、西域的關係，歷史研究二〇〇七年第二期，四—一四頁。

〔三〕參見榮新江吐魯番新出送使文書與闞氏高昌王國的郡縣城鎮，敦煌吐魯番研究第一〇卷，二一—四一頁。

〔三〕朱玉麒吐魯番新出論語古注與孝經義寫本研究，敦煌吐魯番研究第一〇卷，四三—五六頁。關於論語注，還請參見王素吐魯番新出闞氏王國論語鄭氏注寫本補説，文物二〇〇七年第一一期，七〇—七三頁。

〔四〕參見余欣、陳昊吐魯番洋海出土高昌早期寫本易雜占考釋，敦煌吐魯番研究第一〇卷，五七—八四頁。

〔五〕見上引陳昊吐魯番洋海一號墓出土文書年代考釋，一七—二〇頁。

〔六〕參見陳昊漢唐間墓葬文書中的注（疰）病書寫，榮新江主編唐研究第一二卷，北京大學出版社，二〇〇六年，二六七—三〇四頁。

僧尼籍、遺囑、雇人券、田籍等。

新出的麴氏高昌延昌十七年（五七七）道人道翼遺書是一件佛教僧人的遺囑，對身後的各種財產進行了使用、支配和所有權的分配。根據遺書內容，僧人道翼將自己最重要的不動產——田產留給了他的世俗本家。這是高昌時代特有的社會現象，僧人與俗人一樣擁有財產，於是僧人的社會角色也呈現出不同的面貌。由於高昌國僧尼基本沒有脱離世俗親緣關係的紐帶，所以僧尼的社會身份是雙重的。因而高昌國僧尼的社會角色也始終呈現出兩面性：既有宗教的一面，又有世俗的一面〔一〕。

二〇〇四至二〇〇五年發掘的交河溝西康氏塋院，總共有四十餘座墓，其中包括一些麴氏高昌國時期的墓誌：延昌三十年（五九〇）十二月十八日康□鉢墓表（2004TYGXM4:1）、延昌三十三年（五九三）三月康蜜乃墓表（2004TYGXM5:1）、延昌三十五年（五九五）三月二十八日康衆僧墓表（2004TYGXM6:1），但這裏比較潮濕，墓中沒有文書留存下來〔二〕。在巴達木的一些墓葬中，也有一些墓誌保存下來，如延昌十四年（五七四）二月二十一日康虜奴母墓表（2004TBM201:1）、延昌十四年（五七四）二月二十三日康虜奴及妻竺買婢墓表（2004TBM202:1）、延壽七年（六三〇）十二月二十四日康浮圖墓表（2004TBM212:1）。木納爾墓地也有高昌墓誌出土，如延和八年（六〇九）五月二十六日張容子墓表（2005TMM203:1）、延和九年（六一〇）十一月二日張保悦墓表（2005TMM208:1）、延壽四年（六二七）十月二十九日宋佛住墓表（2004TMM103:1）、延壽九年（六三二）五月七日宋佛住妻張氏墓表（2004TMM103:2），這些墓誌對於高昌王國的紀年、官制、婚姻、外來移民等方面的研究，都提供了新的資料〔三〕。

〔四〕唐西州時期

和已經刊佈的吐魯番文書一樣，新出吐魯番文書中有大量屬於唐西州官府各級衙門的官文書，從政府的角度來看，內容涉及官制、田制、賦役制、兵制等方面；如果從社會的角度來觀察，則可以看作是研究官員生活、百姓負擔、日常生活等社會史的材料。其中也有一些與此前發表的吐魯番文書有所不同的材料。以下擇其重要者略作説明。

巴達木一一三號墓出土了此前從來沒有見過的一件文書（2004TBM113:6-1），鈐有「高昌縣之印」，文書登記高昌縣思恩寺三個僧人的僧名、法齡、俗家出身、剃度年份、至今年數及誦經名數，年代爲龍朔二年（六六二）。據新近公佈的天一閣藏天聖令雜令所復原「唐令」的相關條目〔四〕，這件文書應當是唐龍朔二年（六六二）正月西州高昌縣思恩寺僧籍的原本，所著録的內容較令文規定

〔一〕參見凍國棟麴氏高昌遺言文書試析，武漢大學三至九世紀研究所編魏晉南北朝隋唐史資料第二三輯，二〇〇六年，一八八—一九七頁；姚崇新在宗教與世俗之間：從新出吐魯番文書看高昌國僧尼的社會角色，西域研究二〇〇八年第一期，四五—六〇頁。

〔二〕吐魯番地區文物局吐魯番交河故城溝西墓地康氏家族墓清理簡報，吐魯番學研究二〇〇五年第二期，一—一四頁。

〔三〕榮新江新出吐魯番文書所見的粟特，吐魯番學研究二〇〇七年第一期，三二—三五頁；張銘心吐魯番交河溝西墓地新出土高昌墓磚及其相關問題，西域研究二〇〇七年第二期，五六—六〇頁；李肖交河溝西康家墓地與交河粟特移民的漢化，敦煌吐魯番研究第一〇卷，八五—九三頁；高丹丹吐魯番出土某氏族譜與高昌王國的家族聯姻——以宋氏家族爲例，西域研究二〇〇七年第四期，八六—八九頁。

〔四〕戴建國唐開元二十五年令雜令復原研究，文史二〇〇六年第三輯，一〇八頁；中國社會科學院歷史研究所天聖令整理課題組、天一閣博物館天一閣藏明鈔本天聖令校證附唐令復原研究，中華書局，二〇〇六年，七四六頁。

爲詳，異常珍貴。而且，文書作於唐朝的西州時期，但把僧人出家的時間追溯到高昌國時期，表現了唐西州佛教教團的延續性，以及唐西州官府對於高昌僧尼人口的承認〔一〕。

吐魯番巴達木二〇七號墓中，出土了一些有關考課和銓選的文書，其中包括唐調露二年（六八〇）七月東都尚書吏部符爲申州縣闕員事（2004TBM207:1-3＋2004TBM207:1-7＋2004TBM207:1-11g），鈐有「東都尚書吏部之印」，爲過去所未見，異常珍貴。據資治通鑑，這一年唐高宗一直在東都洛陽及其附近的離宫中，所以文書用「東都尚書吏部之印」來發送。這件文書是唐代前期銓選制度發展的一件標誌性文獻，可能標誌着唐代銓選程序中全國範圍内常規性闕員統計的開端，可以填補相關文獻記載的缺失，對於我們深入認識唐代前期銓選制度的演進，具有十分重要的意義。同時，這件文書也使我們認識到，唐代前期銓選制度演進過程中，統計技術所發揮的至關重要的作用〔二〕。同墓還有一些文書，涉及到西州官府一些官員的乖僻文案、負犯等事的調查，應當也是和考課有關。這組文書展現了唐朝地方銓選、考課的一些具體過程。

巴達木二〇七號墓還有一些殘片，登録「晚牙到」的官吏名字。另外，吐魯番阿斯塔那墓葬中，出土了若干件更薄（簿），是高昌縣夜間在官府内值班人的名籍，按日期記録每夜當值的各鄉里正和典獄的名字。這些資料補充了唐代地方官吏當值的制度規定和具體實施情況〔三〕。

二〇〇四年木納爾一〇二號墓出土了一些非常零碎的文書殘片，經過我們整理小組仔細拼接，使我們獲得了唐高宗永徽五年（六五四）九月和永徽六年某月的兩組文書，都是西州折衝府低級將官申請讓人代替「番上」的牒文，後有長官批文。雖然文書保存文字不多，但其中關鍵的辭彙却讓我們得以重新解釋唐朝府兵「番上」的内涵〔四〕。

徵集文書中有一組殘片，我們定名爲唐永徽五年至六年（六五四—六五五）安西都護府案卷爲安門等事，其中包含的完整關文，有助於我們細緻解讀關文的成立與用印制度之關係、關文所反映的録事司與各曹關係，以及縣衙各司之間關文的使用情況，對關文格式與運行的研究也有助於加深我們對唐代地方政府内部政務運行機制的理解〔五〕。

阿斯塔那六〇七號墓出土了一組糧食帳殘片，基本上都可以綴合，是武則天後期和唐中宗時期的西州勾徵文書〔六〕。唐代勾徵制度，此前有所研究，但是如此大規模的勾徵原始文書，還是第一次發現。各個機構，因故欠下或多用的糧食，或多或少都要追索討還，這顯示了在律令制時代各項制度的嚴格規定和認真執行。

〔一〕孟憲實吐魯番新發現的唐龍朔二年西州高昌縣思恩寺僧籍，文物二〇〇七年第二期，五〇—五五頁。

〔二〕史睿唐代前期銓選制度的演進，歷史研究二〇〇七年第二期，三二—四二頁；史睿唐調露二年東都尚書吏部符考釋，敦煌吐魯番研究第一〇卷，一一五—一三〇頁。

〔三〕參見張雨吐魯番文書所見唐代里正的上直，西域文史第二輯，科學出版社，二〇〇七年，七五—八八頁；林曉潔唐代西州官吏日常生活的時與空，西域研究二〇〇八年第一期，六一—八三頁。

〔四〕孟憲實唐代府兵番上新解，歷史研究二〇〇七年第二期，六九—七七頁。

〔五〕雷聞關文與唐代地方政府内部的行政運作——以新獲吐魯番文書爲中心，中華文史論叢二〇〇七年第四輯，一二三—一五四頁。

〔六〕參見丁俊從新出吐魯番文書看唐前期的勾徵，西域歷史語言研究所集刊第二輯，科學出版社，二〇〇八年，待刊。

還有一件與唐朝制度有關的文書不能不提，即交河故城一所唐代寺院遺址發現的殘片（2002TJI:042），據考内容是有關中央十六衛將軍袍服制度的規定，而此抄本很可能就是開元二十五年的禮部式[一]。唐代的律令格式文書非常珍貴，這件寫本也是吉光片羽，它也説明雖然有關中央十六衛將軍的袍服規定與西州地方社會毫無關係，但作爲唐朝的令式仍然要頒佈到邊遠的城鎮。這件文書後來廢棄，被寺院的僧人當作廢紙，在背面繪製了佛教圖像。

在這批新出吐魯番文書中，有一些我們很感興趣的有關西域史的材料。其中在新徵集的文書中，有一組文書殘片，計二十六件，經綴合、釋讀，使之連綴成一個唐龍朔二、三年（六六二、六六三）西州都督府處理哥邏禄部落破散事宜的案卷，加之另外一件相關的粟特語文書（2004TBM107:3-2），我們從中可以獲知史籍中沒有記載過的一件西域史上的重要史事：大概在龍朔元年十一月以前，唐朝得到金滿州刺史沙陀氏某人的報告，説哥邏禄步失達官部落被賊人（漠北以回紇爲主的鐵勒部落）打散，有一千帳百姓從金山（阿爾泰山）南下，到達金滿州地域（今烏魯木齊烏拉泊古城北方）。十一月某日，唐朝自東都尚書省分别給漠北的燕然都護府、哥邏禄部落發下敕文，令燕然都護府將此事與西州都督府相知會，發遣步失達官部落百姓返回金山西側大漠都督府原居地。西州隨即差遣柳中（今魯克沁）縣丞□客師充使前往金滿州，與金滿州刺史一起處理發遣事宜。龍朔二年三月，燕然都護府得到□客師報告，哥邏禄首領咄俟斤烏騎支陳狀，説部落百姓在奉到敕令之前，已種了麥田，且放養的羊馬因遭風雪，沒有充足的草料，瘦弱不能度山入磧，無法返回大漠都督府原地。所以，部落百姓希望朝廷安排他們到河西的甘州地方居住，那裏的條件當然要比金山地區好。十月中旬以後，西州又派遣使人□慈訓前往金滿州，並與燕然都護府、金滿州等相知會，希望迅速發遣哥邏禄部落返還大漠都督府。但哥邏禄部落以通往大漠都督府的道路有賊人阻攔、暫且不通以及所種麥田尚未收穫爲由，希望在金滿州界内繼續滯留。到龍朔三年正月，由於鐵勒部落已被擊敗，哥邏禄部落百姓收麥之後，由首領六人率五十帳移向金山。其他帳的首領都已入京，所以需要等待首領們回來，纔能返回。儘管文書以下缺失，但整個哥邏禄部落破散和唐朝處理的情況，仍得以基本完整地呈現出來[二]。

在阿斯塔那三九五號墓中，出土了幾件殘片拼接而成的唐垂拱二年（六八六）西州高昌縣徵錢名籍，一些户主的名字是列在「金山道行」或「疏勒道行」的後面，應是西域行軍時唐西州高昌縣武城鄉的一次按户臨時差科的徵錢記録。我們知道，在大谷文書和吐魯番出土文書刊佈的材料中，也有涉及到金山道行軍和疏勒道行軍的記載，有的也同時出現在一件文書上，據阿斯塔那一八四號墓出土的唐開元二年（七一四）帳後西州柳中縣康安住等户籍，金山道和疏勒道分别是唐朝在垂拱元年（六八五）和垂拱二年

[一] 雷聞吐魯番新出土唐開元禮部式殘卷考釋，文物二〇〇七年第二期，五六—六一頁。

[二] 榮新江新出吐魯番文書所見唐龍朔年間哥邏禄部落破散問題，西域歷史語言研究所集刊第一輯，一三—四四頁。關於粟特語文書，參見Yutaka Yoshida, 'Sogdian Fragments Discovered from the Graveyard of Badamu'，同上刊物，四五—五三頁。

（六八六）派往西域的行軍。其時吐蕃大軍進攻西域，唐朝命令拔安西四鎮，並派金山道和疏勒道行軍前往救援〔一〕。其戰事激烈，除了已經見到的文書所提到的從西州發白丁往前綫外，現在又有文書證明當時還按户徵錢以助軍需〔二〕。

在這批新出吐魯番文書中，還有一組唐朝天寶十載（七五一）交河郡客館往來使者的記録，其内容包括住宿客人比較詳細的身份信息，到來和離開的時間、方向以及隨行人員等。由於文書所記往來交河郡的使者中有寧遠國（Ferghana）王子、安西四鎮將官、中央朝廷派出的中使等諸多重要人物，因此是我們今天考察八世紀中葉西域政治、軍事形勢的重要史料。綜覽整組文書可知，天寶十載交河客館接待的客使，除了安西四鎮將官、中央朝廷派出的中使等諸多重要人物外，還有至少八個般次的寧遠國使臣，包括三個寧遠國王子，其中一位叫「屋磨」，恰好我們在册府元龜讀到過他的名字〔三〕。這些王子的到來，和同一文書所記「押天威健兒官宋武達」和新出天寶十載交河郡文書中提到的「天威健兒赴碎葉」，均提供了關於唐朝用兵西域的非常重要的信息，即天寶十載唐廷在發大軍前往怛邏斯迎戰大食、諸胡聯軍的同時，也派遣「天威健兒赴碎葉」，以防制那裏的黄姓突騎施夾擊唐軍。這一文書使得我們對於在唐朝和阿拉伯歷史上都具有重要意義的怛邏斯之戰的前前後後有了更多的瞭解〔四〕。另外，這件文書也是我們瞭解唐朝客館制度各個方面情況的重要參考文獻，有助於我們深入探討般次、客使的類别、客館的接待等等問題〔五〕。

最後，還有一些實際應用的文獻材料，如可能是初唐西州當地學生所寫的千字文，同時也發現了更早的高昌王國時期的急就篇寫本，可以看出高昌地區習字文本的演變。還有一件學生習字，抄的是隋朝岑德潤的詠魚詩和一首佚詩，頗爲難得〔六〕。另外，還有從唐朝官府頒下的永淳三年（六八三）曆日，這件曆日是臺藏塔出土的，原本已經撕成碎紙條，但保存了唐代官方頒佈的正式曆本的格式，並鈐有官印，所以非常珍貴〔七〕。出土文獻中還包括一些書信殘片，但有一件開元七年的洪奕家書，却有幸完整地保存下來〔八〕。最後不能不提到的是，這批新出土的唐代喪葬文書中，首次發現了明確標作「移文」的文書，證明了隨葬衣物疏向移文的轉變，這對於今後我們判定許多衣物疏的性質和名稱，提供了堅實的證據〔九〕。

以上主要是根據我們「新獲吐魯番出土文獻整理小組」的初步研究寫成的，有些問題只是相關文書反映的一個方面。吐魯番出土文獻的史料價值是多方面的，相信隨着新獲吐魯番出土文獻的出版，一定能够推動許多相關課題的研究。

〔一〕參見黄惠賢從西州高昌縣徵錢名籍看垂拱年間西域政局之變化，唐長孺主編敦煌吐魯番文書初探，武漢大學出版社，一九八三年，三九六—四三八頁。

〔二〕文欣吐魯番新出唐西州徵錢文書與垂拱年間的西域形勢，敦煌吐魯番研究第一〇卷，一三一—一六三頁。

〔三〕册府元龜卷九七一外臣部朝貢天寶八載（七四九）八月條，宋本册府元龜，中華書局，一九八九年，三八五三頁。

〔四〕畢波怛邏斯之戰和天威健兒赴碎葉，歷史研究二〇〇七年第二期，一五—三一頁。

〔五〕畢波吐魯番新出唐天寶十載交河郡客使文書研究，西域歷史語言研究所集刊第一輯，五五—七九頁。

〔六〕李肖、朱玉麒新出吐魯番文獻中的古詩習字殘片，文物二〇〇七年第二期，六二—六五頁。

〔七〕陳昊吐魯番臺藏塔新出唐代曆日研究，敦煌吐魯番研究第一〇卷，二〇七—二二〇頁。

〔八〕韓香吐魯番新出洪奕家書研究，西域文史第二輯，科學出版社，二〇〇七年，一〇一—一一六頁。

〔九〕參見劉安志跋吐魯番新出唐顯慶元年（六五六）西州宋武歡移文，魏晉南北朝隋唐史資料第二三輯，二〇〇六年，一九八—二〇八頁。

凡例

一　本書所收爲一九九七至二〇〇六年新疆吐魯番阿斯塔那、巴達木、洋海、木納爾、臺藏塔等地考古發掘以及徵集到的出土文獻，包括墓誌與寫本文獻。

二　本書爲圖文對照本。圖版與録文均同時刊佈，個别斷片殘缺過甚，不作録文。圖版附縮小比例尺標。個别同組殘片構成的長卷，置綴合總圖於本組文書之首。録文大體保持原件格式，不連寫，每行加行號，以與原件行數對照，版面不能容納時，轉行續寫，與前一行高低相同。

三　本書所收文獻的考古編號，2004TAM指二〇〇四年吐魯番阿斯塔那古墓區出土；2006TAM指二〇〇六年吐魯番阿斯塔那古墓區出土；65TAM指一九六五年吐魯番阿斯塔那古墓區出土；2004TBM指二〇〇四年吐魯番巴達木古墓區出土；2004TMM指二〇〇四年吐魯番木納爾古墓區出土；97TSYM指一九九七年吐魯番鄯善縣洋海古墓區出土；2006TSYIM指二〇〇六年吐魯番鄯善縣洋海古墓區一號臺地墓葬出土；2002TJI指二〇〇二年吐魯番交河故城出土，I指文物編號；2005TST指二〇〇五年吐魯番地區文物局於三堡鄉臺藏塔徵集的出土文獻；2006TZJI指二〇〇六年吐魯番地區文物局徵集的吐魯番及其他地區出土文獻；2001SYMX指二〇〇一年鄯善縣徵集洋海下村出土文書。具體編號如「2004TAM398:4-2背面」，398指墓號，4指同墓所出全部文物（含文書）的順序編號，2指第4組文書中發掘後拆出的第2件文書，「背面」表示文書背面。文書編號標誌於圖版相應位置，直接綴合用「+」號，非直接綴合用頓號「、」。

四　本書所收文書，以墓葬年代先後順序編列。墓葬年代以墓誌（墓表）或隨葬衣物疏所紀年月爲準；同墓所出墓誌或衣物疏不止一件者，以紀年最晚者爲準；墓内無墓誌及衣物疏者，據同出紀年最晚文書、墓葬形制、同出文物特點等判斷年代，並加必要的説明。

五　每件文書，均據其内容予以擬題，其斷代、定性及文書特徵等均做出解題説明，列於文書之前。文書本身字句問題則作注釋，列於文書之後。

六　凡考古發掘所得文獻，若有能够説明文書來歷之文物，如未拆時之紙帽、紙鞋，代人木牌等，先置圖版於同墓文獻之首。同墓文獻首列墓誌、衣物疏；其他原則上均按年代先後順序編列；原無紀年或紀年殘缺的文書，據内容及其特點可以推知年代者，亦按年代先後順序編列；原紀年殘缺，而内容相關者，相連編次；不能推知年代者，置於有紀年文書之後。一般按先官府文書、後私人文書的順序編列。古籍寫本作葬具者隨正面文書編列，其他置於最後。

七　文書因盗擾或其他原因，以致同組文書分别出自不同墓葬者，經綴合後置於文書主體所屬墓内，並加説明。

八　徵集文書係徵集時順序編號，本書按整理結果，將可以綴合或可考訂爲同組的文書，按年代先後排列，其他文書置於其後，排序原則與考古發掘品相同。

九　文書斷裂，不能綴合，但據書法、紙質及内容判斷爲同一組文書者，在同一標題下每片分標（一）、（二）、（三）……；文書有年代或年代可推知者，排列儘可能以年代先後爲序；無法推知紀年者，一般依編號原始順序排列，則此處（一）、（二）、（三）……標號並不表明先後次序。

一〇　文書中異體、俗體、別體字，除人、地、度量衡名外，釋文基本用現在通行繁體字；同音假借字照録，旁括注本字，武周新字同此；其古寫簡體字與今簡寫相同者照録；原文筆誤及筆畫增減，徑行改正。文書中朱書字印作紅色，並在解題或注中提示。有些文字無法準確判斷者，則在右側用問號表示。原文書有勾勒處照描。

一一　文書有缺文時，依缺文位置標明（前缺）、（中缺）、（後缺）；中有原未寫文字處，標作（中空）或（中空若干行）；文末空白標作（餘白）。

一二　缺字用□表示。不知字數的缺文，上缺用［　］、中缺用［　　］、下缺用［　］表示，長度據原缺長短而定。騎縫綫用-------表示，正面騎縫押署或朱印直接書於騎縫綫上，背面騎縫押署或朱印括注於騎縫綫下方。

一三　原文字形不全，但據殘筆確知爲某字者，補全後在外加□，如［貞］；無法擬補者作爲缺字；殘存半邊者照描，殘損部分以半框□表示。字迹清楚但不識者照描，字迹模糊無法辨識者亦用□表示。原文點去或抹去的廢字不録，出注提示。

一四　所有文書大體依原件格式照録，除原以空格表示標點者外，均加標點。文書中原寫於行外的補字，釋文一般徑補入行内；成句的補文，不能確定應補在哪一句之下者，依原樣録於夾行。原件中之倒書（自下向上書寫）者，及寫於另一件文書行間者，分別釋録，但加以説明。

一五　胡語文書先列轉寫，後附漢譯。

主要參考文獻

大谷文書集成，三册，小田義久編，京都，法藏館，一九八四、一九九一、二〇〇三年。

大谷文書集成（壹）人名地名索引——附録與其他吐魯番文書互見的人名地名，石墨林編，魏晉南北朝隋唐史資料第一九輯，二〇〇二年，二三二—二六八頁。

大谷文書集成（貳）人名地名索引——附録與其他吐魯番文書互見的人名地名，石墨林編，魏晉南北朝隋唐史資料第二〇輯，二〇〇三年，二八四—三〇七頁。

大谷文書集成（叁）人名地名索引——附録與其他吐魯番文書互見的人名地名，石墨林編，魏晉南北朝隋唐史資料第二二輯，二〇〇五年，二三六—二五三頁。

敦煌俗字典，黄征著，上海教育出版社，二〇〇五年。

敦煌俗字研究，張涌泉著，上海教育出版社，一九九六年。

高昌殘影・出口常順藏トルファン出土佛典斷片圖録，藤枝晃編，京都，法藏館，一九七八年。

流沙遺珍，金祖同著，秀水金氏一九四〇年影印本（再版：敦煌叢刊初集五，臺北，新文豐出版公司，一九八五年）。

Maspéro, H., *Les Documents chinois de la troisième expédition de Sir Aurel Stein en Asie Centrale*, London 1953.

麴氏高昌曆法初探，王素撰，出土文獻研究續集，北京，文物出版社，一九八九年，一四八—一八〇頁。

日本寧樂美術館藏吐魯番文書，陳國燦、劉永增編，北京，文物出版社，一九九七年。

三種新出版吐魯番文書人名地名索引，石墨林編，魏晉南北朝隋唐史資料第一八輯，二〇〇一年，二一八—二五二頁。

斯坦因第三次中亞考古所獲漢文文獻（非佛經部分），沙知、吴芳思編，上海辭書出版社，二〇〇五年。

斯坦因第三次中亞探險所獲甘肅新疆出土漢文文書——未經馬斯伯樂刊佈的部分，郭鋒著，蘭州，甘肅人民出版社，一九九三年。

斯坦因所獲吐魯番文書研究，陳國燦著，武漢大學出版社，一九九四年。

唐代蒲昌府文書の研究，日比野丈夫撰，東方學報（京都）第三三册，一九六三年，二六七—三一四頁。

吐魯番出土高昌文獻編年，王素著，臺北，新文豐出版公司，一九九七年。

吐魯番出土唐代文獻編年，陳國燦著，臺北，新文豐出版公司，二〇〇二年。

吐魯番出土文書，唐長孺主編，録文本，北京，文物出版社，一九八一—一九九一年；圖録本，北京，文物出版社，一九九二—一九九六年。

吐魯番出土文書人名地名索引，李方、王素編，北京，文物出版社，一九九六年。

吐魯番出土磚誌集注上下册，侯燦、吴美琳著，成都，巴蜀書社，二〇〇三年。

吐魯番考古記，黄文弼著，北京，中國科學院，一九五四年；二版，一九五八年。

吐魯番文書總目（歐美收藏卷），榮新江主編，武漢大學出版社，二〇〇七年。

吐魯番文書總目（日本收藏卷），陳國燦、劉安志主編，武漢大學出版社，二〇〇五年。

西域考古圖譜上下卷，香川默識編，東京，國華社，一九一五年。

新出吐魯番文書及其研究，柳洪亮著，烏魯木齊，新疆人民出版社，一九九七年。

新獲の唐代蒲昌府文書について，日比野丈夫撰，東方學報（京都）第四五册，一九七三年，三六三—三七六頁。

Yamamoto, T., O. Ikeda & Y. Okano, *Tun-huang and Turfan Documents concerning Social and Economic History*, I. Legal Texts (A) (B), Tokyo 1978–1980.

Yamamoto, T. & Y. Dohi, *Tun-huang and Turfan Documents concerning Social and Economic History*, II. Census Registers (A) (B), Tokyo 1985.

Yamamoto, T. & O. Ikeda, *Tun-huang and Turfan Documents concerning Social and Economic History*, III. Contracts (A) (B), Tokyo 1987.

Yamamoto, T. et al, *Tun-huang and Turfan Documents concerning Social and Economic History*, Supplement (A) (B), Tokyo 2001.

中國古代籍帳研究——概觀·録文，池田温著，東京大學東洋文化研究所，一九七九年。

中國歷史博物館藏法書大觀第一一卷晉唐寫經晉唐文書，楊文和主編，東京，柳原書店，一九九九年。

目次

二〇〇六年洋海出土文獻……一六九

二〇〇二年交河故城出土文獻……二三一

二〇〇五年徵集臺藏塔出土文書

二〇〇六年徵集吐魯番出土文獻

附　二〇〇六年徵集和田地區出土文書……三五九

二〇〇一年鄯善縣徵集文書……三六二

吐魯番新出土墓表墓誌……三七五

阿斯塔那古墓群二區遺址

二〇〇四年阿斯塔那出土文獻

阿斯塔那三九五號墓出土文獻

本墓位於阿斯塔那古墓二區南側，曾經盜擾。墓主爲一女性，未出墓誌及衣物疏。本墓所出文書有紀年者僅一件，爲載初元年（六九〇），録文見三九八號墓。按：本墓部分文書可與臨近的阿斯塔那三九八號墓所出文書綴合。

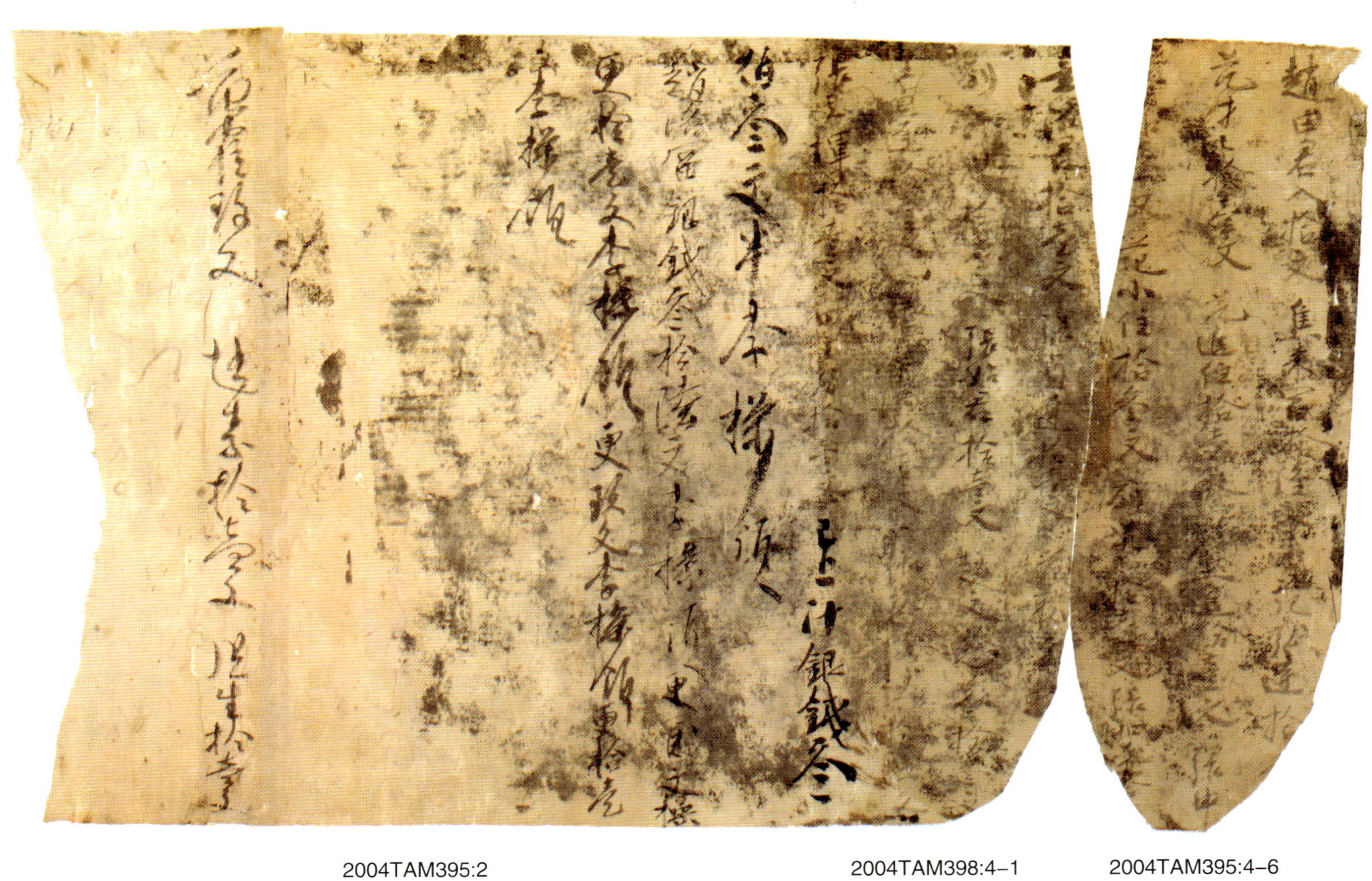

2004TAM395:2　2004TAM398:4-1　2004TAM395:4-6

一　唐西州高昌縣李操領錢抄

本組文書由三殘片綴合而成，分別出自阿斯塔那三九五號墓和三九八號墓。趙申君見於三九五號墓所出唐垂拱二年（六八六）西州高昌縣徵錢名籍。參見文欣吐魯番新出唐西州徵錢文書與垂拱年間的西域形勢，敦煌吐魯番研究第一〇卷（二〇〇七年）。

1　趙申君入拾文　焦來富拾陸文半　范弘達拾壹□
2　范才々拾壹文　范進住拾壹文　范默進拾壹文　張申
3　□拾壹文　范小住拾叁文　劉義功拾壹文　張和進拾□□
4　武隆君拾壹文　張貞達拾壹文　范聰達拾□□
5　劉□□拾壹文　張始君拾壹文　趙文慈叁拾叁文
6　王貞達拾壹文　張□□拾壹文　張慈隆伍拾伍文
7　張玄揮拾壹文　田行智拾壹文　已上計銀錢叁
8　佰叁文半，李操領。
9　趙洛富銀錢叁拾陸文，李操領。更貳文，操。
10　更拾壹文，李操領。更玖文，李操領。更拾壹
11　文，李操領。

（中空）

12　范霍玖文　趙素拾壹文　張生拾壹文

（餘白）

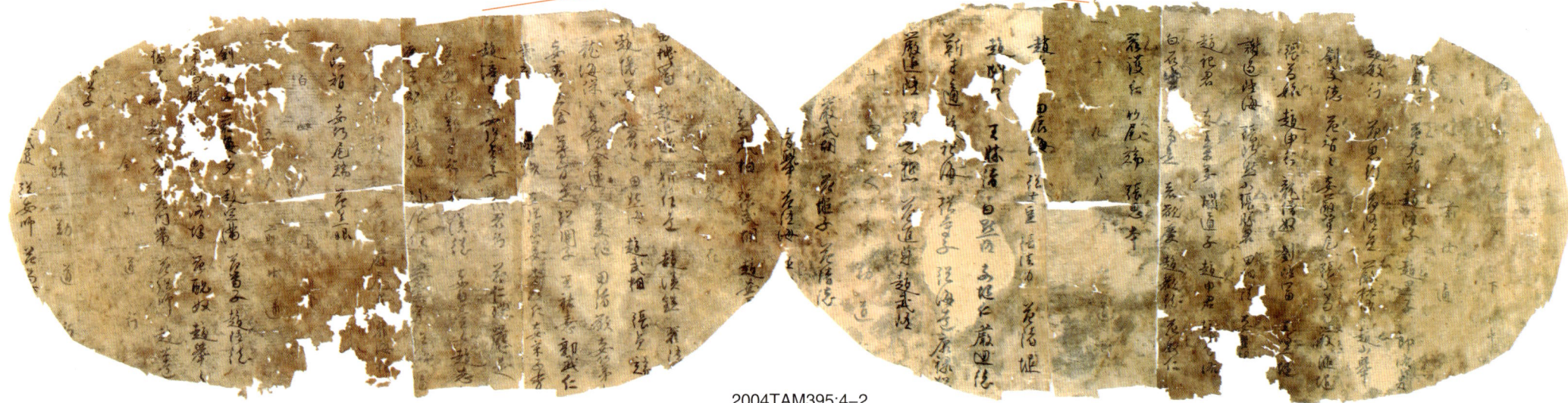

2004TAM395:4-1

2004TAM395:4-4

2004TAM395:4-2

2004TAM395:4-3

唐垂拱二年西州高昌縣徵錢名籍全貌

二　唐垂拱二年（六八六）西州高昌縣徵錢名籍

本組文書拆自墓主左脚紙鞋。由 2004TAM395:4-3、2004TAM395:4-2、2004TAM395:4-4、2004TAM395:4-1 四殘片綴合而成。其中 2004TAM395:4-1 由兩部分粘合，但此兩片原本並不相接，而是分別接於 2004TAM395:4-2 的左右兩側。綴合後全卷有兩條紙縫，爲三張紙粘貼而成，其中第二張應爲一完整紙張。本組文書人名多有見於其他文書者，與阿斯塔那六一號墓所出文書（吐魯番出土文書叁，二三六—二五七頁）互見者尤多。文書提到金山道行軍和疏勒道行軍，據唐開元二年（七一四）帳後西州柳中縣康安住等户籍（72TAM184:12/6<a>，吐魯番出土文書肆，一一七頁），分别在垂拱元年（六八五）和垂拱二年；又據武周延載元年（六九四）汜德達輕車都尉告身（68TAM100:1、2、3，吐魯番出土文書叁，四〇六—四〇八頁）等，垂拱二年十一月前當有金牙道行軍，而本文書不見金牙道記載，故推測成於垂拱二年，疏勒道行軍之後，金牙道行軍之前。而據本組與其他吐魯番文書所見同名人物，可推測本組文書屬於高昌縣武城鄉。參見文欣吐魯番新出唐西州徵錢文書與垂拱年間的西域形勢，敦煌吐魯番研究第一〇卷（二〇〇七年）。

2004TAM395:4-2

2004TAM395:4-1

2004TAM395:4-3

0

5cm

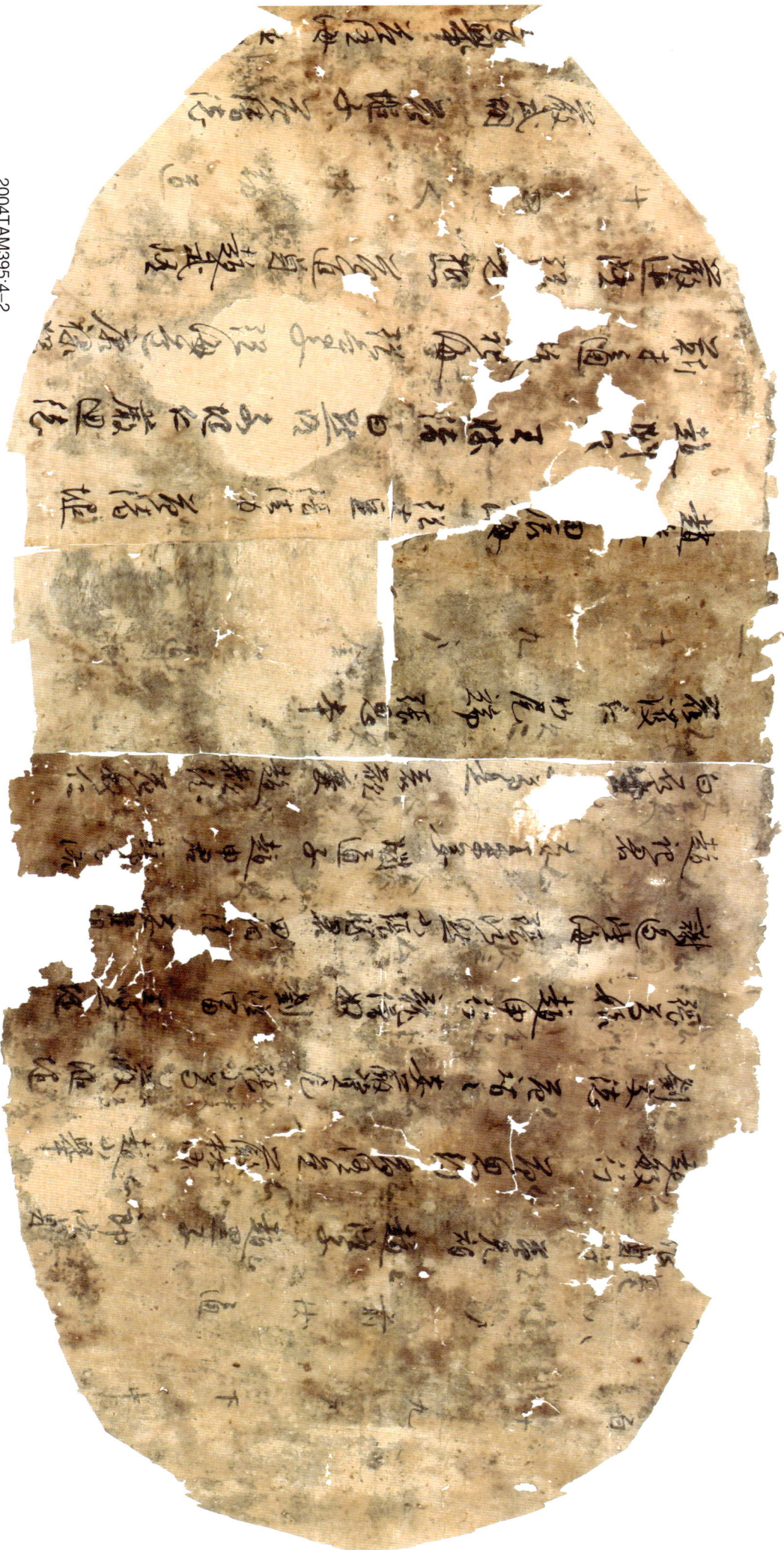

（前缺）

1 □百十九户下中

2 卌八户前狀通

3 張貞行欠七 范元智ム 趙隆子ム 趙黑子ム 郎洛貞ム

4 趙敏行ム 范思約ム 范隆貞ム 嚴祐洛ム 趙小舉ム

5 劉支德ム 范智々ム 大女嚴資尾ム 張小荀ム欠半文 嚴埴埴ム欠二

6 張荀始ム 趙申行全欠 龍僧奴全欠 劉隆富欠□ 王嘿埴全欠

7 謝過隆海ム 張朗默欠三 小張勝君ム 田相德全欠 大女翟ム胡□

8 趙祀君ム 大女王采姜ム 闞通子全欠 趙申君欠 趙良洛

9 白石生全欠 □荀是□ 袁歡慶全欠 趙歡德全欠 范奴仁欠七

10 翟護仁ム 竹尾端欠二 張思本全欠

11 一十九户 金山道行

- - - - - - - - - - - - - - - - - - - -

12 趙延□ 田辰海 張大定 張法力 范緒埴

13 趙閎奴 王勝緒 白默隆 支埴仁 嚴迴德

14 靳才適 趙祀海 張守文 張海達 康禄恕

15 嚴延隆 張志悊 范進貞 趙武隆

16 □十四人 疏勒道行

17 □□□ 嚴武胡 范埴子 范緒德

18 □皆舉 范隆海 □

2004TAM395:4-4

2004TAM395:4-1

2004TAM395:4-2

0 5cm

19 □ 孟武柏 張武胡 趙安□
20 □ 八 人 見 在
21 田拽富 趙延願 劉住達 趙漢鎧 翟隆□
22 趙懷義 趙君々 田默海 趙武相 張貞端
23 龍海保 大女張金連 王麥埴 田緒歡 大女何弟□
24 大女唐定金 蕁富足 張開子 王祐意 郭武仁
25 索□□ 闞□洛 大女張恩姜 李願仁 大女宋子秀

26 趙培々 大女張貞姜 □君行 范仁禮 嚴正定
27 吴迦用 靳才行 范漢德 大女白臺女 趙志□
28 康玄智 孫隆埴 孫辰住 梁達苟 張隆富
29 趙尾生 王祐德 趙慈隆 嚴尾貞 翟海相
30 何朗智 大女何尾端 范羔眼
31 一 百 四 户 下 下
32 一 十 五 户 前 狀 通
33 劉緣□子 嚴海ム多 趙定ム滿 范苟欠子 趙隆欠三德
34 陳ム烏欠巘 □□惠 田洛ム埴 范醜ム奴 趙舉ム々
35 楊德ム子 趙晉全欠舉 范門全欠帶 范強ム師 趙士ム達
36 □ 户 金 山 道 行
37 □賀子
38 □ 户 疏 勒 道 行
39 □□護 張安師 范苟□ □

（後缺）

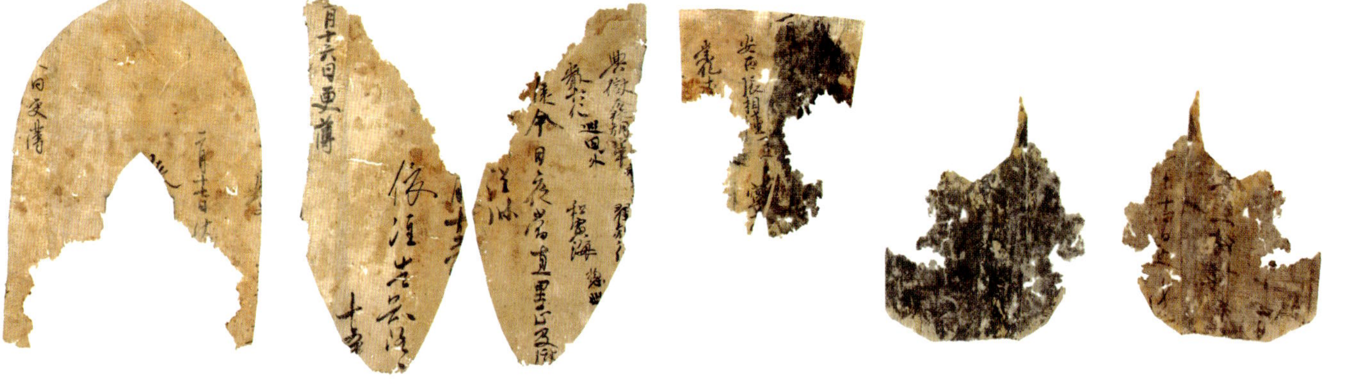
2004TAM398:3–1　2004TAM398:3–2　2004TAM398:3–3　2004TAM398:6–1　2004TAM398:7 背面

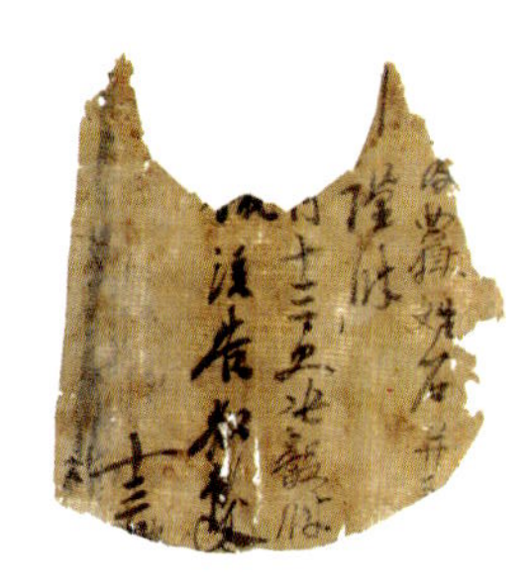
2004TAM398:7

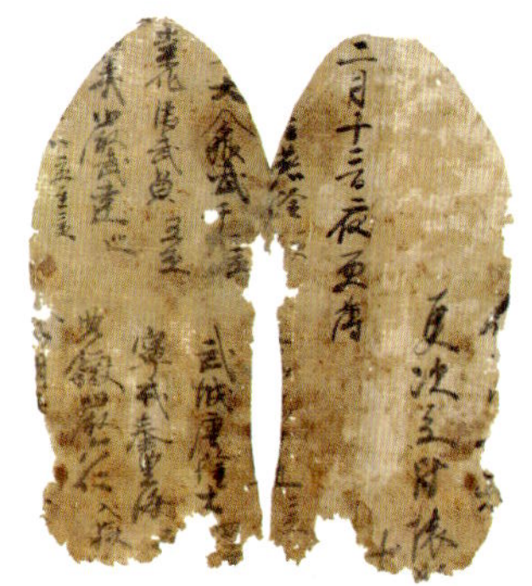
2004TAM395:1–2　2004TAM395:1–1

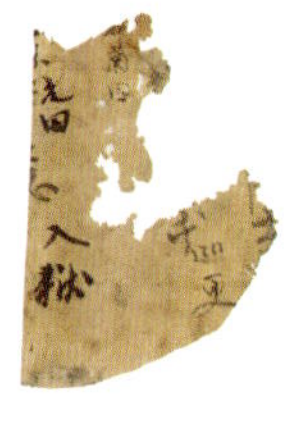
2004TAM398:6–2

唐某年二月西州高昌縣更簿全貌

三　唐某年二月西州高昌縣更簿

本組文書分別出自三九五號墓和三九八號墓，共十殘片。從內容和紙鞋的折疊關係分析，有八殘片大致可以前後相連，其中2004TAM398:7背面被塗黑的文字，原本應在正面紙縫後文字之後，直接連續，目前的粘貼情況是喪葬時剪貼的結果；另有二殘片2004TAM395:5、2004TAM395:4-5，與本組文書性質相同，但無法相連，故單獨列出。

本組文書是唐某年二月高昌縣更簿，其中的馬武貞、王才歡見於唐西州高昌縣寧大等鄉名籍（67TAM91:4<a>，吐魯番出土文書叁，八頁），二人皆爲貞觀十九年（六五四）崇化鄉的里正。王才歡又見唐顯慶四年（六五九）白僧定貸麥契（64TAM20:34，吐魯番出土文書叁，四七六頁）。左慈隆見唐西州都督府下高昌縣牒（64TAM20:39、64TAM20:40，吐魯番出土文書叁，四七四頁），時任西州都督府之「史」，文書年代在永徽三年（六五二）之後。此人又見唐龍朔元年（六六一）左慈隆等種床畝數帳（60TAM332:9/2<a>，吐魯番出土文書叁，一四八頁）。嚴武達見唐永徽六年（六五五）匡某雇人上烽契（64TAM10:43、50，吐魯番出土文書貳，二一一頁）。唐隆士當即唐永昌元年（六八九）西州高昌縣籍坊勘地牒（64TAM35:44<a>，吐魯番出土文書叁，四九四頁）中的「唐隆仕」。綜合以上因素，推知本組文書的年代當在太宗、高宗時期。參見張雨吐魯番文書所見唐代里正的上直，西域文史第二輯（二〇〇七年）；林曉潔唐代西州官吏日常生活的時與空，西域研究二〇〇八年第一期。

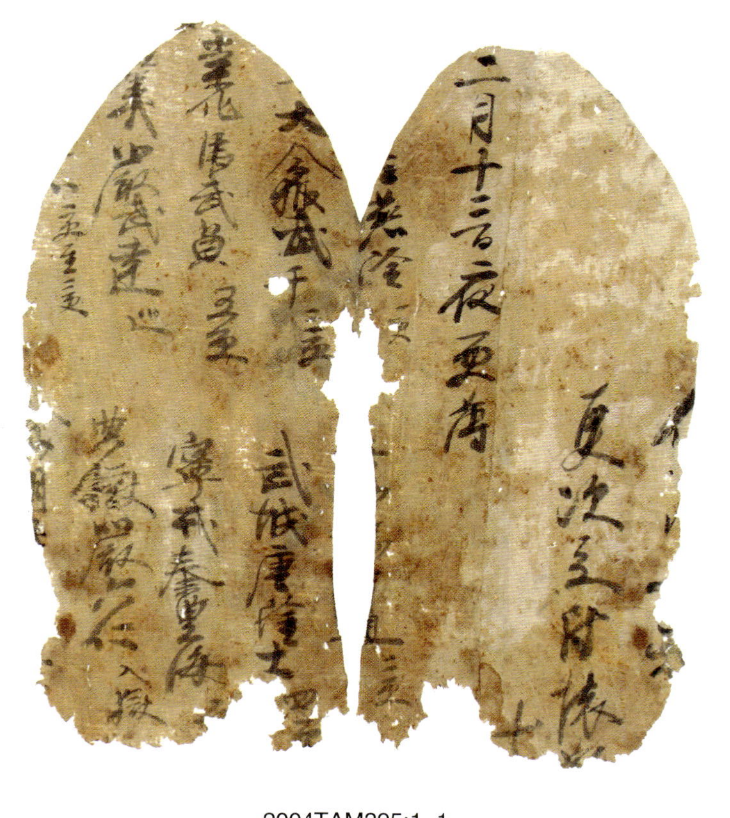

2004TAM395:1-1

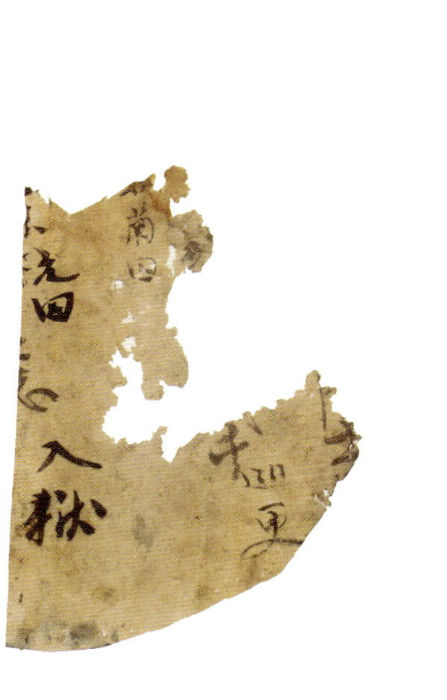

2004TAM398:6-2

（一）

（前缺）

1 ［　　］隆士［　　］

2 ［　　］獄［　　］［　　］武千巡更

3 ［　　］□藺（簡）囚

4 ［　　］□□□囚　［　　］□德入獄

（中缺）

5 依注告知［　　］

6 更次交付懷歡［　　］

7 十［　　］〔一〕

8 二月十三日夜更薄（簿）

9 ［　　］□□左慈隆一更　□□□□通二更

10 □大令狐武千三更　武城唐隆士四更

11 崇化馬武貞五更　寧戎秦豐海六□

12 □義嚴武達巡　典獄嚴六仁入獄

13 ［　　］□一更至二更　□□□□［　　］

（中缺）

注釋

〔一〕「十」字下缺字當作「二日」。

2004TAM398:7

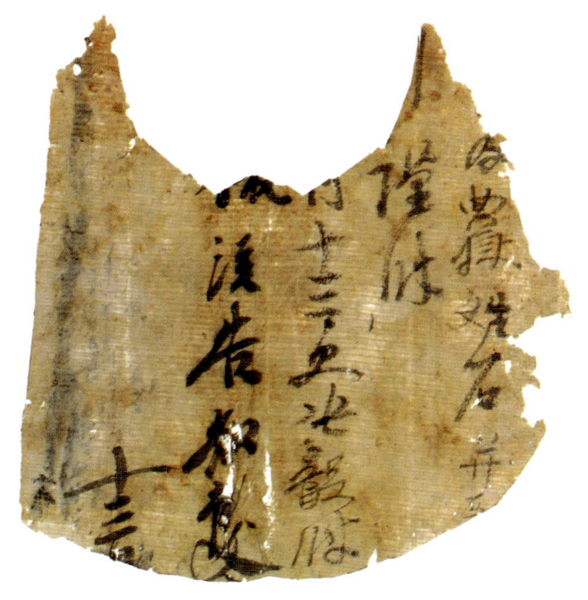

2004TAM395:1-2

□及典獄姓名并配

——謹牒。

月十三日史張韻牒

依注告知□文白

十三日

（中缺）

二月十四日史張

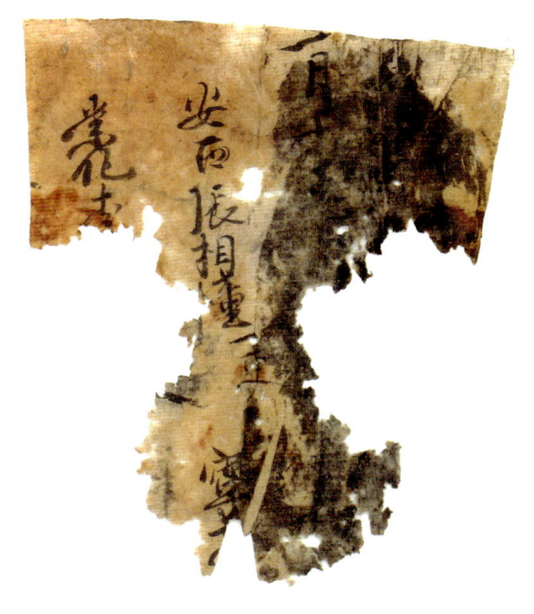

2004TAM398:6–1

2004TAM398:7 背面

20 依□告

21 次交付懷歡

22 十四日

（中缺）

23 二月十五日

24 安西張相幢明 一更 寧戎

25 崇化索□□ □更 □

26 □

（中缺）

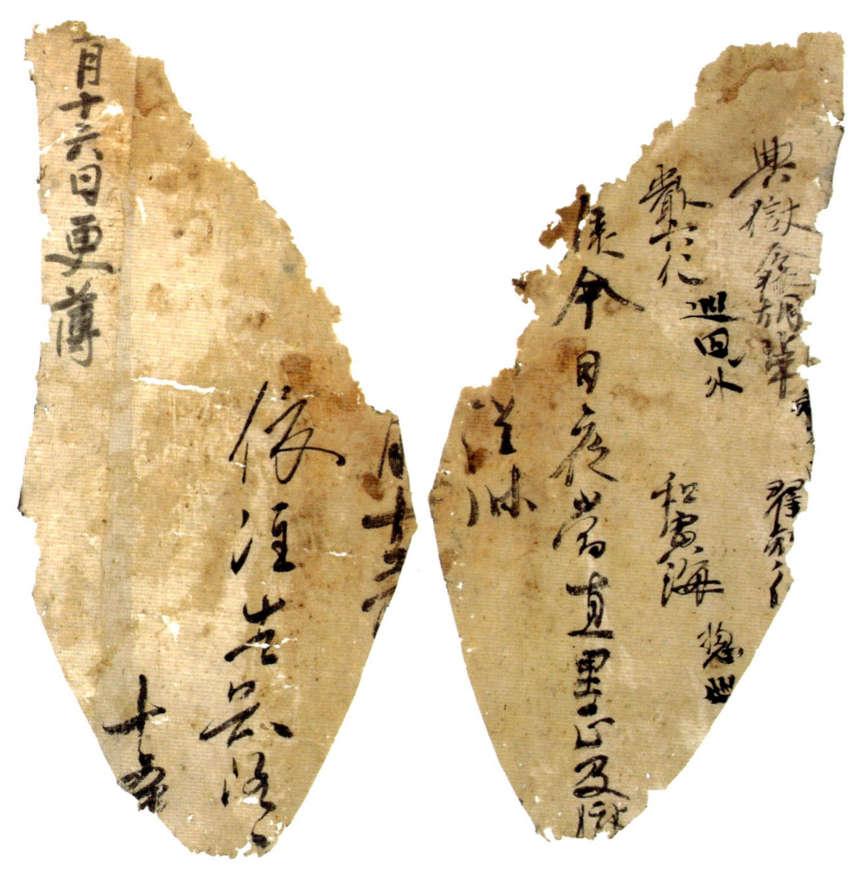

2004TAM398:3–2　　2004TAM398:3–3

27 □

28 典獄令狐胡卓□□□　　翟知行□

29 嚴六仁巡外囚　　和寅海總巡□

30 □緣今日夜當直里正及獄□

31 □□□謹牒。

32 □月十五日□

33 依注告知洛白

34 十五日

35 二月十六日更薄（簿）

（中缺）

2004TAM395:5　　2004TAM398:3-1

36 □□更(?)□□□□□

37 □。

38 二月十七日佐

39 依

（中空）

40 八日更薄（簿）

41 □

（後缺）

（二）

（前缺）

1 □化索感仁□□

2 □昌左慈隆 二更

3 □義

4 □

5 張海 知

（後缺）

0 5cm

2004TAM395:4-5

（三）

（前缺）

1 □更薄(簿)

2 崇化王才[明]歡一更　寧大[明]令狐武遷[門]□

3 寧昌康隆[□]海二更　安[□]西張相幢□

4 順義張善[明]聚五更　□

5 寧□□

6 典獄□

7 □懷達[知四更]□

（後缺）

阿斯塔那三九六號墓出土文獻

本墓位於阿斯塔那古墓二區南側，曾經盜擾。墓主爲一對成年男女及一個十餘歲女子。未出墓誌及衣物疏。所出文書有紀年者爲開元七年（七一九）。

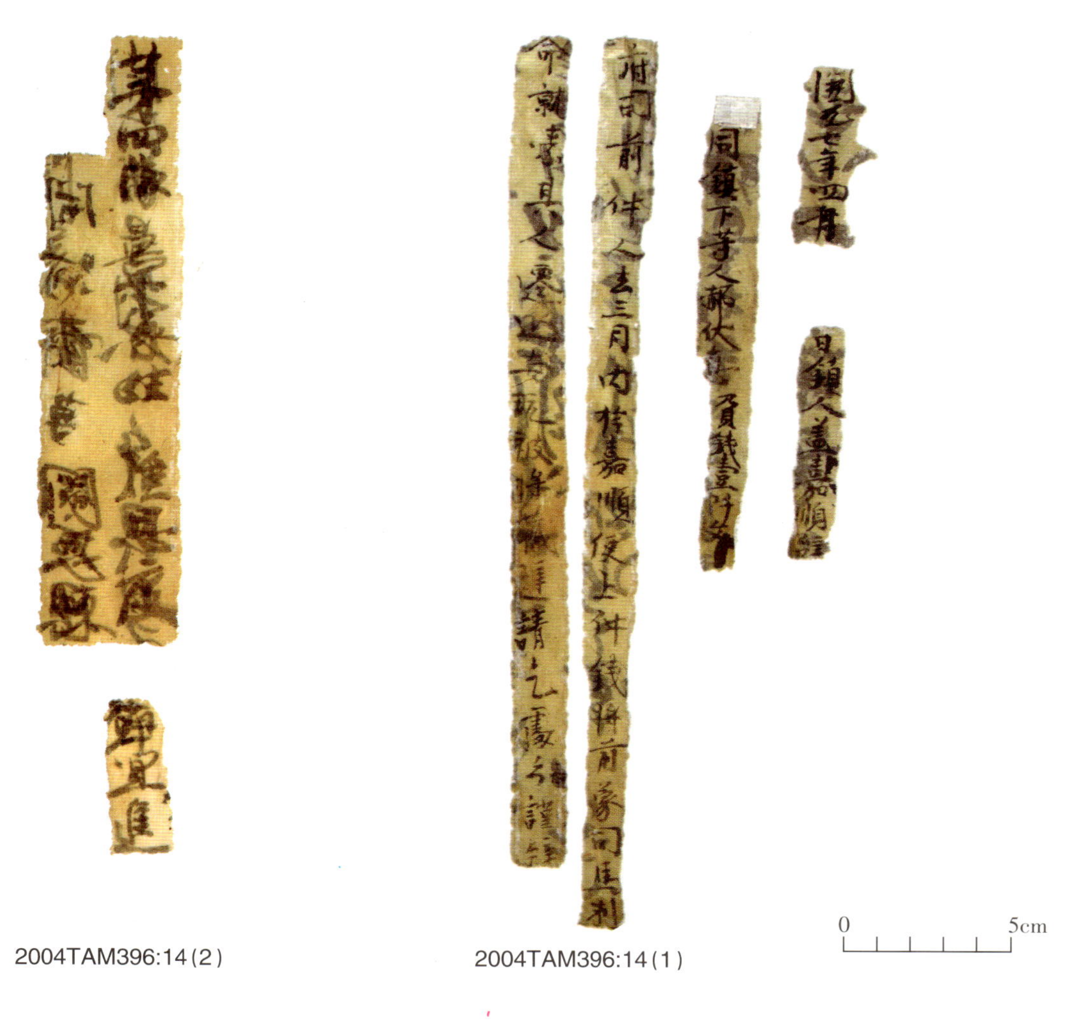

2004TAM396:14(1)　　2004TAM396:14(2)

一　唐開元七年（七一九）四月某日鎮人蓋嘉順辭爲郝伏憙負錢事

本件文書出自墓室，置於十餘歲女子頭部右上方一橢圓形石塊前方。本件文書正面修復時曾經托裱，後揭出文字部分。蓋嘉順又見唐開元八年四月北庭長行坊典楊節牒爲蓋嘉順馬勘報事（京都有鄰館二六號文書，墨美第六〇號，一九五六年）。參見韓香吐魯番新出洪奕家書研究，西域文史第二輯（二〇〇七年）。

1 開元七年四月　日鎮人蓋嘉順辭

2 　同鎮下等人郝伏憙負錢壹阡文

3 府司：前件人去三月内，於嘉順便上件錢，將前蒙司馬

判

4 命就索，其人遷延与〔一〕，既被將藏避，請乞處分，謹辭。

注釋

〔一〕「与」字前疑脱「不」字。

二　唐某軍鎮第四隊名籍

本件文書倒書於唐開元七年（七一九）四月某日鎮人蓋嘉順辭後，時間應在開元七年前後。參見韓香吐魯番新出洪奕家書研究，西域文史第二輯（二〇〇七年）。

（前缺）

1 第四隊　景家生　强思度　鄧宜進

2 　劉義礼　閻思楝

（後缺）

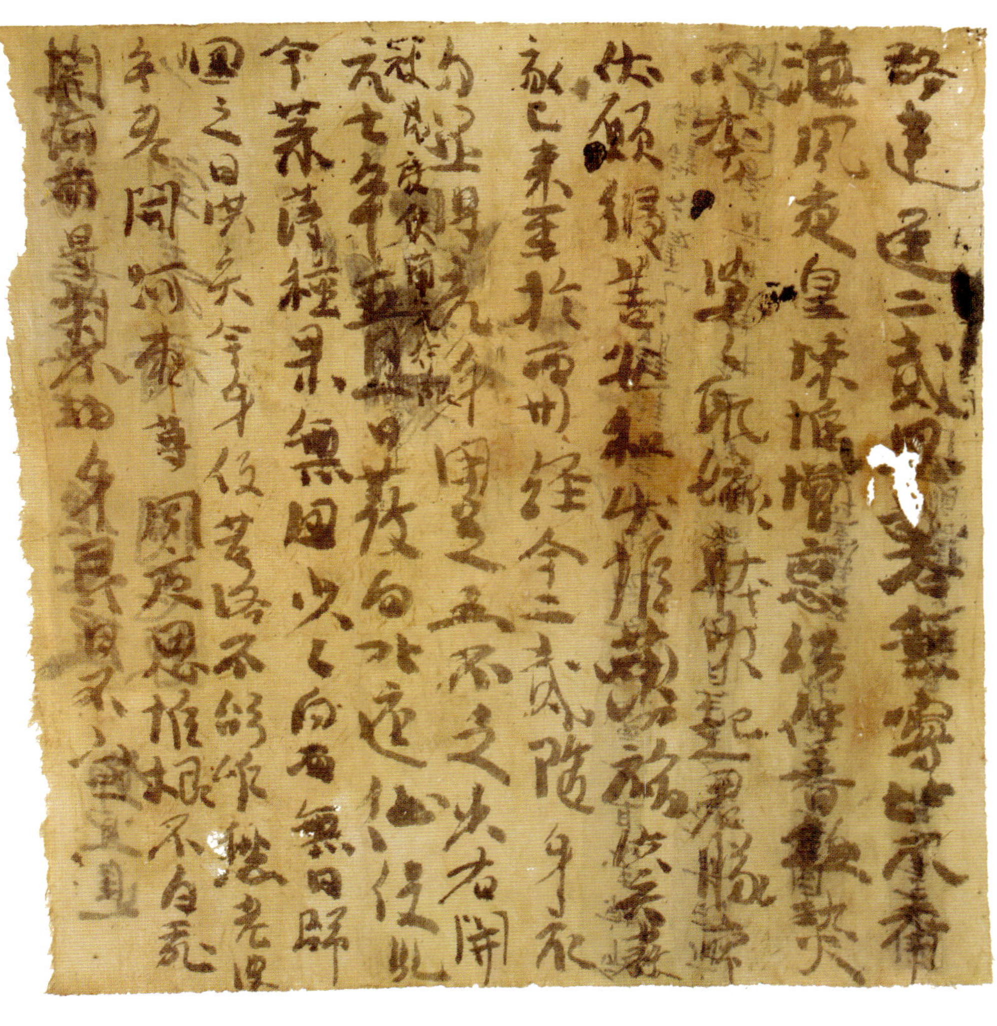

2004TAM396:14 背面

三 唐開元七年（七一九）洪奕家書

本件文書書於唐開元七年四月某日鎮人蓋嘉順辭之背面。據内容可知，家書是洪奕於開元七年尚未離開西州時所寫。參見韓香吐魯番新出洪奕家書研究，西域文史第二輯（二〇〇七年）。

1 啟：違遥二哉(載)，思暮(慕)無寧，比不奉
2 海(誨)，夙夜皇(惶)悚，惟增戀結。仲春頓熱，
3 不審 婆々耶孃體内，起君(居)勝常，
4 伏願侵(寢)善(膳)安和，伏惟萬福。洪奕發
5 家已來，至於西州，經今二哉(載)，隨身衣
6 勿(物)，並得充身用足，亦不乏少。右(又)開
7 元七年被節度使簡充行，限〔一〕五月一日發向北庭征役，
兒
8 今葉(業)薄，種果無因。少々向西，無日歸
9 迴之日，洪奕今身役苦，終不辭，唯愁老彼。
10 今者關河兩礙，夙夜思惟，根(恨)不自死。
11 關河兩礙，制不由身，即日不宣。

注釋

〔一〕「被節度使簡充行限」原寫在行間。

阿斯塔那三九八號墓出土文獻

本墓位於阿斯塔那古墓二區南側，爲男女合葬墓，曾經盜擾。未出墓誌及衣物疏。墓室東壁下沙土中出土四件紙鞋形狀文書殘片，女性墓主身下亦出一件文書。其中文書有紀年者爲永昌元年（六八九）。

一　武周天授三年（六九二）户籍稿

本組文書分别出自阿斯塔那三九五和三九八號墓，可以綴合。其中2004TAM398:4-2出自三九八號墓室東壁下沙土中，形狀與2004TAM398:4-1文書相同；2004TAM395:4-7拆自三九五號墓女性墓主左脚紙鞋，形狀與2004TAM395:4-6相同。文書正面墨書部分由其格式判斷，應爲手實。而以朱書在人名下添加注記，並朱筆删去「右件人籍後身死」、「右件人見漏籍」兩行之後，格式則變爲户籍，説明這件手實是用來製作户籍的草稿，時間應該在造籍年。載初之後第一個造籍年是天授三年（六九二），故本組文書應爲天授三年户籍稿。參見文欣唐代差科簿製作過程，歷史研究二〇〇七年第二期。

（前缺）

1 堂兄進凰（君）𠡦（年）貳拾叁歲　白丁　永昌元𠡦帳後死

2 堂兄進逖𠡦拾壹歲　小男　永昌元𠡦帳後死

3 堂姉曹貞𠡦貳拾伍歲　丁婦　永昌元𠡦帳後死

4 右件人籍後身死

5 弟伏行𠡦伍歲　小男　𡕀（載）𠒆（初）元𠡦括附

6 右件人見漏籍

（後缺）

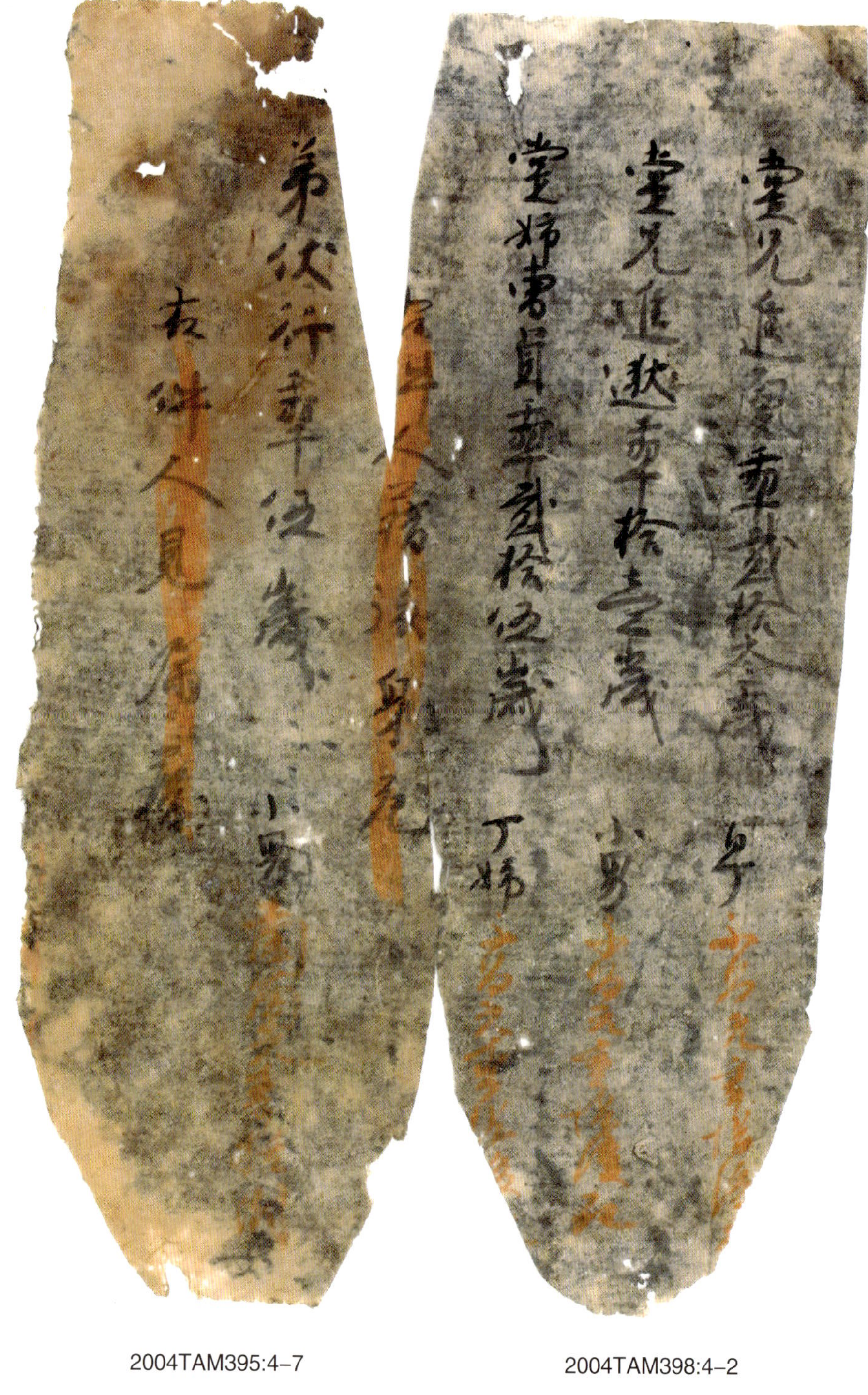

2004TAM395:4-7　2004TAM398:4-2

後，與武周天授三年户籍稿時間接近。

二　武周載初元年（六九〇）後牒爲屯人被賊事

本組文書寫於武周天授三年户籍稿之背面。「人」字有一處寫作武周新字，故此殘牒寫於載初元年以後，與武周天授三年户籍稿時間接近。

（前缺）

1 □

2 □

3 牒：得牒稱，前件生（人）去七㊇（月）内被差向安

4 西收屯，彼日並發，便向□私歸□□

5 收屯人趙臧、孫達、田海祀等三人□□□

6 □金□三更裏，乃被賊剝脱去□

7 □

（後缺）

2004TAM398:4-2 背面　　2004TAM395:4-7 背面

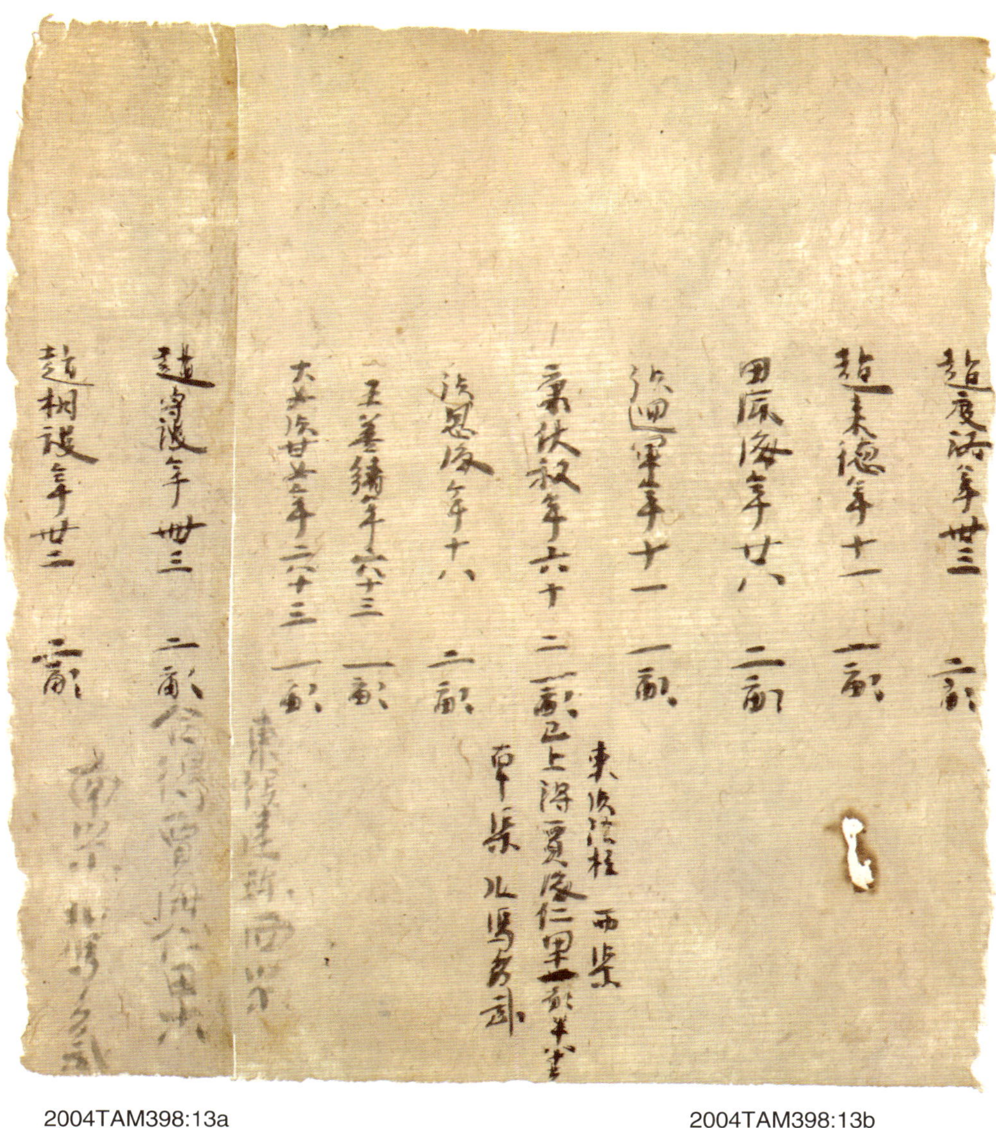

2004TAM398:13a　　2004TAM398:13b

三　唐西州高昌縣趙度洛等授田簿

本件文書出自女性墓主身下。原裂爲a、b兩片，整理時據紙縫形狀托裱。今據文書内容，b片在前，a片在後，兩者原紙縫相連，紙縫痕迹仍依稀可見。田辰海見阿斯塔那三九五號墓出土唐垂拱二年（六八六）西州高昌縣徵錢名籍，賈海仁見唐開元二十九年（七四一）西州高昌縣給田簿（大谷二六〇四，中國古代籍帳研究，四二〇頁，圖六二）。按本墓所出主要爲武周時期文書，故兩處之賈海仁非同一人，田辰海則可能是同一人。本件文書未用武周新字，或在載初行用武周新字之前不久。

（前缺）

1 趙度洛年卅三　二畝

2 趙來德年十一　一畝

3 田辰海年廿八　二畝

4 張迴軍年十一　一畝

5 康伏叔年六十二　一畝　東張隆柱　西渠　已上得賈海仁田十一畝半八十步　南渠　北馮多武

6 張恩海年十八　二畝

7 王善緒年六十三　一畝

8 大女張甘女年六十三　一畝　東張建珎　西渠

- - - - - - - - - - - - - - - - - - - -

9 趙守護年卌三　二畝合得賈海仁田十八　南渠　北馮多武

10 趙相護年卅二　二畝

（後缺）

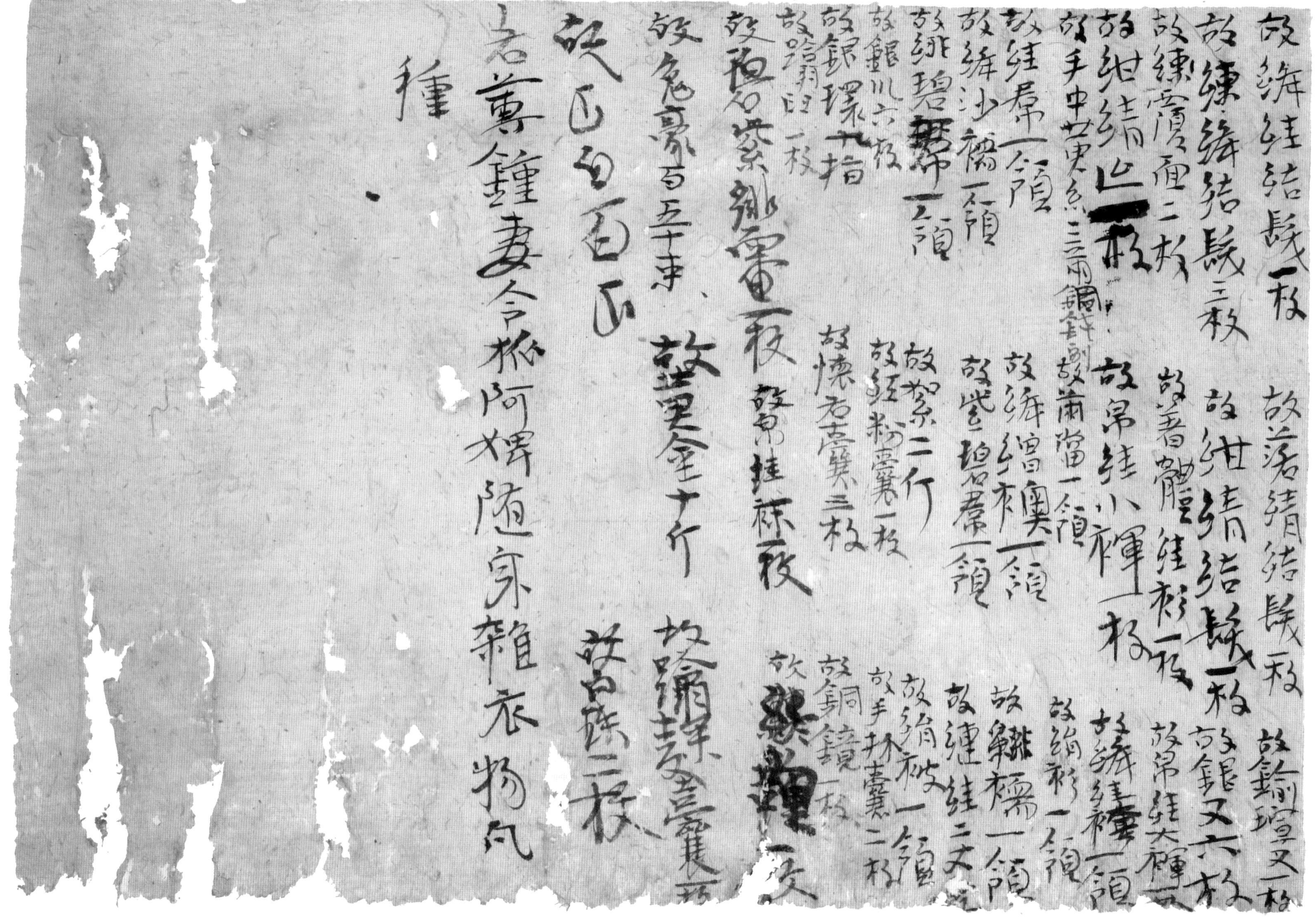

2004TAM408:17

阿斯塔那四〇八號墓出土文獻

本墓位於阿斯塔那古墓西區，爲男女合葬墓，曾經盜擾。出衣物疏一件，無紀年。未出墓誌。考古簡報見考古二〇〇六年第一二期。

一　令狐阿婢隨葬衣物疏

本件隨葬衣物疏出自墓室。文書形態完整，據字體及墓内壁畫，當爲高昌郡時期文書。

本録文係在吐魯番地區文物局吐魯番阿斯塔那古墓群西區四〇八、四〇九墓清理簡報（吐魯番學研究二〇〇四年第二期）初稿録文基礎上改訂。參見榮新江、李肖、孟憲實新獲吐魯番出土文獻概説，文物二〇〇七年第二期。

1　故絳絓結髮一枚　故落（緑）綪〔一〕結髮一枚　故鍮鉐叉（釵）一枚
2　故練絳結髮二枚　故紺綪結髮一枚　故銀叉（釵）六枚
3　故練覆面一枚　故著體絓衫一枚　故帛絓大褌一枚
4　故紺綪延〔二〕一枚　故帛絓小褌一枚　故絳絓袴〔三〕一領
5　故手中黄糸（絲）三兩銅錢别（捌）　故兩當一領　故絹衫一領
6　故絓帬一領　故絳繒襖一領　故緋襦一領
7　故絳沙（紗）襦一領　故紫碧帬一領　故縺（練）絓二丈□
8　故緋碧帬一領　故絮二斤　故絹被一領
9　故銀川（釧）六枚　故紅粉囊一枚　故手抓（爪）囊二枚
10　故銀環九指　故懷右〔四〕囊三枚　故銅鏡一枚
11　故蹹（蹋）臼（鞠）一枚
12　故碧紫緋審（枕）一枚　故帛絓袜一枚　故絲襖一枚〔五〕
13　故兔豪百五十束　故黄金十斤　故蹹（蹋）鞫（鞠）囊一枚
14　故疋白（帛）百疋　故白珠二枚
15　右蓴鍾妻令狐阿婢隨身雜衣物凡
16　種〔六〕

（餘白）

注釋

〔一〕「綪」爲「績」之俗寫，下同。

〔二〕第四行「延」，疑爲「尖」，參見缺名隨葬衣物疏一（59TAM305:8，吐魯番出土文書壹，三頁）。

〔三〕原作「褌」，後改爲「袴」。

〔四〕「右」爲「祐」之省寫，「祐」爲「袖」之俗寫。

〔五〕「絲襖」爲粗筆所改，唯書寫者未及改「一枚」爲「一領」。

〔六〕「種」上應寫數字，原未書。

二〇〇六年阿斯塔那出土文獻

阿斯塔那六〇七號墓出土文獻

本墓位於阿斯塔那古墓二區，曾經盜擾。在墓道內出土代人木牌一件，上寫「此是麴倉督身」六字，可知本墓主是西州倉督麴某。本墓文書分別出土於墓道、前室及女性墓主東側，內容多與倉曹有關。文書有長安、神龍及景龍年號，同出寺院手實爲神龍三年（七〇七），據相關文書保存制度，本墓年代當在開元時期。又，腰帶展開之2006TAM607:4方形紙片，上下原本爲不同文書，係喪葬時粘連，現無法分離，其下部正背文書與同墓所出粮帳長卷前後可以綴合。

2006TAM607:1

唐西州麴倉督代人木牌

唐神龍元年六月後西州前庭府牒上州勾所爲當府官馬破除、見在事全貌

2006TAM607:2-1

唐神龍二年七月西州史某牒爲長安三年七至十二月軍粮破除、見在事全貌

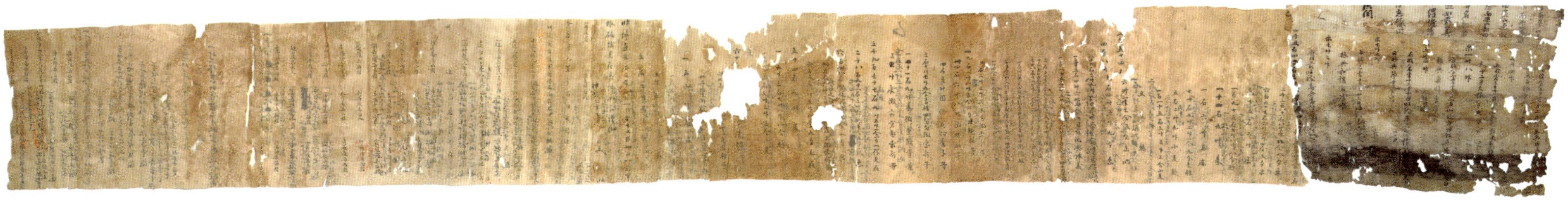

2006TAM607:2-5　2006TAM607:2-4　2006TAM607:2-3　2006TAM607:2-2　2006TAM607:4b

2006TAM607:2-1 背面

2006TAM607:4b 背面　2006TAM607:2-2 背面　2006TAM607:2-3 背面　2006TAM607:2-4 背面　2006TAM607:2-5 背面

唐景龍三年後西州勾所勾粮帳全貌

2006TAM607:4 背面（現狀）

0　5cm

2006TAM607:4（現狀）

2006TAM607:4b

一　唐神龍二年（七〇六）七月西州史某牒爲長安三年（七〇三）七至十二月軍糧破除、見在事

本件文書原斷爲數片，出土於前室及甬道女性墓主身側。首部稍殘，第一紙爲2006TAM607:4之下部，喪葬時與上部唐神龍三年（七〇七）正月西州高昌縣開覺等寺手實粘連；文書中部斷作若干殘片，今編爲2006TAM607:2-1與2006TAM607:2-3，綴合後文字稍有殘缺；尾部紙縫後接唐神龍元年（七〇五）六月後西州前庭府牒上州勾所爲當府官馬破除、見在事。參見丁俊從新出吐魯番文書看唐前期的勾徵，西域歷史語言研究所集刊第二輯（二〇〇八年）。

（前缺）

1　米□六□
2　右被倉曹十二月二日牒給患兵田文□等八人充一
3　十五日粮，官典准前。
4　米五斗四升
5　右被倉曹十二月五日牒給檢校長行使主□索□□
6　充十二月大粮，官典准前。
7　米一斗八升
8　右被倉曹十二月一日牒給伊州鎮兵雷忠恪充十日
9　粮，典宋祚，官准前。
10　米五斗四升
11　右被倉曹十二月十日牒給患兵陰懷福等三人充十

12　日粮，典張達，官准前。
13　米七斗二升
14　右被倉曹十二月廿三日牒給患兵田文□等四人□
15　粮，典和讓，官准前。
16　米七斗二升
17　九月前牒給患兵喬什力等四人充十日粮，官典准前。

0 5cm

2006TAM607:2-2

18 四千五百卌二石五[斗][六][升]□合四勺一攝，長安四年正月一日應在。
19 三千三百八十一石八斗一升八〔二〕合八勺粟
20 六百九十七石六斗六升四合七勺米
21 五十五石二斗床
22 一百九十三石七斗八升八合麨
23 一十一石九斗棗
24 一石六斗烏麻
25 七十石九斗二升一合九勺青稞
26 五石二斗九升小麥麵
27 一百一十五石三斗三升三合小麥
28 五升麩
29 五百五十四石六斗一升七合五勺未納
30 四百八十九石四斗五升九勺粟
31 八十九石三斗九升九合粟，曆元年官人職田苜蓿地子，徵馬成。
32 一百七十五石四斗六升一合，州司勾徵，典張義。
33 一百一十五石一斗五升五合□勺，前功曹馬久天元年地子，徵吴忠。

注釋

〔二〕「八」字由「二」字改。

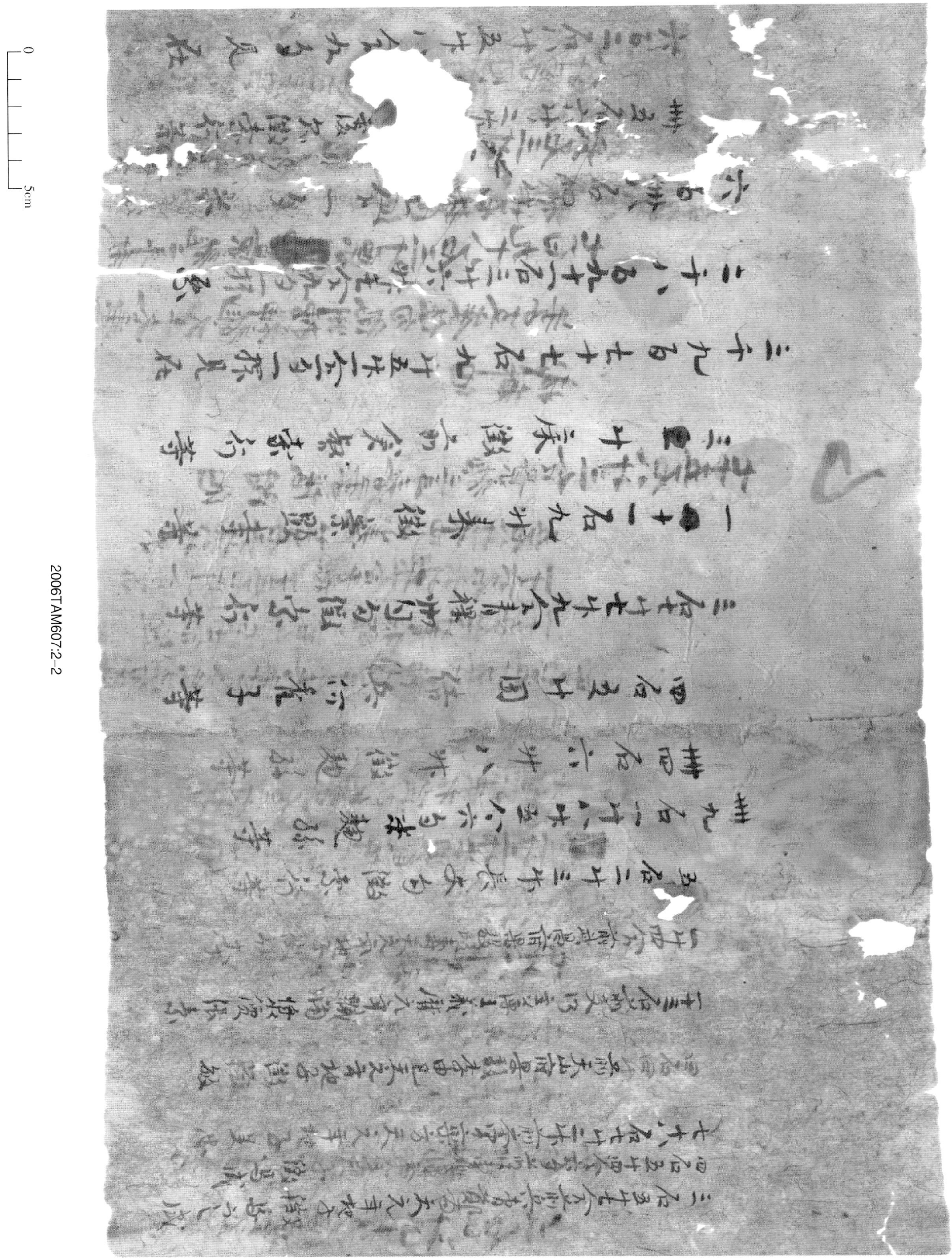

2006TAM607:2-2

34 三石五斗七合，前兵曹鄭爲天元年地子，徵馬定成。
35 四石五斗四合六勺，前法曹姚温天元年地子，徵馬成[一]。
36 七十八石七斗二升，前參軍欒方天元年地子，吴忠。
37 四石四斗，前天山府果毅李由巳天元年地子，徵陰敏。
38 一十三石，前交河主簿王義曆元年職陶漿價，張素。
39 一斗四合，前武昌府果毅段壽天元年地子，徵竹本。
40 五石二斗三升，長史勾徵，索行等。
41 卌九石一斗八升五合六勺米，麴孫等。
42 卌四石六斗八升，徵麴孫等。

---

43 四石五斗，團結兵何秃子等。
44 三石七斗七升九合青稞，州司勾徵，索行等。
45 一十[二]一石九斗棗，徵崇顯寺等。
46 三斗[三]床，徵前倉督索行等。
47 三千九百七十七石九斗五升一合一勺一撮見在
48 二千八百九十一石三斗六升七合九勺一撮粟
49 六百卌八石四斗七升九合一勺米
50 卌五石六斗二升□□覆欠，徵索行等。
51 六百二石八斗五升八合九勺見在

注釋

〔一〕此行原補寫在行間。

〔二〕「一」與「十」之間抹去一「一」字。「一」字原寫低一格，後覺提行方改，下行同。

〔三〕「三」與「斗」之間抹去一「三」字。

2006TAM607:2-4

2006TAM607:2-3

2006TAM607:2-2

2006TAM607:2-1

五　十　四　石　九　斗　床
一百九十三石七斗八升八合麨
一百一十五石三斗三升三合小麥
五□
六十七□一勺青稞
廿四石三斗五升九合覆欠，索行等。
卌二石七斗八升三合九勺見在
一　石　六　斗　烏　麻
一石五升覆欠，徵索行等。
五　斗　五　升　見　在
五　石　二　斗　九　升　麵
牒件通長安三年七〔一〕月一日至十二月卅日以前，軍
粮破除、見在，具件如前，謹牒。
神龍二年七月　　　日史　　　　牒

注釋

〔一〕原寫「正」，旁改作「七」。

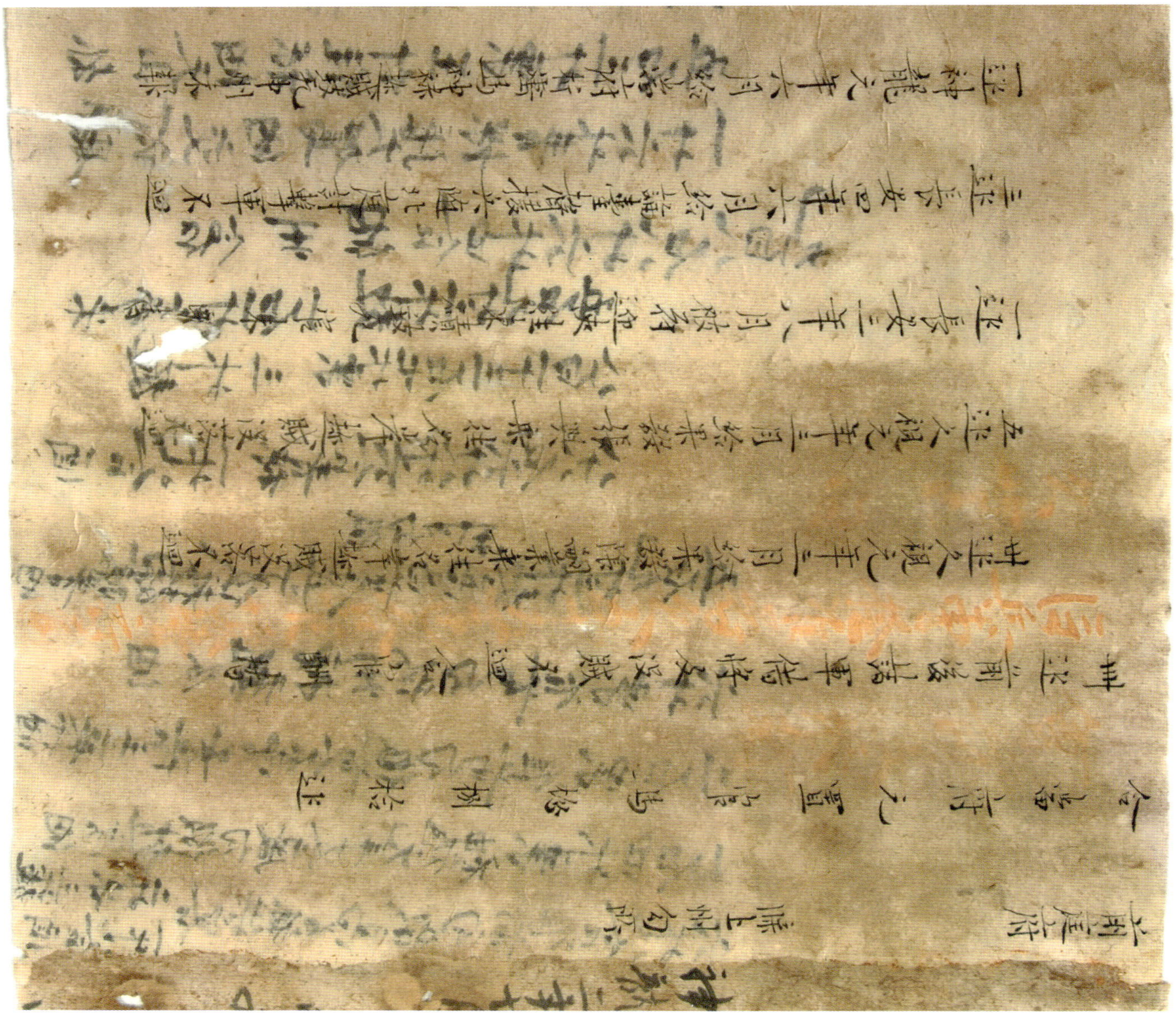

0 5cm

2006TAM607:2-4

二　唐神龍元年（七〇五）六月後西州前庭府牒上州勾所爲當府官馬破除、見在事

本件文書紙縫前接唐神龍二年（七〇六）七月西州史某牒爲長安三年（七〇三）七月至十二月軍粮破除、見在事，但並非一件文書。本文書作廢後，被用作唐景龍三年（七〇九）後西州勾所勾粮帳書寫用紙，而中間補入一葉白紙，故此將本文書斷爲兩截，然第二一、二二行内容相連。一四、一五行紙縫背面有朱印一方，印文爲「左玉鈐衛前庭府之印」，押「遠」字。文書中提到最晚時間爲神龍元年六月卅日，故此牒當在神龍元年六月後。參見丁俊從新出吐魯番文書看唐前期的勾徵，西域歷史語言研究所集刊第二輯（二〇〇八年）。

「左玉鈐衛前庭府之印」

1 前庭府　　牒上州勾所

2 合當府元置官馬總捌拾疋

a 會前後帳右

3 卌疋，前後諸軍借將及没賊不迴，合官酬替。

b 牒兵曹，檢准符，欠五十五疋，合准帳替，府通

4 卅疋，久視元年三月給果毅陰嗣業乘往名岸趁賊，没落不迴。

c 欠卌疋，□。

5 五疋，久視元年三月給果毅張興乘往名岸趁賊，没落不迴。

6 一疋，長安三年八月被符迎使往東磧致死，官未酬替。

7 三疋，長安四年六月給論臺聲援兵隨北庭討擊軍不迴。

8 一疋，神龍元年六月給當府折衝馬神禄趁賊致死，申州未報。

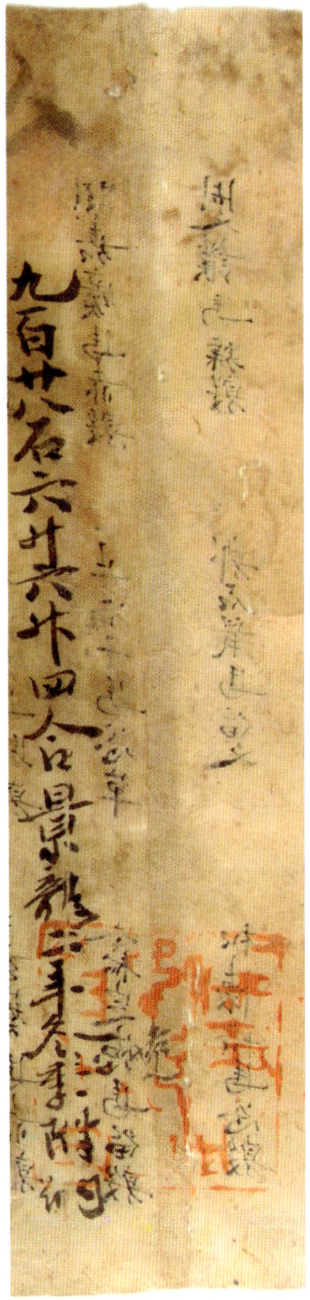

2006TAM607:2-4 背面
印文及押字

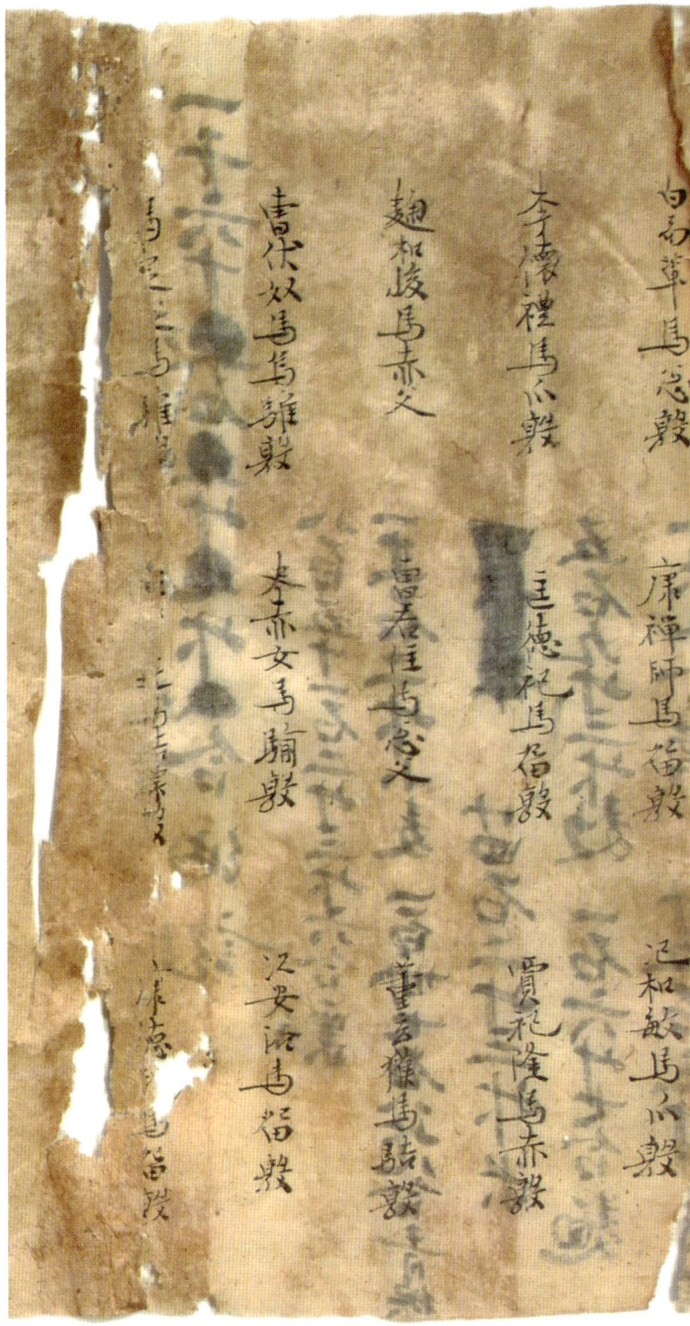

2006TAM607:2-5

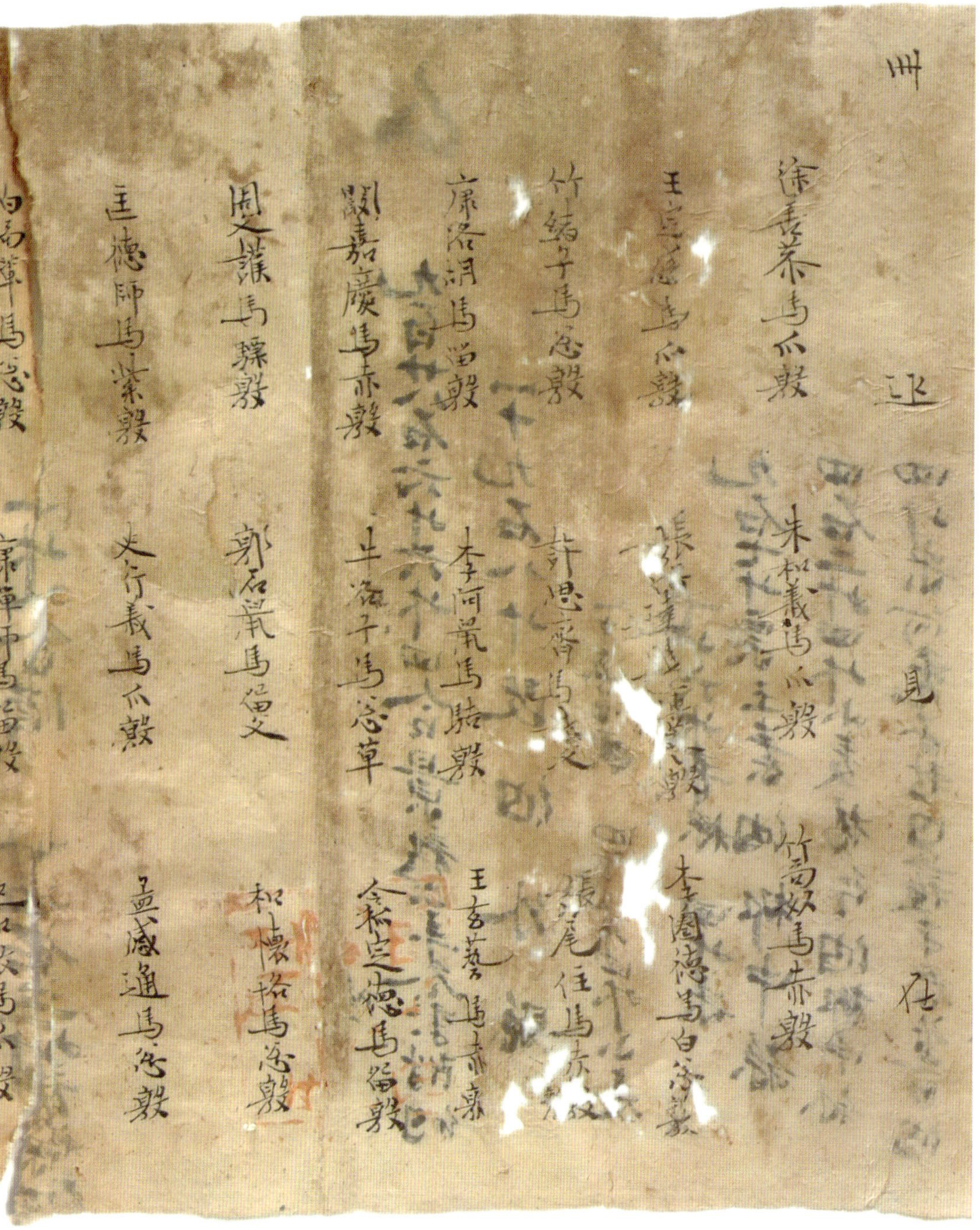

2006TAM607:2-4

9 卌　疋　見　在

10 徐善恭馬瓜敦　朱和義馬瓜敦　竹苟奴馬赤敦

11 王定感馬瓜敦　張洛達馬□忩敦　李圈德馬白忩敦

12 竹緒子馬忩敦　許思齊馬赤父　張尾住馬赤敦

13 康洛胡馬留敦　李阿鼠馬駐敦　王玄藝馬赤敦

14 闞嘉慶馬赤敦　牛洛子馬忩草　令狐定德馬留敦

（遠，左玉鈐衛前庭府之印）

15 周文護馬驃敦　郭石鼠馬留父　和懷恪馬忩敦

16 匡德師馬紫敦　史行義馬瓜敦　孟感通馬忩敦

17 白苟輩馬忩敦　康禪師馬留敦　氾和敏馬瓜敦

18 李懷禮馬瓜敦　匡德祀馬留敦　賈祀隆馬赤敦

19 麴和駿馬赤父　曹君住馬忩父　董玄獲馬駐敦

20 曹伏奴馬烏騅敦　史赤女馬騟敦　江安洛馬留敦

21 馬定之馬騅敦　王才達馬駐驃敦　康德□馬留敦

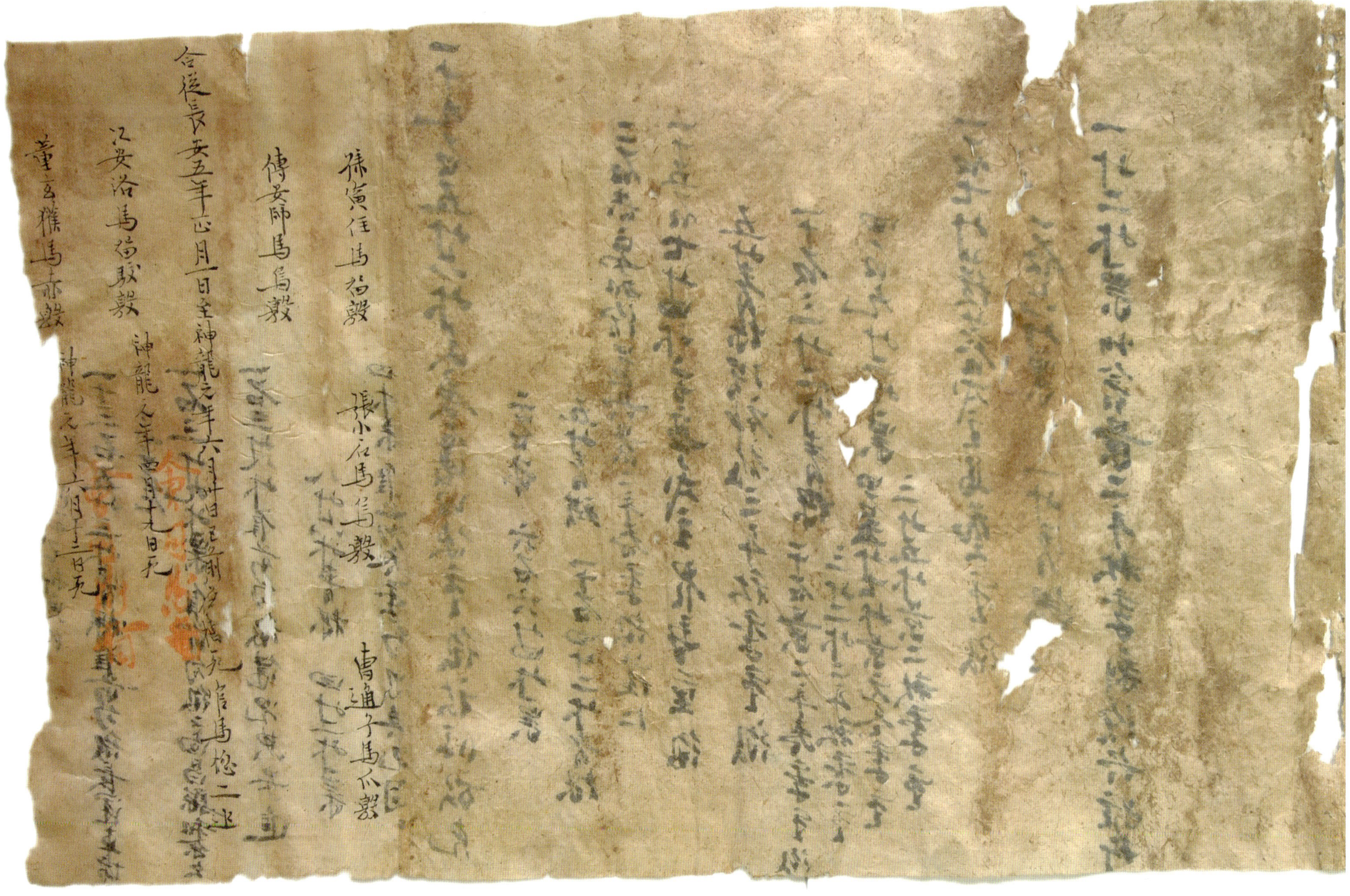

2006TAM607:2-5

22 孫寅住馬留敦　張小石馬烏敦　曹通子馬瓜敦

23 傅安師馬烏敦

24 合從長安五年正月一日至神龍元年六月卅日已前，在槽死官馬總二疋。

會同，憑□。

25 江安洛馬留駮敦　神龍元年四月十九日死

會同，衛合。

26 董玄獲馬赤敦　神龍元年六月十三日死

（後缺）

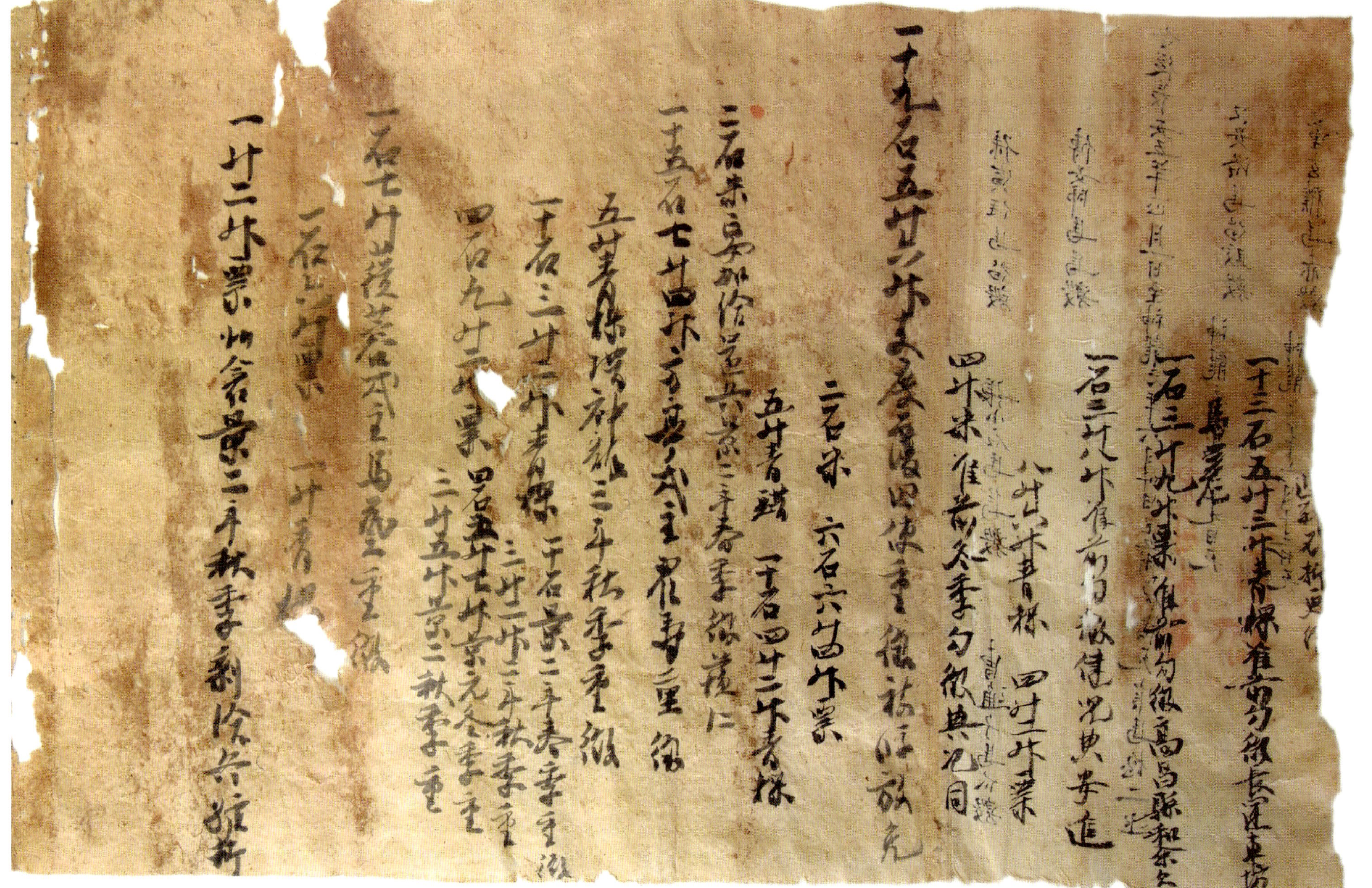

2006TAM607:2-5背面

三　唐景龍三年（七〇九）後西州勾所勾糧帳

本件文書紀年大多在神龍、景龍年間，最晚者爲景龍三年，則本件時間在景龍三年後。正面爲唐神龍二年（七〇六）七月西州史某牒爲長安三年（七〇三）七至十二月軍糧破除、見在事與唐神龍元年（七〇五）六月後西州前庭府牒上州勾所爲當府官馬破除、見在事。二五、六六行首有勾記。本件無官印，一一、九五、一〇五、一〇八至一一〇、一一二至一一八行以下有朱筆點記。魏及、王素、張感、曹行見唐景龍三年（七〇九）九月西州都督府承勑奉行等案卷（Ast.III.4.092，斯坦因所獲吐魯番文書研究，二七三頁）。魏及、竹應見唐神龍元年（七〇五）西州都督府兵曹處分死馬案卷（Ast.III.4.094，斯坦因所獲吐魯番文書研究，二五一頁、二五三頁）。趙信見唐西州高昌縣諸鄉里正上直暨不到人名籍（67TAM376:03<a>，吐魯番出土文書叁，二九一頁）、唐景龍三年（七〇九）十二月至景龍四年（七一〇）正月西州高昌縣處分田畝案卷（75TAM239:9/1<a>，吐魯番出土文書叁，五五四頁）。參見丁俊從新出吐魯番文書看唐前期的勾徵，西域歷史語言研究所集刊第二輯（二〇〇八年）。

（前缺）

1 □□□折更給
2 一十三石五斗三升青稞，准前勾徵，長運車坊
3 馬羌。
4 一石三斗九升粟，准前勾徵，高昌縣和衆欠。
5 一石三斗八升，准前勾徵健兒，典安進。
6 八斗六升青稞　四斗二升粟
7 四升米，准前冬季勾徵，典氾同。

8 一十九石五斗六升，支度，覆囚使重徵，被牒放免。
9 二石米　六石六斗四升粟
10 五斗青踖　一十石四斗二升青稞
11 二石米，妄加給還兵，景二年春季，徵蘇仁。
12 一十五石七斗四升，方亭戍主翟壽重徵。
13 五斗青稞踖，神龍三年秋季重徵。
14 一十石三斗二升青稞　一十石景二年春季重徵　三斗二升二年秋季重
15 四石九斗二升粟　四石五斗七升景元冬季重　三斗五升景二秋季重
16 一石七斗，蓰蓉戍主馬藝重徵。
17 一石六斗粟　一斗青稞
18 一斗二升粟，州倉景二年秋季剩給兵驢料。

（中空兩行）

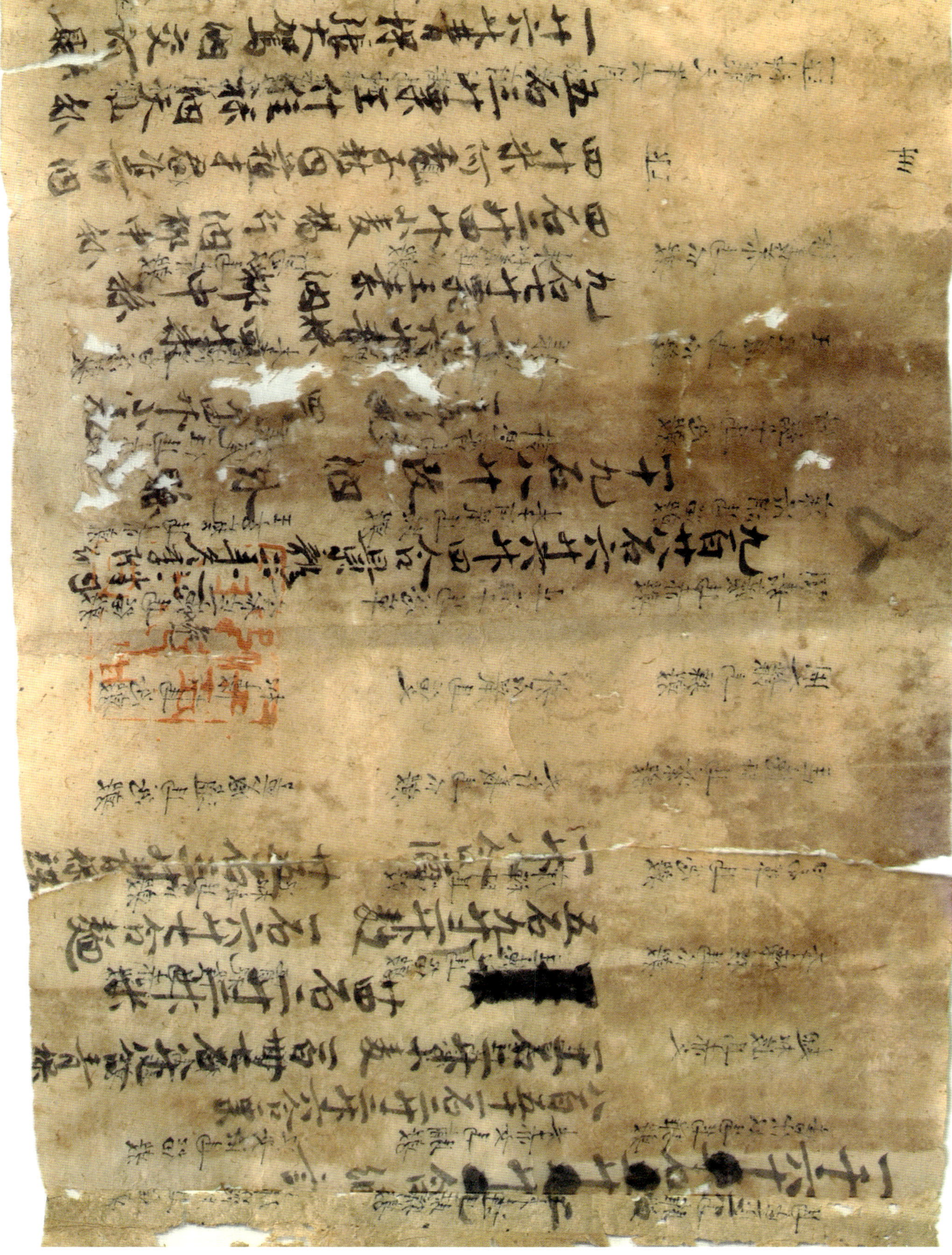

2006TAM607:2-4 背面

2006TAM607:2-5 背面

19 一千六十六石四斗二升九合納訖〔一〕。
20 八百五十一石二斗三升六合粟
21 一十一石二升小麥　一百卌七石八升八合青稞
22 廿四石二斗三升米〔二〕
23 五石九斗三升麨　一石六斗七合麵
24 一升八合酒　廿五石三斗青稞䴵

（中空三行）

25 厶　九百廿八石六斗六升四合，景龍二年冬季附納〔三〕。
26 一十九石八斗改　納　外　縣
27 一十五石粟　四石二斗四升小麥
28 一斗六升青稞　四斗米
29 九石七斗粟，王素納柳中縣。
30 四石二斗四升小麥，楊行納柳中縣。
31 四斗米，何禿子數内，蘇才君准前納。
32 五石三斗粟，王什住禄納天山縣。
33 一斗六升青稞，張大駑納交河縣。

注釋

〔一〕此行「石」字前之「六」字由「五」字塗改，「四」字由「五」字塗改，「二」字由「九」字塗改，「九」字由「二」字塗改。
〔二〕此行上欄抹去「四升米」三字。
〔三〕「二年冬季附納」之上有一方印，係另一面文書背縫所鈐「左玉鈐衛前庭府之印」。

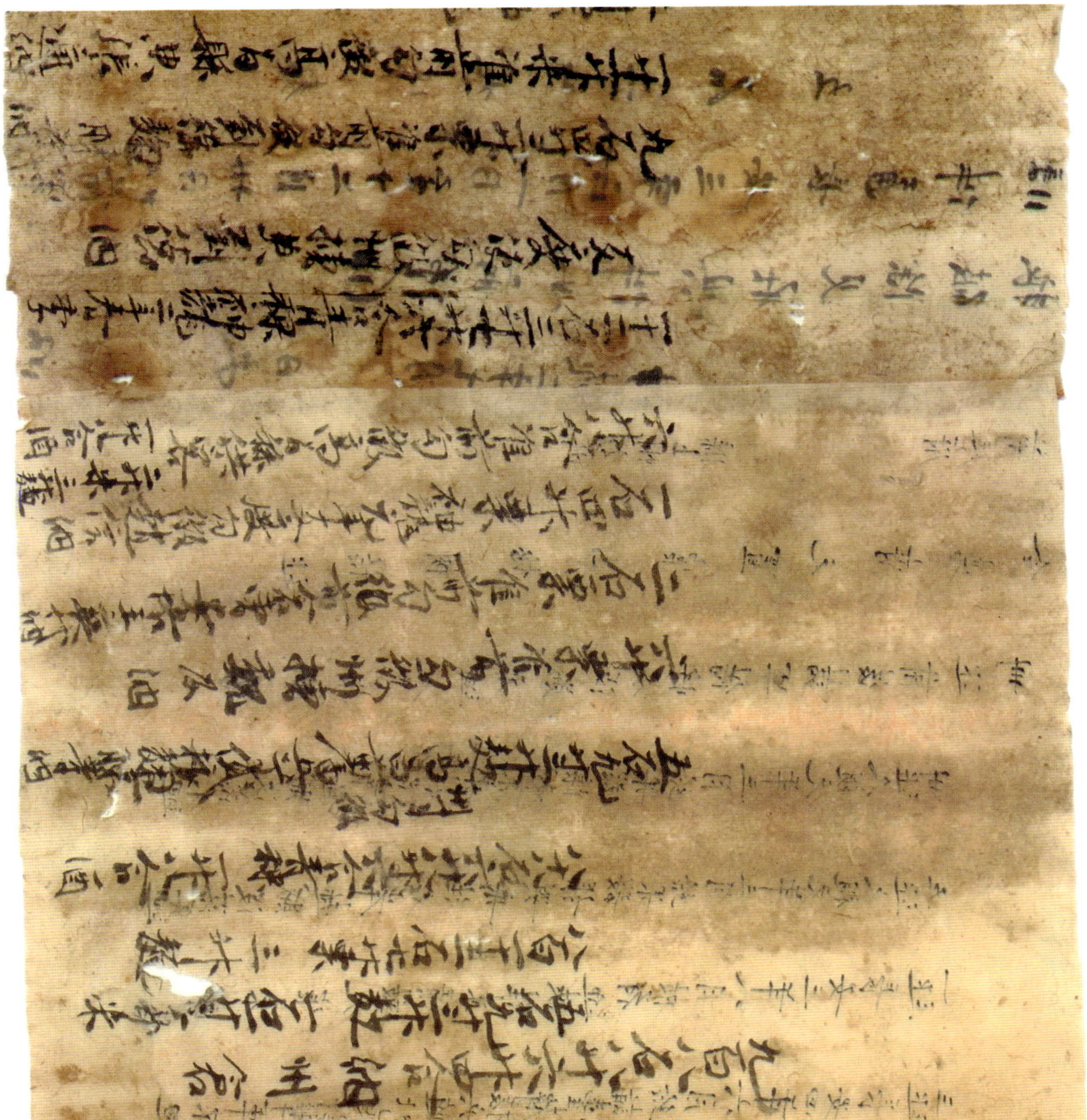

2006TAM607:2-4 背面

34 九百八石八斗六升四合納州倉。
35 五石九斗三升麨　一石一斗三升米
36 八百一十三石七升粟　三升麵
37 八十八石六斗八升六合青稞　一升八合酒
38 五石九斗三升麨，州司勾徵〔一〕，高昌、前庭兵丁貸粮，麴暕等納。
39 六斗粟，准前勾徵，州槽魏及納。
40 二石粟，准前勾徵，前倉曹安恪、王爽代納。
41 一石四升粟，神龍元年支度勾徵，趙信納。
42 六升八合，准前勾徵，高昌縣供客。一升八合酒 二升米三升麵
----
43 一十二石三斗七升六合青稞，神龍二年春季
44 支度使勾徵，州槽典劉德納。
45 九石四斗三升粟，准前勾徵，劉德、麴暕等代納〔二〕。
46 一斗一升米，准前勾徵，高昌縣典張通納。

注釋

〔一〕「州司勾徵」原寫行間。

〔二〕「代納」分寫在兩邊。

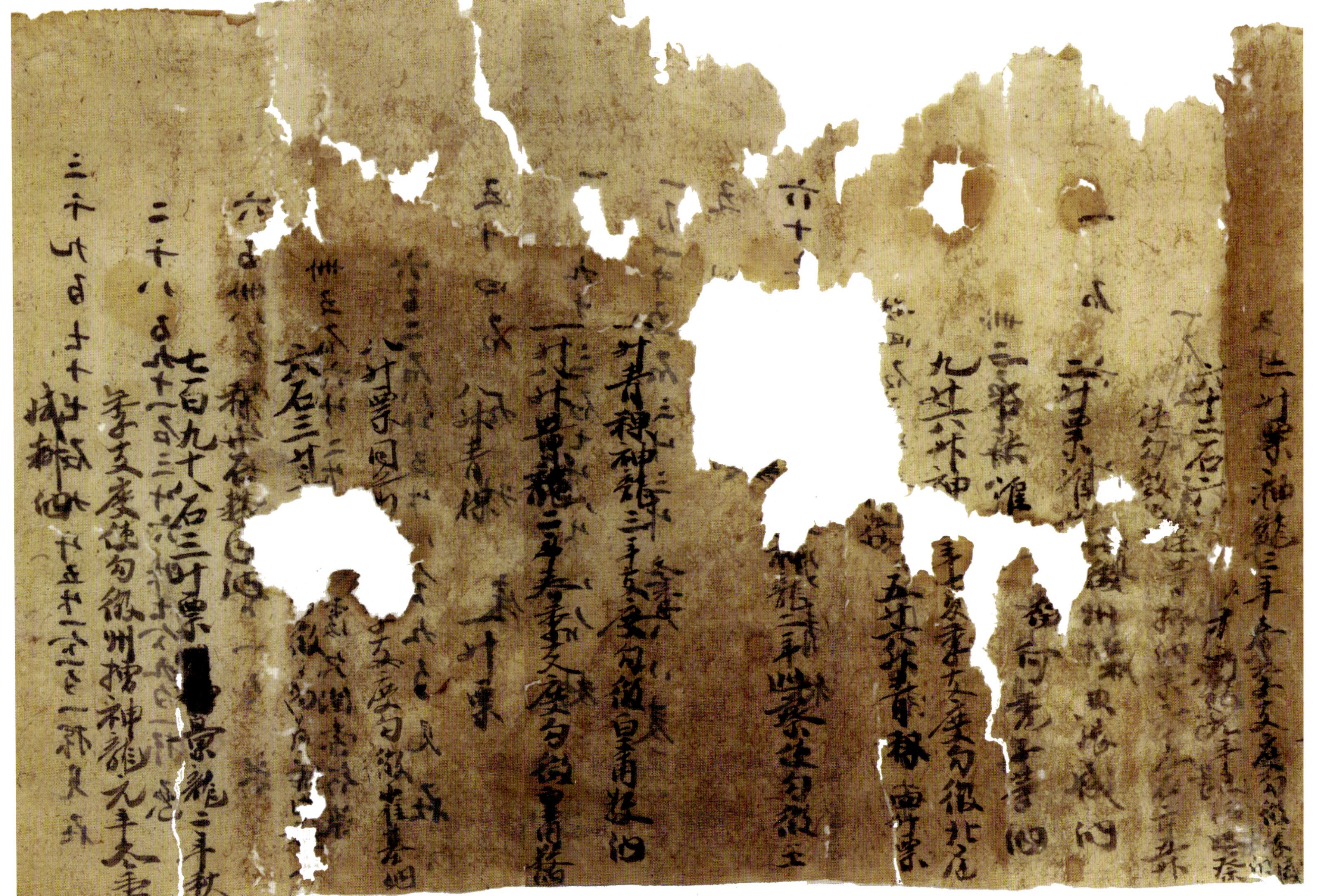

2006TAM607:2-1 背面

2006TAM607:2-2 背面

2006TAM607:2-3 背面

47 二斗粟，神龍三年春季支度勾徵，張瑊納。

48 六十二石六斗四升青稞，神龍元年已後巡察

49 使勾徵，隂達等折納粟六十五石二斗五升。

50 二斗粟，准前勾徵，州槽典張感納。

51 一石米，准前勾徵，何禿子等納。

52 九斗六升，神□□年夏季支度勾徵北庭

53 五斗六升青稞　四斗粟

54 敬

55 神龍二年巡察使勾徵，王

56

57 一斗青稞，神龍三年冬季〔一〕支度勾徵，皇甫敬納。

58 一斗八升，景龍二年春季支度勾徵，皇甫敬納。

59 八升青稞　一斗粟

60 八斗粟，同前□季支度勾徵，崔基納。

61 六石三斗青稞□□勾徵，高昌縣典□□

62 稞廿石數内納。

63 七百九十八石三斗粟，景龍〔二〕二年秋

64 季支度使勾徵，州槽神龍元年冬季

65 減料納。

注釋

〔一〕「冬季」原寫行間。

〔二〕「粟」與「景龍」之間抹去「州槽」二字。

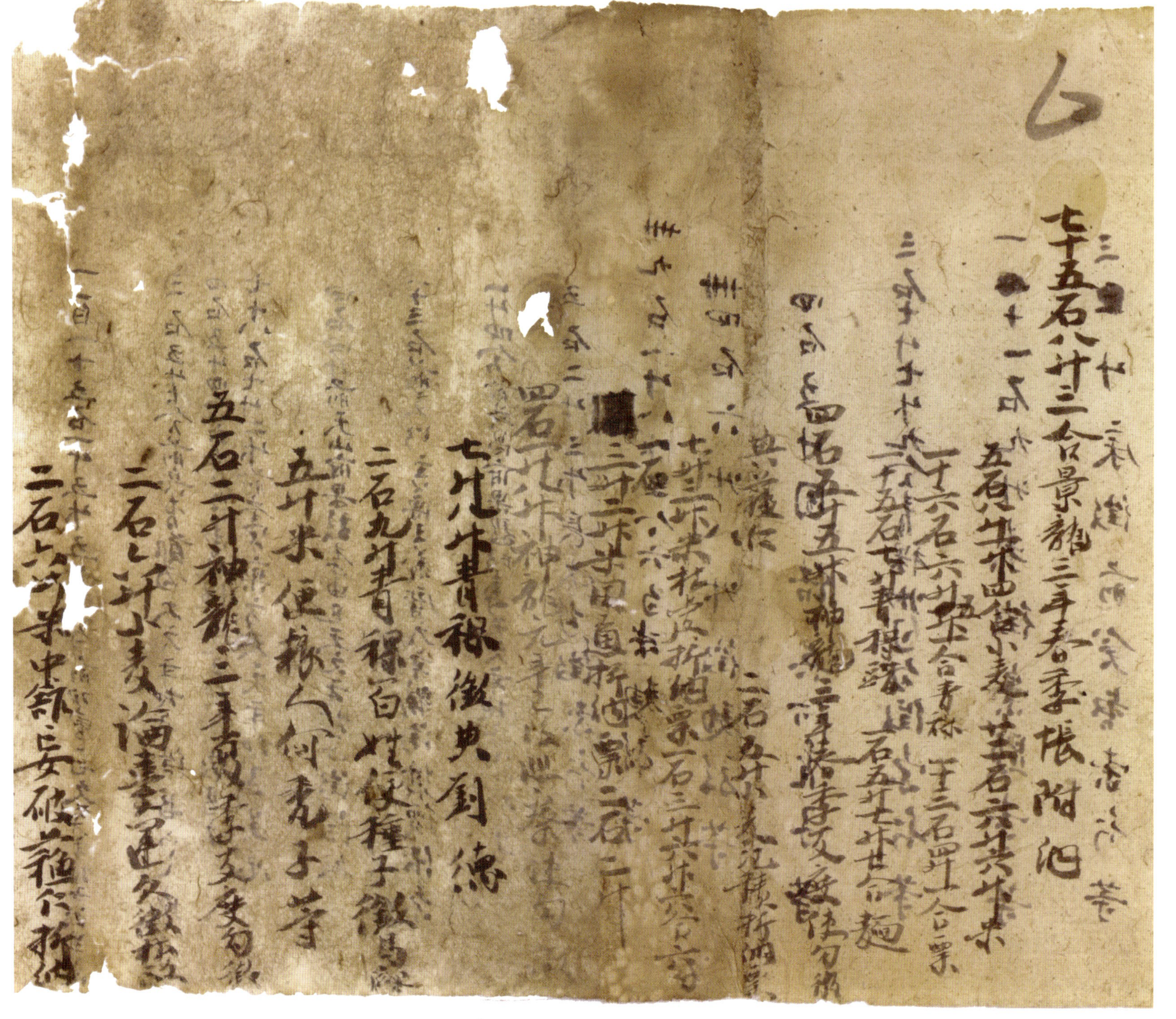

2006TAM607:2-2 背面

66 ム　七十五石八斗三合，景龍三年春季帳附納。
67 五石八斗一升四合小麥　廿二石六斗六升米
68 一十六石六斗五[一]升一合青稞　一十三石四斗一合粟
69 一十五石七斗青稞䴾　一石五斗七升七合麵
70 四石五斗五升，神龍三年春季支度使勾徵，
71 典蘇仁。　二石五斗小麥，氾積折納粟。
72 七斗三升米，杜虔折納粟一石三斗六升六合六勺。
73 一石[二]三斗二升米，周通折納粟二石二斗。
74 四石一斗八升，神龍元年已後巡察使勾徵。
75 七斗八升青稞，徵典劉德。
76 二石九斗青稞，百姓便種子，　徵馬暕。
77 五斗米，便粮人何秃子等。
78 五石二斗，神龍三年夏季支度勾徵。
79 二石六斗小麥，論臺運欠，徵杜□。
80 二石六斗米，中館妄破，蘇仁折納。

注釋

[一]「五」字由「一」字塗改。

[二]「一石」二字原寫高兩行，後覺當降行故塗抹後在「三斗」二字旁加改。

2006TAM607:2-2 背面

粟四石三斗三升三合三勺。
八石五斗五升，州槽巡察使勾徵。
五斗五升青稞，徵王素。
八石粟 三石氾智 三石竹應 二石王素
一石六斗麥䴬，徵押馳高伏奴。
二石二斗五升，景龍二年夏季支度勾徵。
三升六合大麥，州槽妄破，曹行折
納青稞。
二石二斗一升四合，給陰達中館供
客不招，徵蘇仁。
一石五斗米，折納粟二石五斗。
七斗一升四合小麥折納粟。斗一 斗
卌九石六斗九升七合，覆囚使王瑜勾徵。
三斗三升妄破，徵倉史辛林。
一斗青稞　一斗六升粟　七升米

2006TAM607:4b 背面

0 5cm

96 一十五石□斗八升粟［　］［　］納神

97 龍三年□季［　］□□

98 一石粟景龍二［　］徵蘇仁

99 一十七石五斗一升［　］等供

100 客　安　破［　］

101 一十五石九斗□［　］住等

102 三斗二升［　］一升曹

103 本折［　］六升六合

104 六勺

105 二、斗八升［　］劉安

- - - - - - - - - - - - - - - - - - - -

106 一斗六升［　］升

107 一合［　］

108 三、斗六升［　］□

109 二、斗八升［　］張奴子

110 一、石三［　］日

111 一石五斗七［　］

112 一、斗七［　］

113 九、斗一升［　］

114 五、升［　］

115 二、斗［　］

116 九、升［　］

117 九、升［　］

118 四、升［　］□

119 九升三合粟安［　］□□

（後缺）

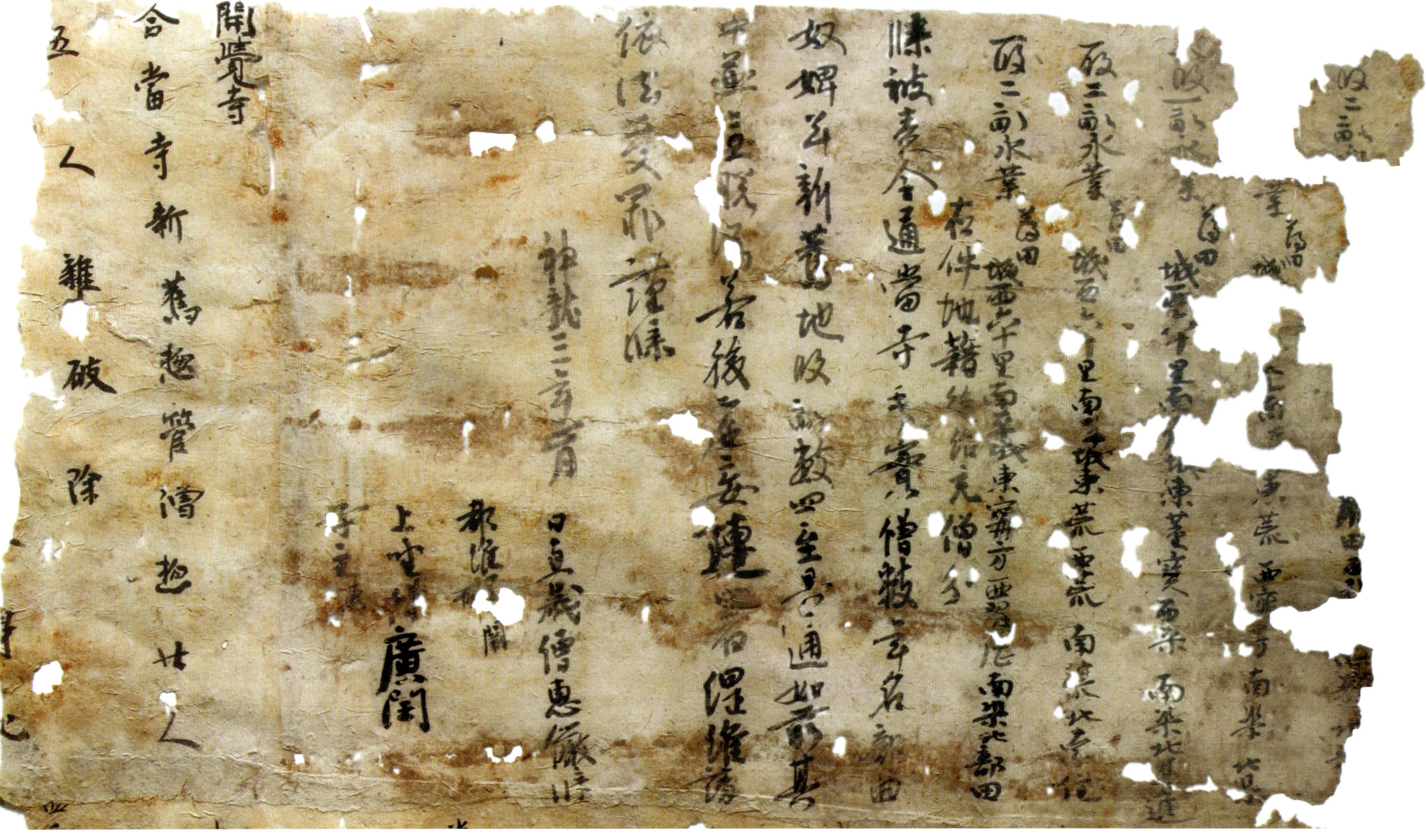

2006TAM607:4a

四　唐神龍三年（七〇七）正月西州高昌縣開覺等寺手實

本件文書出土於前室。爲兩座不同寺院的手實粘連在一起，官府作爲檔案收藏。文書下方與同墓唐神龍二年（七〇六）七月西州史某牒爲長安三年（七〇三）七至十二月軍粮破除、見在事第一紙粘連，係製作紙腰帶時粘結，内容無關聯。開覺寺見唐景龍四年（七一〇）卜天壽抄十二月新三臺詞及諸五言詩末（67TAM363:8/2<a>，吐魯番出土文書叁，五八三頁）、寫於神龍之後至開元之前（七〇七—七一三）的唐西州高昌縣出草帳（73TAM509:24<a>，吐魯番出土文書肆，二六二頁），知爲高昌縣寺院，故此寺院手實亦爲高昌縣文書。

（前缺）

1　一段二畝永[ ]　[ ]東田　西張□□　南荒　北渠

2　[ ]業薄田，城[ ]里南平城，東荒　西甯方　南渠　北渠

3　一段一畝永業薄田，城西六十里南平城，東董賨　西渠　南渠　北馮進

4　一段二畝永業薄田，城西六十里南平城，東荒　西荒　南荒　北索住

5　一段二畝永業薄田，城西六十里南平城，東甯方　西翟征　南渠　北部田

6　右件地，藉（籍）後給充僧分。

7　牒被責令，通當寺手實，僧數、年名、部曲、

8　奴婢并新舊地段、畝數、四至具通如前，其

9　中並無脱漏，若後虚妄，連署綱維，請

10　依法受罪，謹牒。

11　神龍三年正月　日直歲僧惠儼牒

12　都維那闕

13　上坐僧廣閏

14　寺主患

15　開覺寺

16　合當寺新舊總管僧總廿人

17　五人雜破除

18　[ ]人身死

（後缺）

附　一九六五年阿斯塔那出土文獻

阿斯塔那三四一號墓出土文獻

本墓無墓誌及隨葬衣物疏。所出文書有紀年者，最早爲武周大足元年（七〇一），最晚爲唐開元八年（七二〇）。二〇〇六年一月，吐魯番地區文物局技術人員將本墓所出男女俑身上用作胳膊的文書拆出，現收入本書。本墓所出其餘文書，均已收入吐魯番出土文書肆，五四—六四頁。

女俑未拆時原貌

65TAM341:77-2

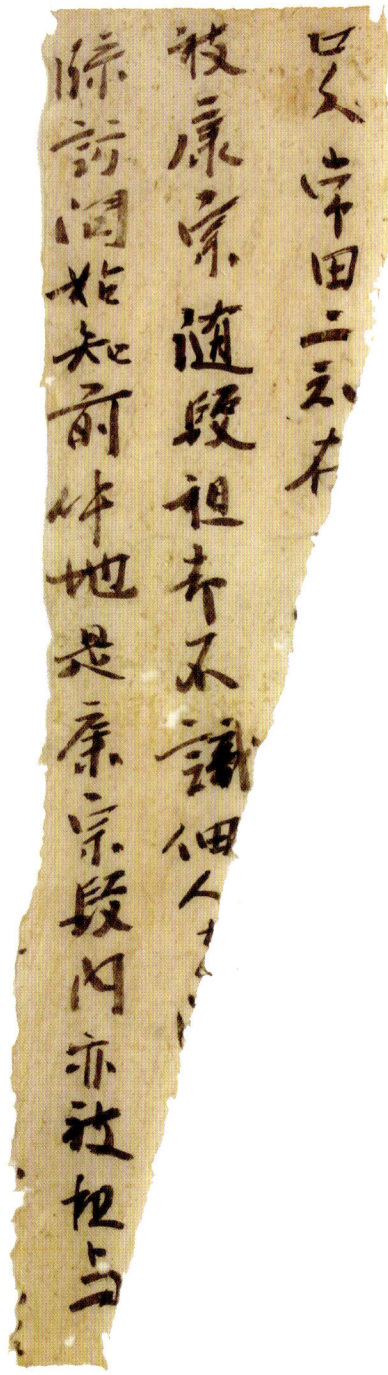

65TAM341:77-1

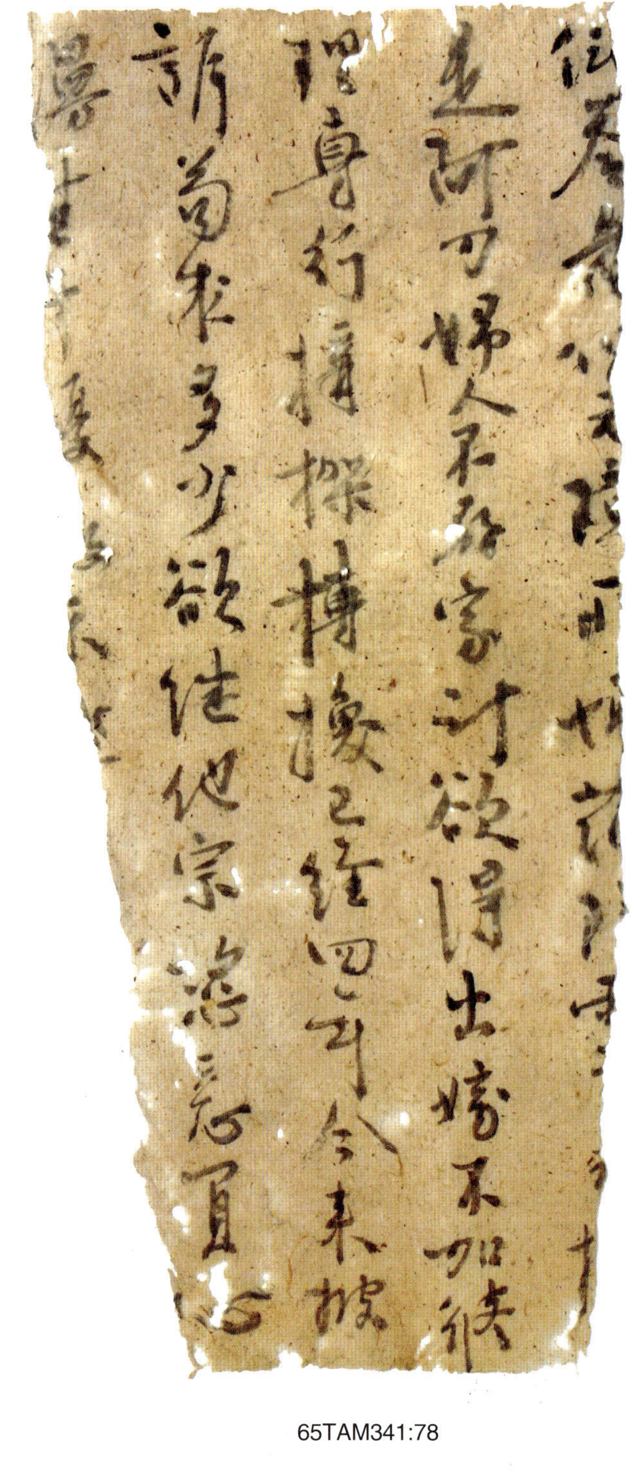

65TAM341:78

一　唐辯辭爲李藝義佃田事

本件文書拆自本墓隨葬男俑的胳膊，由兩殘片綴合而成。

（如）
- -

1　李藝義年卅二　一　一　一

（中缺）

2　口分常田二畝在［　］

3　被康宗隨段租却，不識佃人□□［　］

4　牒訪問，始知前件地是康宗段內，亦被租与［　］

5　［　］　［　］

（後缺）

二　唐辯辭爲阿刀婦人博換事

本件文書拆自本墓隨葬女俑的胳膊。

（前缺）

1　仰答者，但元璋所博范□□□□□

2　是阿刀婦人不存家計，欲得出嫁，不加修

3　理，專行搆揲，博換已經四年，今來披

4　訴，苟求多少，欲繼他宗，恣意負心，

5　漫生干擾，□□□［　］

（後缺）

65TAM341:77-2背面

2004TBM107:3-1

二〇〇四年巴達木出土文獻

巴達木一〇七號墓出土文獻

本墓位於巴達木一號臺地白氏家族塋院第二排南邊第一座，與一一四號延壽十四年（六三七）白坂奴墓東西爲鄰，墓主爲一男二女。出土土坯墓誌一方（2004TBM107:1），僅書「白願佰」三字，爲墓主姓名。考古簡報見考古二〇〇六年第一二期。

一　唐牒殘片

本件文書出於墓室填土内。仕悦見唐永徽五年至六年（六五四—六五五）安西都護府案卷爲安門等事（2006TZJI:198a），爲安西都護府上佐，或與本文書之仕悦爲同一人。推測本文書爲永徽五年、六年前後安西都護府文書。仕悦又見大谷一三七八背面官文書尾部（大谷文書集成壹，四八頁），年代不明，亦爲判署部分文字；還見於西域考古圖譜下佛典附録4-2+旅順博物館藏LM20_1467_31_01綴合之大智度論卷二一尾題「西州司馬麴仕悦供養」（旅順博物館藏新疆出土漢文佛經選粹，京都，法藏館，二〇〇六年，二〇九頁）。

（前缺）

1 □仕悦示
2 □廿三日
3 □録事麴儁受
4 □亮付户[一]
5 □廿五日

注釋

[一]「付户」左側行間有一字，不可釋讀。

二 粟特語唐金滿都督府致西州都督府書

本件文書出自墓室填土內。上鈐印一方，爲「金滿都督府之印」（5.6×5.7cm）。文書中提及「哥邏禄」，年代又在龍朔年間，推測和徵集文書中唐龍朔二、三年（六六二、六六三）西州都督府案卷爲安稽哥邏禄部落事爲同組文書，由其上保存的「金滿都督府之印」及文書發現於西州都督府所在地吐魯番，推測此爲唐朝處理哥邏禄部落破散問題時金滿州都督府致西州都督府的書信。參見榮新江新出吐魯番文書所見唐龍朔年間哥邏禄部落破散問題，西域歷史語言研究所集刊第一輯（二〇〇七年）；Yutaka Yoshida（吉田豊），"Sogdian Fragments Discovered from the Graveyard of Badamu"，同上。

「金滿都督府之印」印文之一

「金滿都督府之印」印文之二

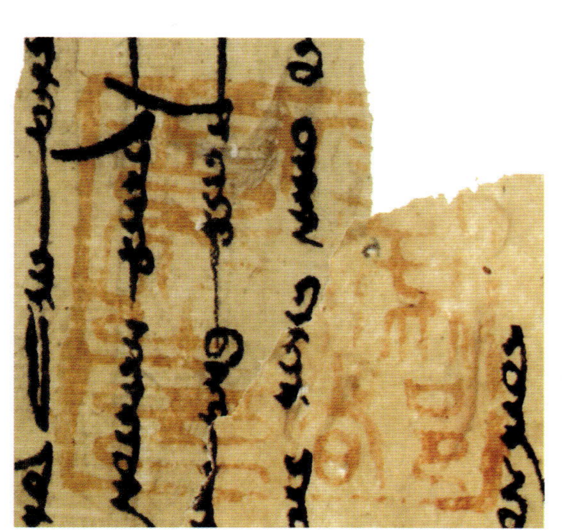

「金滿都督府之印」拼合圖

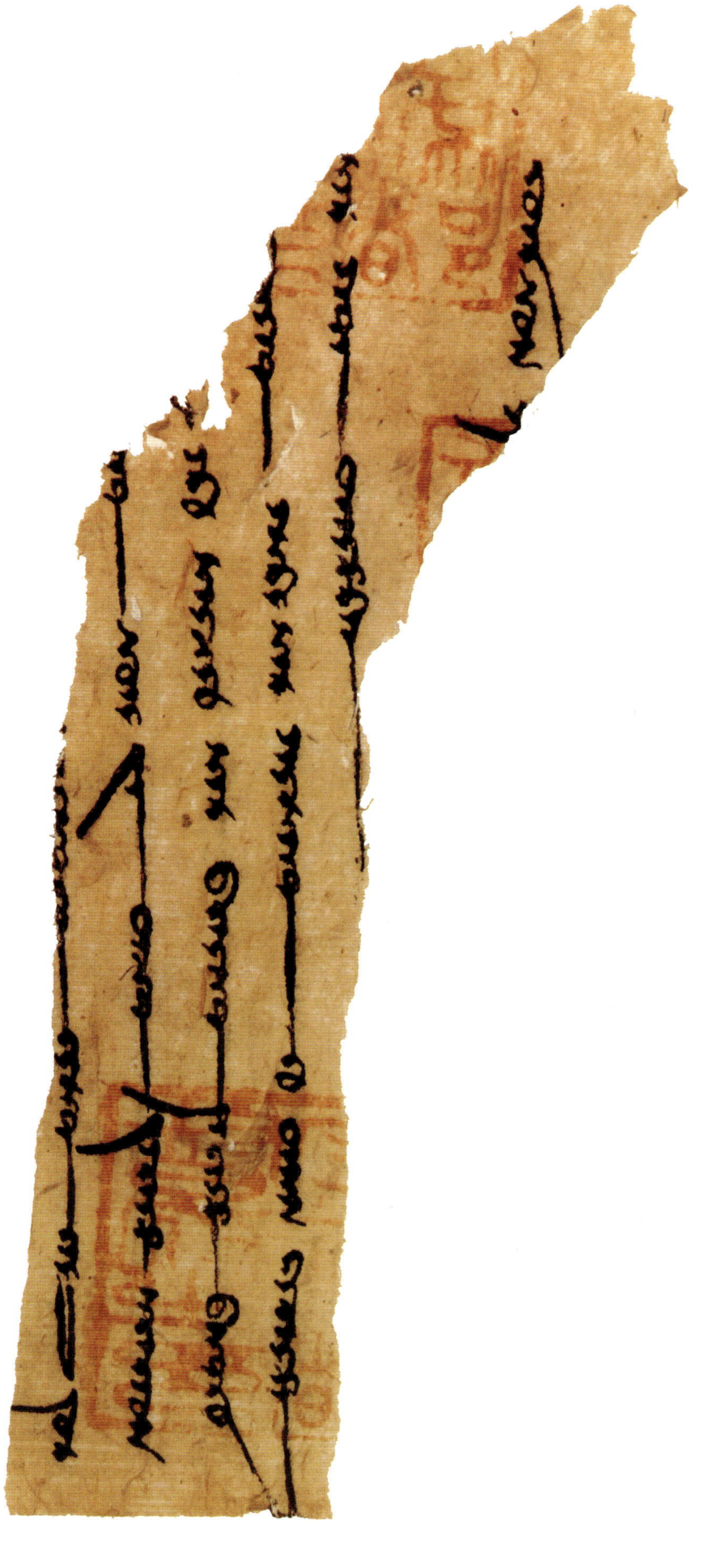

2004TBM107:3–2

轉寫：

1 [   ](.)[ ](. yštrt) nyst z'y–h δwr

2 [   ]rt šw'y L' w'c't δ'r'ym xr'r'wγ

3 [   ](w) 'kw s'ycyw s'r pr'yšt δ'r'ym pštrw

4 ['YK'?   ](r)ynt 'sky s'r ''ys'nt cw w'xš βyr'ymn

5 ['kw 'šm'xw?](s)'r 'zt' wn'ymk'n BLANK

one line left blank

6 [BLANK] rwnkšwγ '(δ)[ry srδ ''z?   ]

漢譯：

此處皆無〔……〕。其地遙遠，吾等不得使〔之(?)〕離去。哥邏禄〔百姓……〕吾等已遣〔……〕往西州。其後〔當(?)……〕……其人衆上來(至此)，吾等若得消息，將與〔汝(?)〕相知。〔於時〕龍朔三〔年〕〔……〕

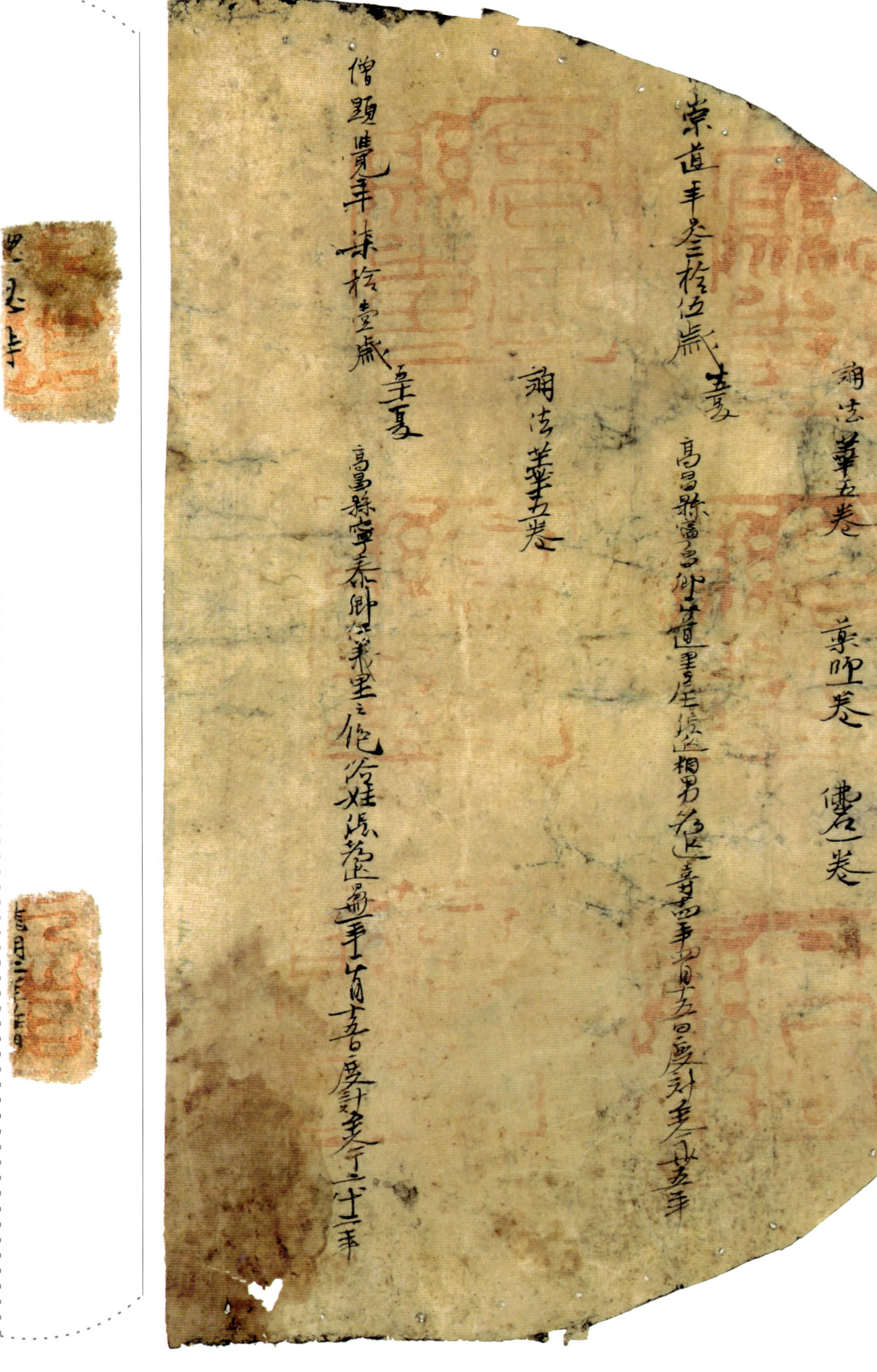

2004TBM113:6-1 背面

2004TBM113:6-1

0 5cm

巴達木一一三號墓出土文獻

本墓位於巴達木一號臺地白氏家族塋院内，墓主爲一男性，曾經盜擾。出土文書有紀年者，有顯慶元年（六五六）、龍朔二年（六六二）、咸亨元年（六七〇）。考古簡報見考古二〇〇六年第一二期。

一　唐龍朔二年（六六二）正月西州高昌縣思恩寺僧籍

本件文書拆自墓主左脚紙鞋鞋面，一面整齊，三面呈半圓形。鈐「高昌縣之印」（5.5×5.3cm）九方，其中六方完整。每條記録鈐印三方。背面存半行押縫文字，倒書「思恩寺」、「龍朔二年正月」，文字上鈐「高昌縣之印」。今原卷已托裱，僅文字部分顯露在外。張延伯又見高昌田相祐等名籍（72TAM151:55，吐魯番出土文書貳，一〇六頁），張延相見高昌殘名籍（二）（73TAM116:52，吐魯番出土文書壹，三七四頁）、高昌延壽十四年（六三七）兵部差人往青陽門等處上現文書（72TAM171:19<a>、9<a>、8<a>、11<a>，吐魯番出土文書貳，七四頁）。參見孟憲實吐魯番新發現的唐龍朔二年西州高昌縣思恩寺僧籍，文物二〇〇七年第二期。

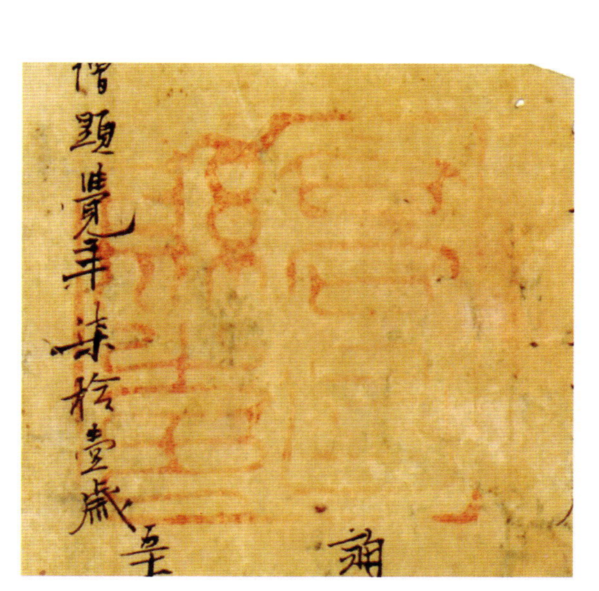

「高昌縣之印」印文

（前缺）

1 □叁歲，廿一夏，高昌縣順義鄉敦孝里，户主張延伯弟，僞延和十三年四月十五日度，□[一]

2 誦法華五卷　藥師一卷　佛名一卷

3 僧崇道，年叁拾伍歲，十五夏，高昌縣寧昌鄉正道里，户主張延相男，僞延壽十四年四月十五日度，計至今廿五年。

4 誦法華五卷

5 僧顯覺，年柒拾壹歲，五十一夏，高昌縣寧泰鄉仁義里，户絕，俗姓張，僞延昌卌一年正月十五日度，計至今六十二年。

（餘白）

---（思恩寺）---（龍朔二年正月）---（高昌縣之印）

注釋

〔一〕下缺，據推算，當補「計至今卌八年」。

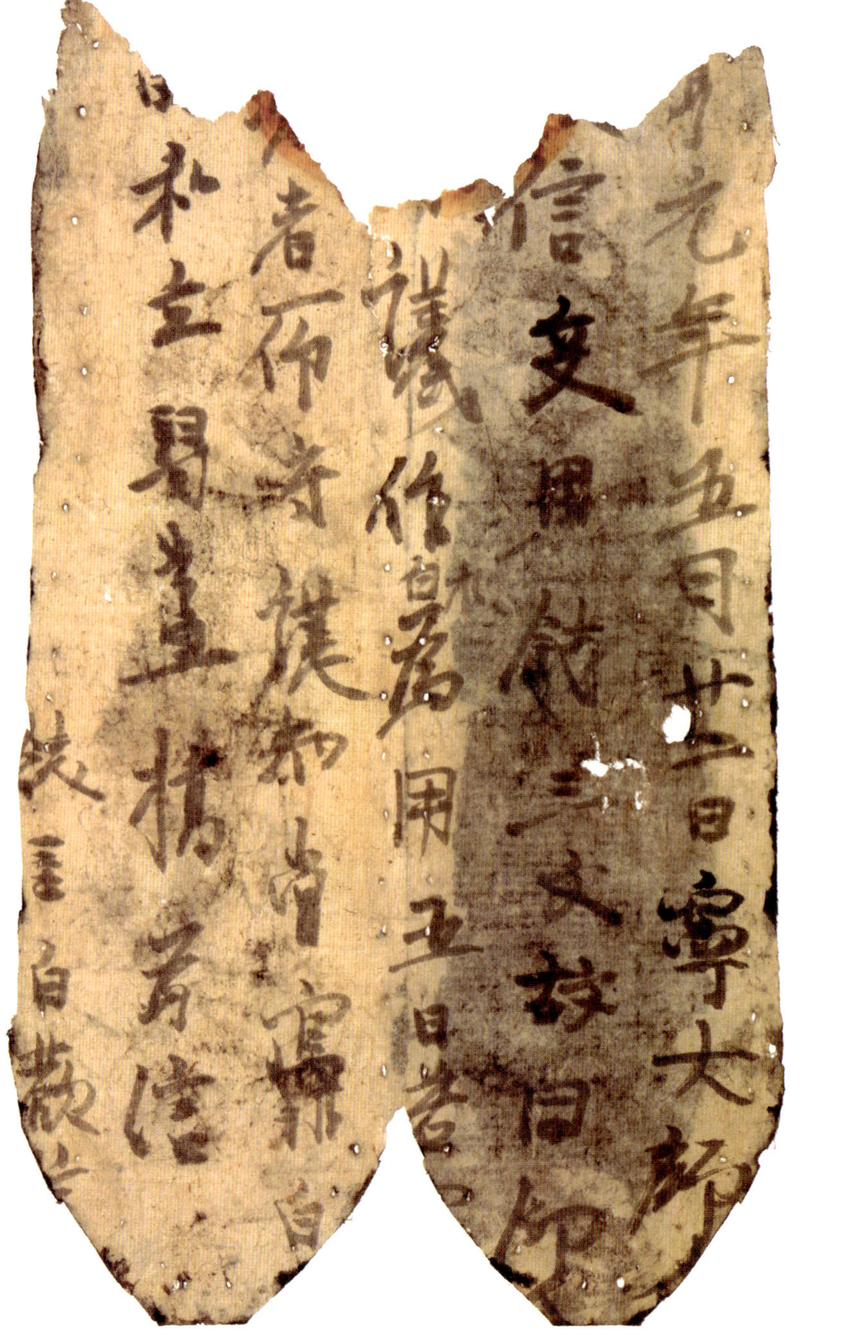
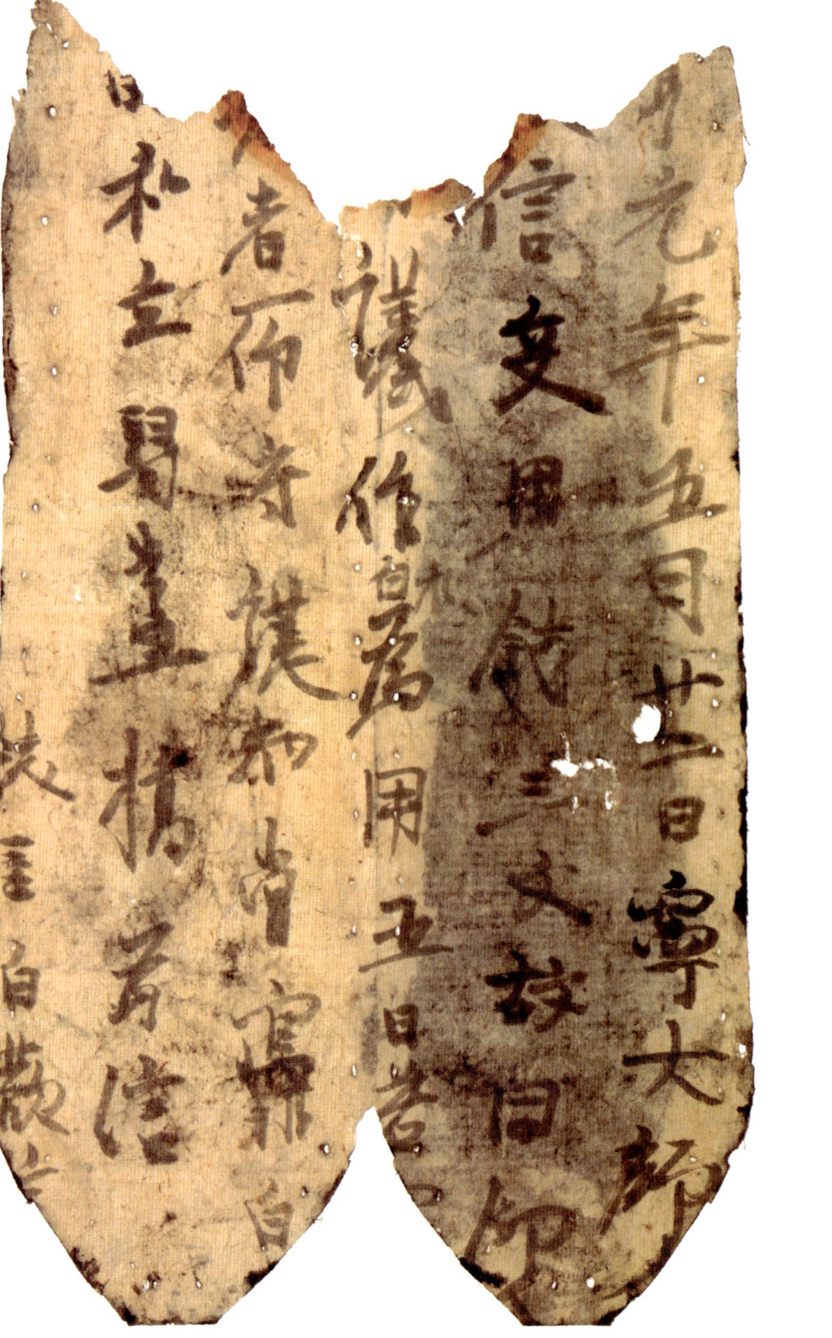

2004TBM113:6-4

2004TBM113:6-5

0 5cm

二　唐顯慶元年（六五六）十二月牒

本件文書出自墓主左脚紙鞋上。前部紙面塗墨，文字無法釋讀。

（前缺）

1　旨下□□

2　康丁□□□□□□

3　顯慶元年十二月　日

4　□□

5　勘　後

（後缺）

三　唐咸亨元年（六七〇）五月二十二日西州高昌縣寧大鄉白歡信雇人契

本件文書出自墓主左脚紙鞋上。原件剪裁成兩個鞋底形狀，中間相連，沿兩鞋底邊有針孔。背塗墨。

1　□亨元年五月廿二日，寧大鄉人

2　□歡信交用錢三文，故（雇）同鄉人

3　□守議作白水爲用五日，若有□

4　□者，一仰守議知當官罪。白歡

5　□兩和立契，畫指爲信。

6　錢主白歡信

（後缺）

2004TBM113:6-3

2004TBM113:6-2

四　唐辯爲蓰蓉承使官馬皮事

本件文書出自墓主左脚紙鞋上。紙質粗糙。第一行有朱筆勾記。

1　蓰蓉承使官馬〔一〕貳張　同□□悅

2　牒：被問今月上件馬皮領得以不，仰

3　答。但延歡等今並領得前件馬皮。

（後缺）

注釋

〔一〕此處當漏一「皮」字。

五　唐西州某縣何花辭爲男女放良事

本件文書揭自墓主左脚紙鞋上。行間及空白處有淡墨習字。原件被剪裁成鞋面形狀，但不完整，背塗墨。張善和見唐顯慶三年（六五八）張善和墓誌（72TAM209:1，吐魯番出土磚誌集注下，四九一—四九二頁），永徽初解褐任安西都護府參軍事，轉士曹參軍。本文書稱「前士曹」，則寫於顯慶三年後；麴善因見唐軍府名籍（73TAM191:74<a>，吐魯番出土文書叁，二八七頁）：「傔前天山府果毅麴善因入京使未迴」，文書中提到「乾封元年（六六六）」。據此，本件文書當在顯慶三年之後，乾封元年之前。

1　男洛々　女小勝

2　縣司：何花前件男女，並是前士曹張善和〔一〕體

3　□師在日，並〔二〕蒙給文〔三〕書，放從良。

4　天山府果毅麴善因認□

（後缺）

注釋

〔一〕原寫作「張善和」，後塗去，旁補「前士曹張善和」。

〔二〕原寫作「亦」，後改爲「並」。

〔三〕原寫作某字，後塗去，改爲「放」，再改爲「文」。

葉飄颻遊鵾獨運淩摩霄躭讀翫市
寓目囊箱易輶攸畏屬耳垣牆具膳
飯適口充腸飽飫亨宰飢猒糟糠
舊老少異粮妾御績紡侍巾帷
潔銀燭煒煌晝眠

0 5cm

2004TBM115:10

巴達木一一五號墓出土文獻

本墓位於巴達木一號臺地白氏家族塋院内第二排南邊第一座墓葬，爲男女合葬墓，南依塋院圍溝，西、北、東三面依次與一一四、一一二、一一六、一一七號墓相鄰，其中一一四號墓出土有麴氏高昌延壽十四年（六三七）八月二十一日白坏奴墓表一方。所出文書僅一件。考古簡報見考古二〇〇六年第一二期。

一　古寫本千字文

本件寫本出土於墓道填土内。

1 葉飄颻。遊鵾獨運，淩摩降(絳)霄。耽讀翫市(市)，
2 寓目囊箱，易輶攸畏，屬耳垣墻。且(具)膳
3 湌飯，適口充腸。飽飫享(烹)宰，飢厭糟糠。親
4 戚故舊，老少異粮。妾御績紡，侍巾惟(帷)□。
5 □□員(圓)絜，銀燭瑋(煒)煌。書(晝)眠夕寐，□□

（後缺）

2004TBM203:30-4b

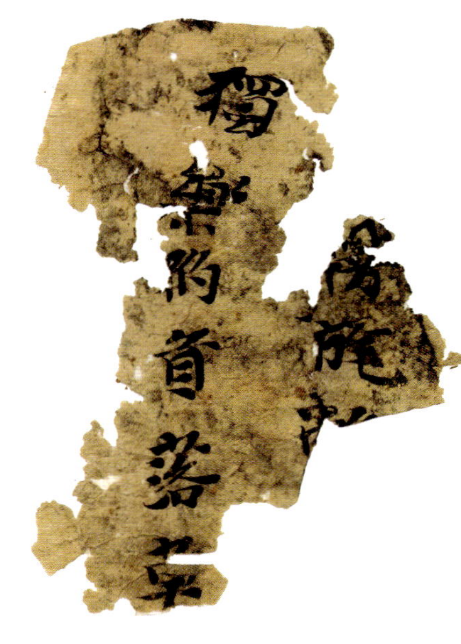

2004TBM203:30-4a

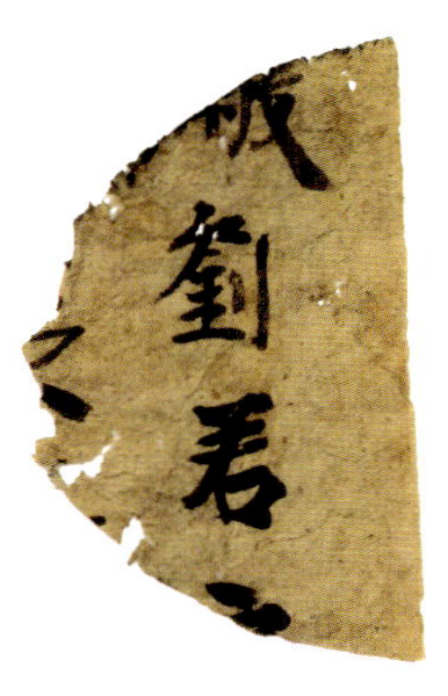

2004TBM203:30-4d

0　5cm

巴達木二〇三號墓出土文獻

本墓位於巴達木二號臺地，爲康氏家族塋院西起第二排北邊第一座墓葬，墓主爲一男三女，北依塋院圍溝，西、北、東三面依次與二〇二、二一二、二一三、二〇四號墓相鄰，其中二〇二號墓出土有麴氏高昌延昌十四年（五七四）二月二十三日康虜奴及妻竺買婢墓表一方，二一二號墓出土有麴氏高昌延壽七年（六三〇）十二月二十四日康浮圖墓表一方，二〇二號墓西鄰二〇一號墓亦出土有麴氏高昌延昌十四年（五七四）二月二十一日康虜奴母墓表，推測二〇三號墓亦當在高昌延昌至延壽前後。考古簡報見考古二〇〇六年第一二期。

一　高昌寫本急就篇

本組文書共一二殘片，均出土於巴達木二〇三號墓室填土內。抄寫急就篇第五至十二章內容，據文字内容與書法，前後相互連接（二片過碎暫不能拼接），間有可直接綴合者，共二八行，今依文字内容排定先後次序。

（前缺）

1 □敞，劉若芳。□

2 □　次倩□□□

（中缺）

3 □縵旄離□

4 □獨樂。豹首落莫□

（中缺）

5 縉紅繎□

6 絡縑練□

7 絲絮綿□

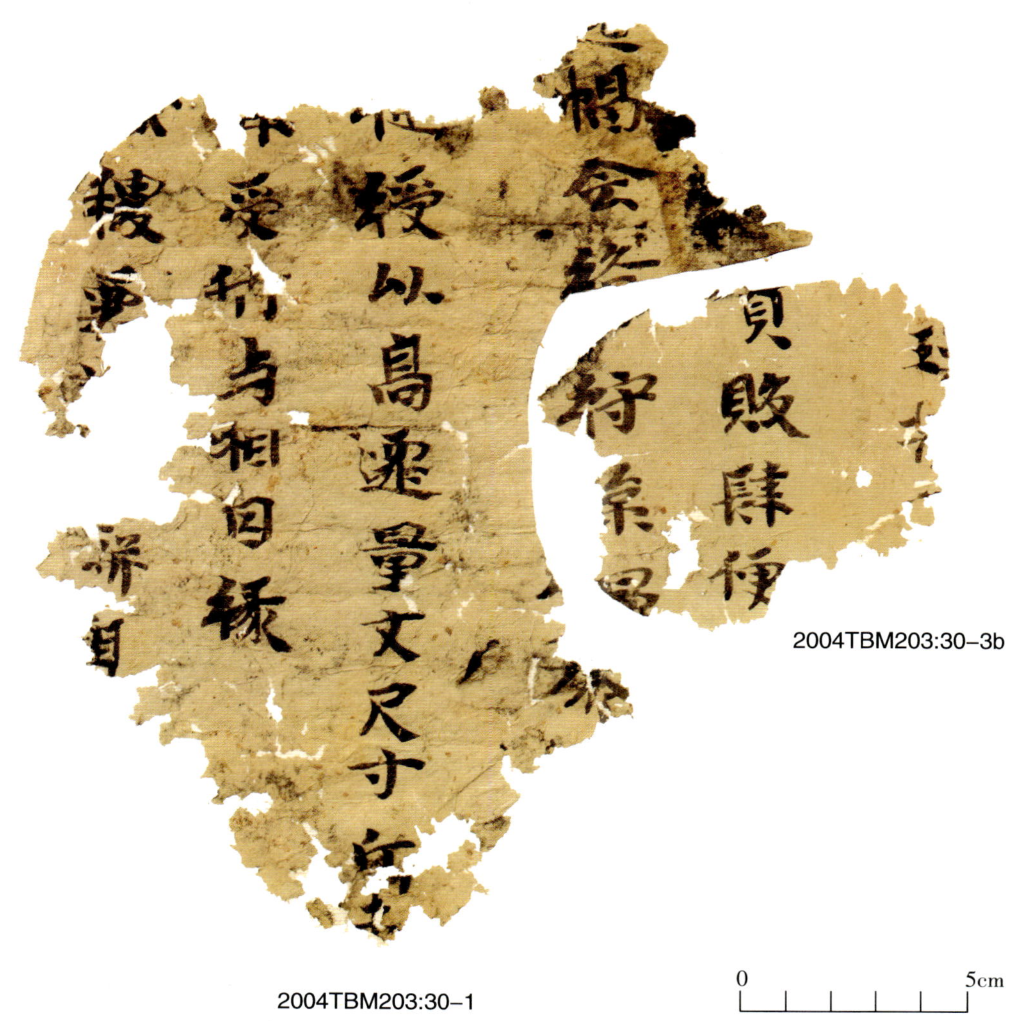

2004TBM203:30-3b

2004TBM203:30-1

（中缺）

8 瑣綸

9 賣買販肆便

10 匹幅全。綌紵（紵）線縕裹□□，□

11 □縌綬以高遷。量丈尺寸斤兩□

12 □取受付与相因緣。

13 □□秫稷粟麻□，餅餌

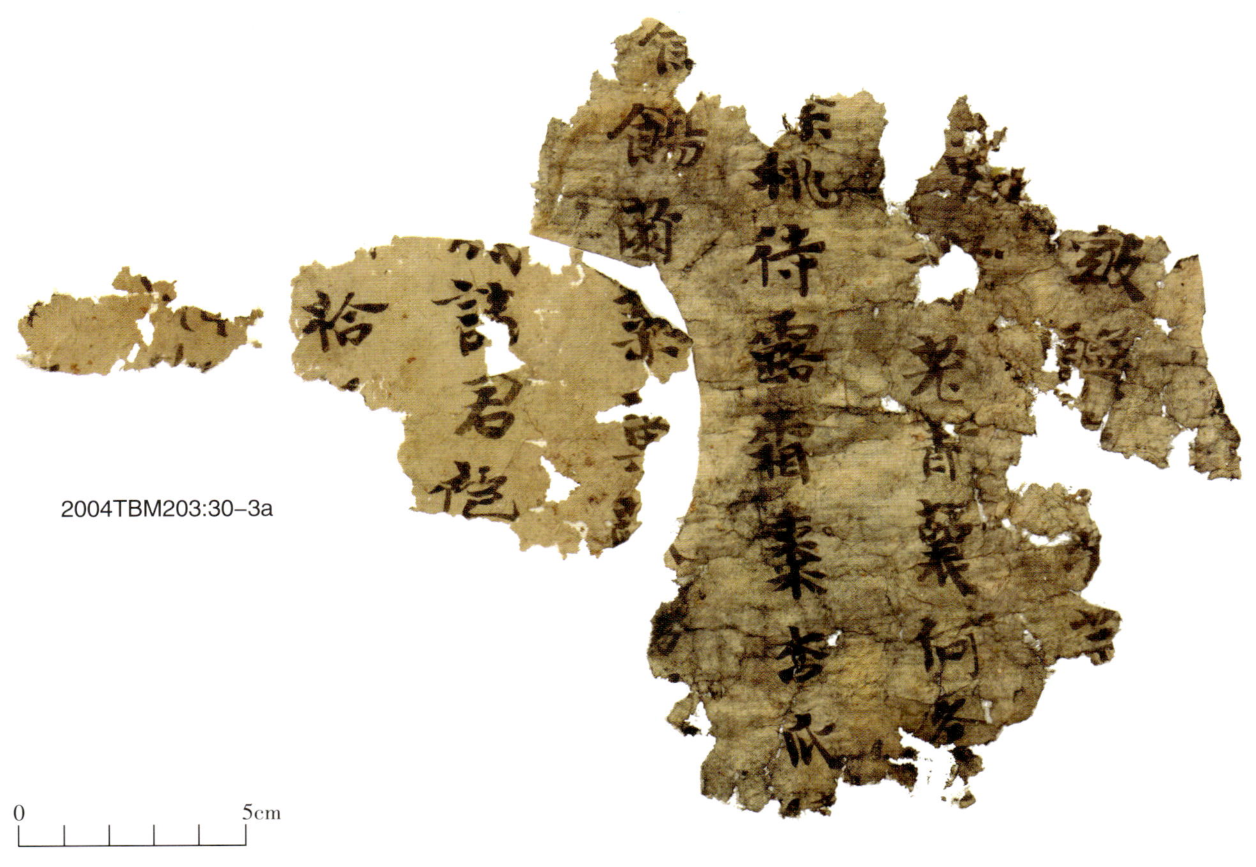

2004TBM203:30-3a

2004TBM203:30-2

（中缺）

14 豉醢醬。芸蒜

15 茱萸香，老菁蘘（荷）何冬日□，

16 □□柰桃待露霜，棗杏瓜棣

17 □飴餳。菌（園）菜菓蓏助

18 □□□□奏諸君，袍□

19 □□□□□袷複

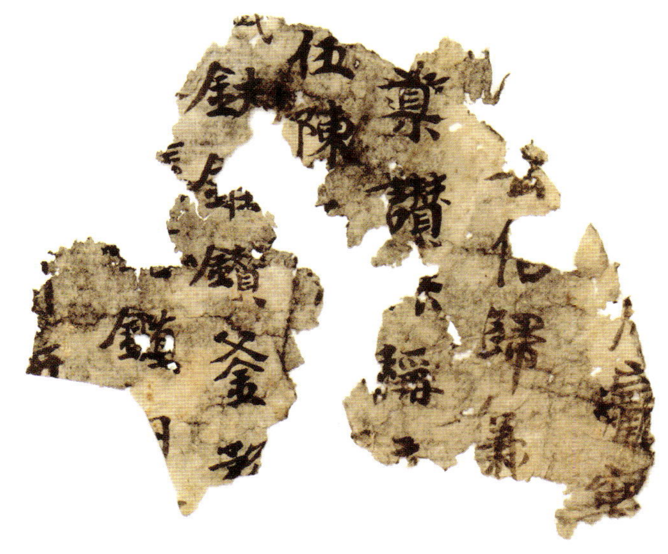

2004TBM203:30-4f　2004TBM203:30-4e

2004TBM203:30-4c

0　5cm

20 □緣，履舄□

21 □角褐袜巾□

（中缺）

22 □麤羸寠□

23 □去俗歸義□

24 □導讚拜稱妾□

25 □伍陳□

26 □□鈇錐鑽釜鋻

27 □□鏞鉤□

28 □□鈃□

（後缺）

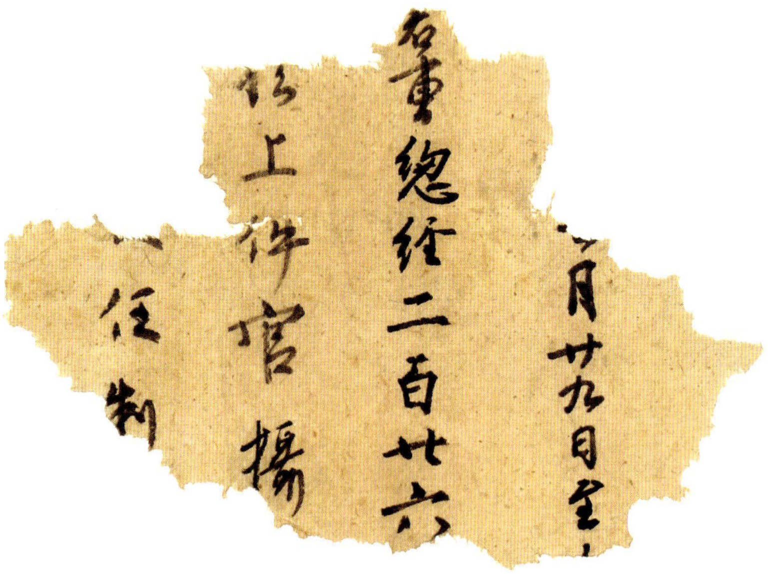

2004TBM207:1-12b

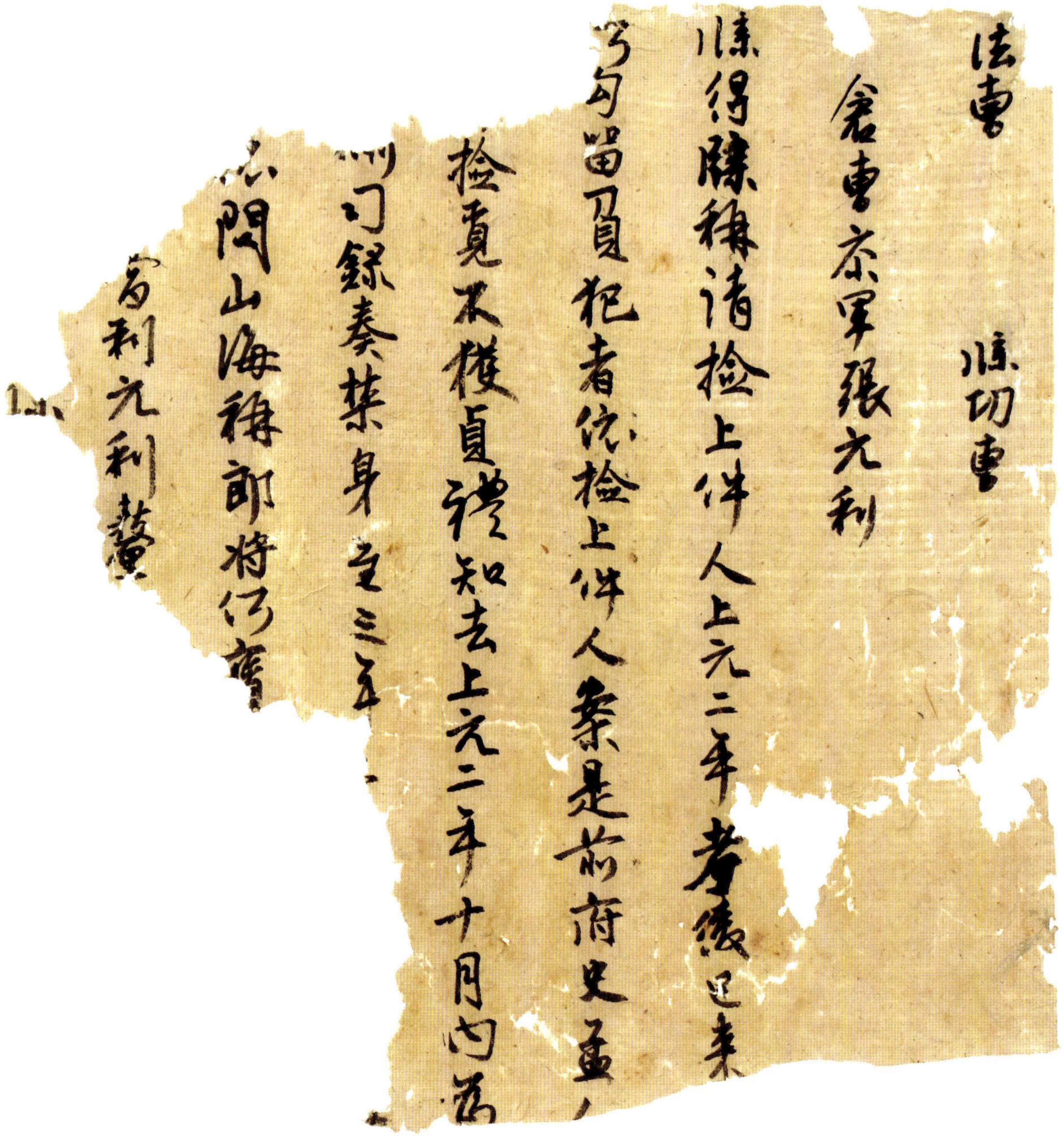

2004TBM207:1-12a

巴達木二〇七號墓出土文獻

本墓位於巴達木二號臺地中部，墓主爲中年男性，曾經盜擾，未出墓誌及衣物疏。所出文書有紀年者，最早爲上元三年（六七六），最晚爲調露二年（六八〇）。考古簡報見考古二〇〇六年第一二期。

一　唐上元三年（六七六）西州法曹牒功曹爲倉曹參軍張元利去年負犯事

本組文書出自墓室。係由 2004TBM207:1-12a 和 2004TBM207:1-12b 兩件文書組成。背面有押署，文字不識。元利見唐西州高昌縣史張才牒爲逃走衛士送庸緤價錢事（二）（72TAM230:62<b>，吐魯番出土文書肆，八五頁），任倉曹參軍，即爲張元利。阿斯塔那二三〇号墓出土文書最早爲儀鳳三年。又本件提及上元二年至三年的考課事宜，故推定爲上元三年文書。

（一）

法曹　　牒功曹
倉曹參軍張元利
牒得牒稱，請檢上件人上元二年考後已來，□
何勾留負犯者。依檢上件人案，是前府史孟□
□□檢覓不獲，貞禮知去上元二年十月內，爲[　]
□□州司録奏禁身，至三年□[　]
□□依問，山海稱郎將何賓[　]
[　]當判元利釐[　]
[　]牒[　]
（後缺）

------------------------------（□）

（二）

（前缺）
[　]七月廿九日至□[　]
[　]□倉曹，總經二百廿六[　]
[　]帖上件官攝[　]
[　]至任判，[　]
（後缺）

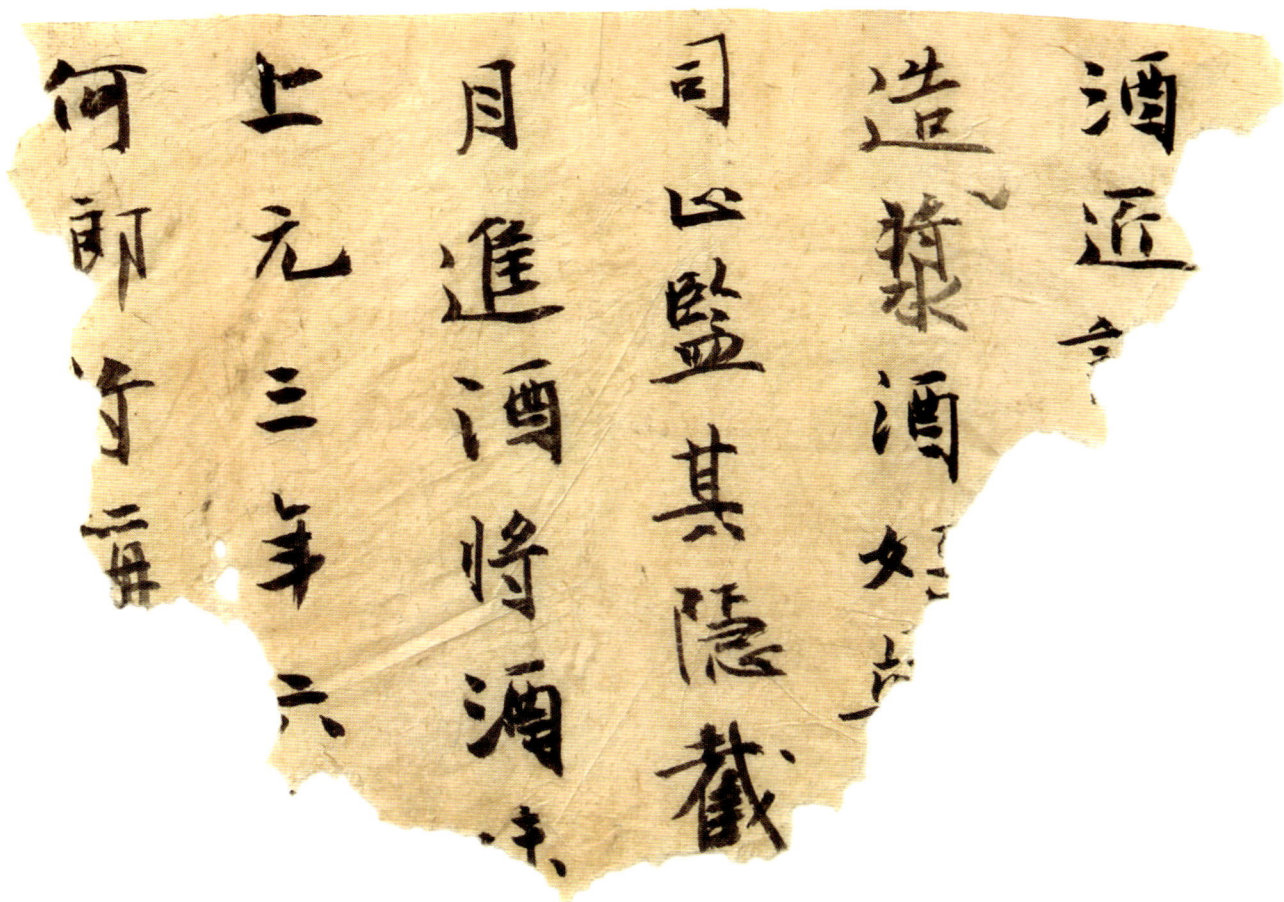

2004TBM207:1-5a

0　5cm

二　唐上元三年（六七六）六月後西州殘文書

本件文書出自墓室。年代當在上元三年（六七六）六月之後，何郎將疑即同墓所出唐上元三年西州法曹牒功曹爲倉曹參軍張元利去年負犯事中之郎將何寶。

（前缺）

1 酒匠訖□

2 漿造酒，好□□

3 司止監其隱截，□

4 月進酒，將酒味□

5 上元三年六□

6 何郎將稱□

（後缺）

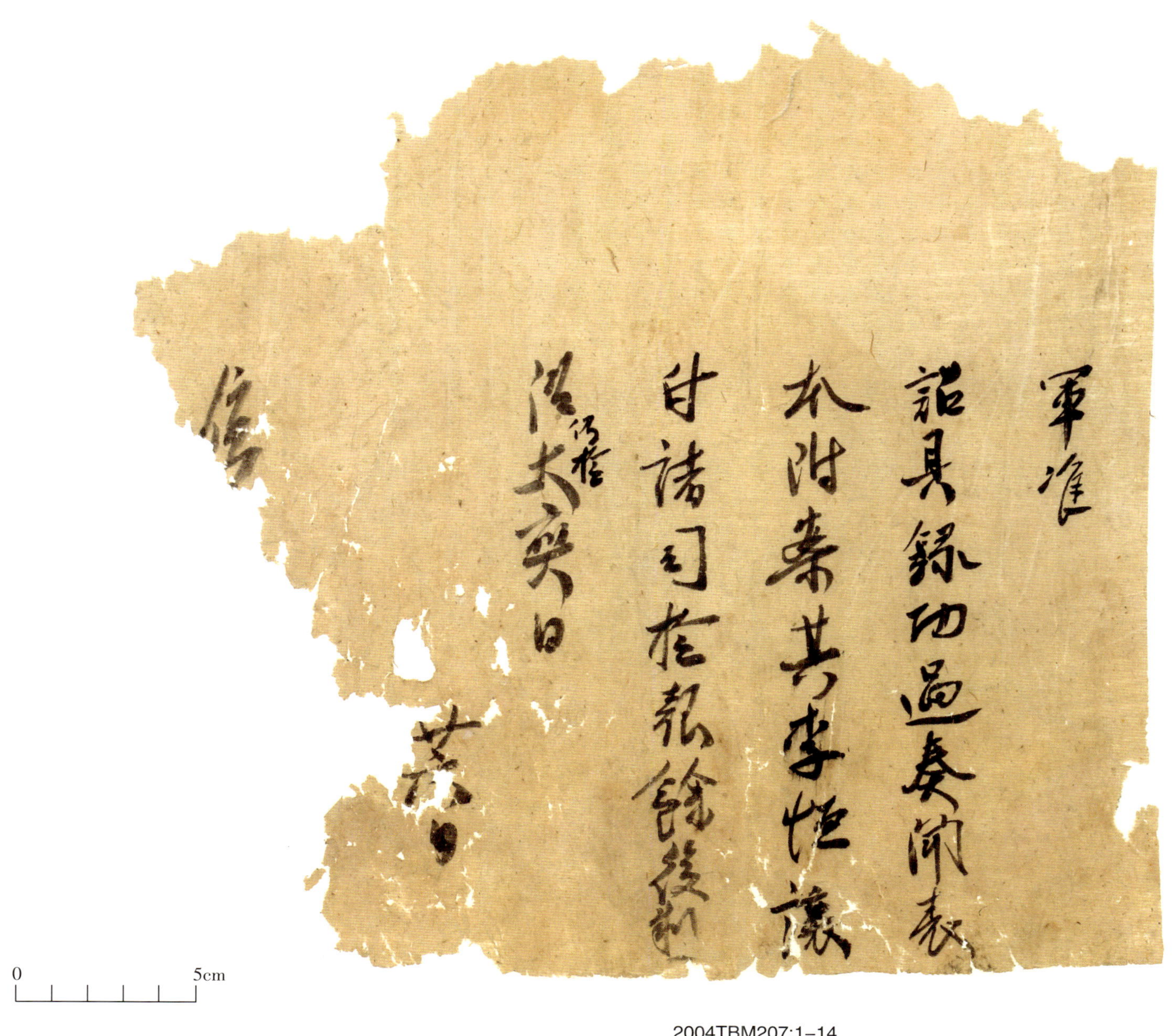

2004TBM207:1-14

三　唐儀鳳某年（六七六—六七九）西州牒爲考課事

本件文書出自墓室。通判官大爽見同墓所出唐儀鳳某年西州殘牒，又見唐府史高叡牒爲件録西州諸曹今日當值官典事（72TAM161:5<a>，吐魯番出土文書肆，三七九頁）、唐儀鳳二年西州北館文書（橘文書、中村文書F等，西域文化研究第三，七四、六五—六六頁），儀鳳二年時任功曹參軍，同年十一月後判録事參軍。李恒讓見同墓所出唐儀鳳三年（六七八）西州法曹牒功曹爲檢李恒讓去年功過事，又見唐儀鳳二年北館文書，據知李恒讓於儀鳳二年十月至三年十一月攝判倉曹參軍。故推測本件爲儀鳳三年或稍晚的文書。

（前缺）

1　軍准

2　詔具録功過奏聞，表

3　本附案。其李恒讓

4　付諸司檢報，餘後判，

5　諮。仍檢。大爽白。

6　　　　廿六日

7　依判

（後缺）

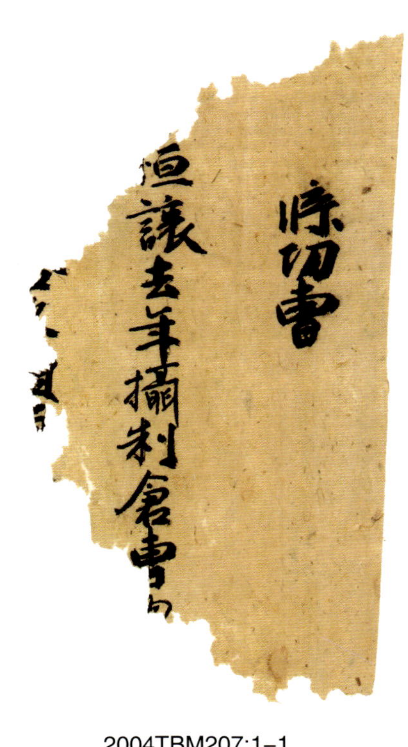

2004TBM207:1-1

2004TBM207:1-8b

0　5cm

四　唐儀鳳三年（六七八）西州法曹牒功曹爲檢李恒讓去年功過事

本件文書出自墓室。恒讓即李恒讓，見同墓所出唐儀鳳某年西州牒爲考課事，又見橘文書唐儀鳳二年西州北館文書和中村文書E唐儀鳳二年西州都督府倉曹下市司柳中縣符（西域文化研究第三，七四、八四頁），據知李恒讓於儀鳳二年十月至三年十一月攝判倉曹參軍。又據考課令，西州考課年度從本年四月至次年三月，故檢報李恒讓攝判倉曹期間犯負的文書應爲儀鳳三年。同墓又出唐儀鳳三年九月西州功曹牒爲檢報乖僻批正文案事，亦屬同組考課文書。

1　［　　］　牒功曹
2　［　　］恒讓去年攝判倉曹□［　　］
3　［　　］□□□□［　　］
（後缺）

五　唐儀鳳某年（六七六—六七九）殘牒

本件文書出自墓室。疑與唐儀鳳三年九月西州功曹牒爲檢報乖僻批正文案事（2004TBM207:1-4）相關。

（前缺）
1　［　　］檢報者□［　　］
2　［　　］□處牒至［　　］
3　［　　］儀［　　］
（後缺）

六　唐儀鳳三年（六七八）九月西州録事參軍牒

本件文書出自墓室。判官「義」見唐儀鳳二年西州北館文書（橘文書、大谷三四九五、大谷一〇〇三等，西域文化研究第三，七四、五五—五六頁），皆爲儀鳳二年十月，義時任西州長官或上佐。本件疑爲唐儀鳳三年九月西州功曹牒爲檢報乖僻批正文案事（2004TBM207:1-4）所云録事參軍敬大素要求檢報諸司乖僻文案的牒文。

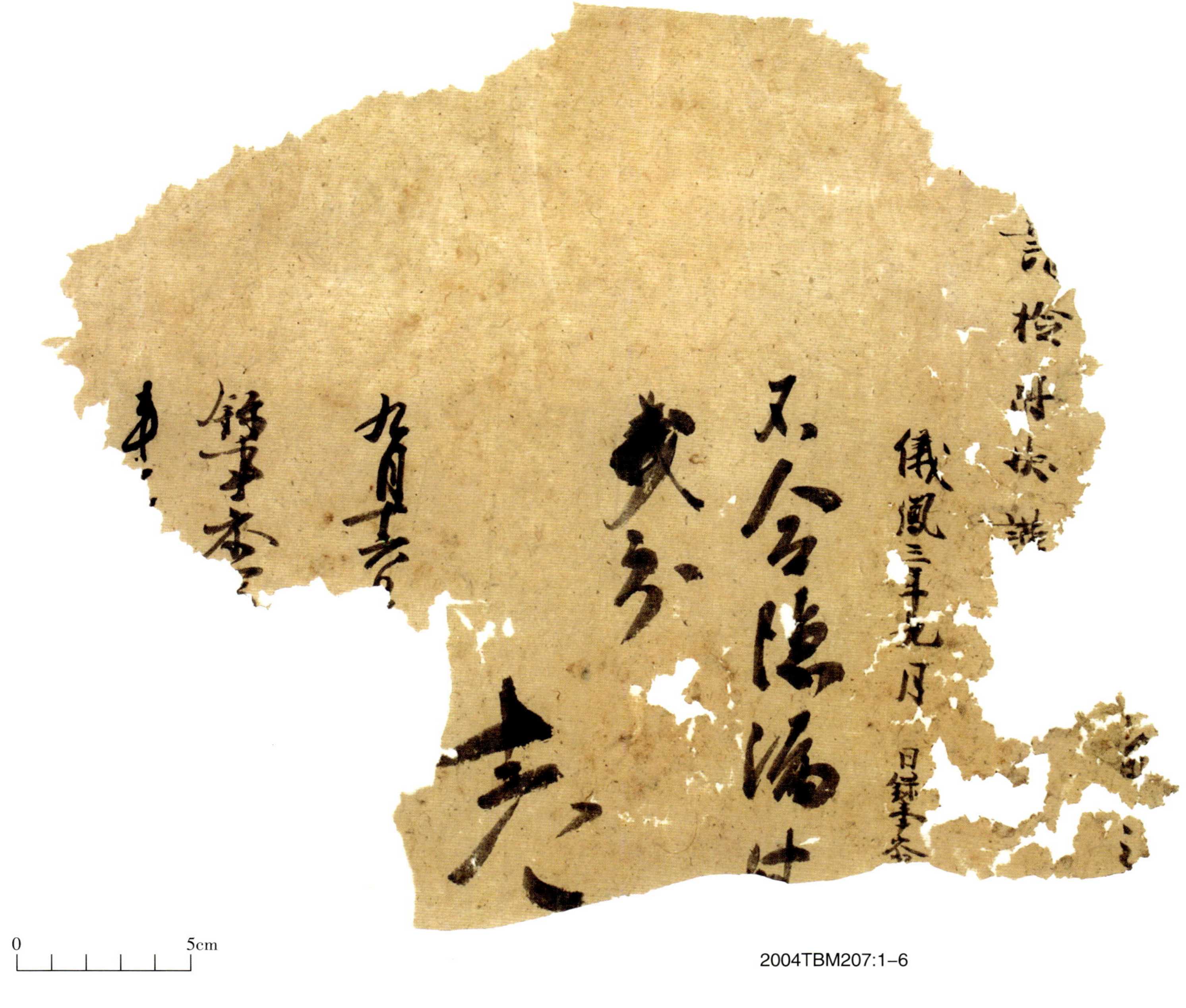

2004TBM207:1-6

（前缺）

1 □之□

2 □請檢附狀，謹□。

3 儀鳳三年九月　日録事參□

4 不合隱漏，付□

5 義示。

6 十六日

7 九月十六日□

8 録事參軍□

9 連。□

（後缺）

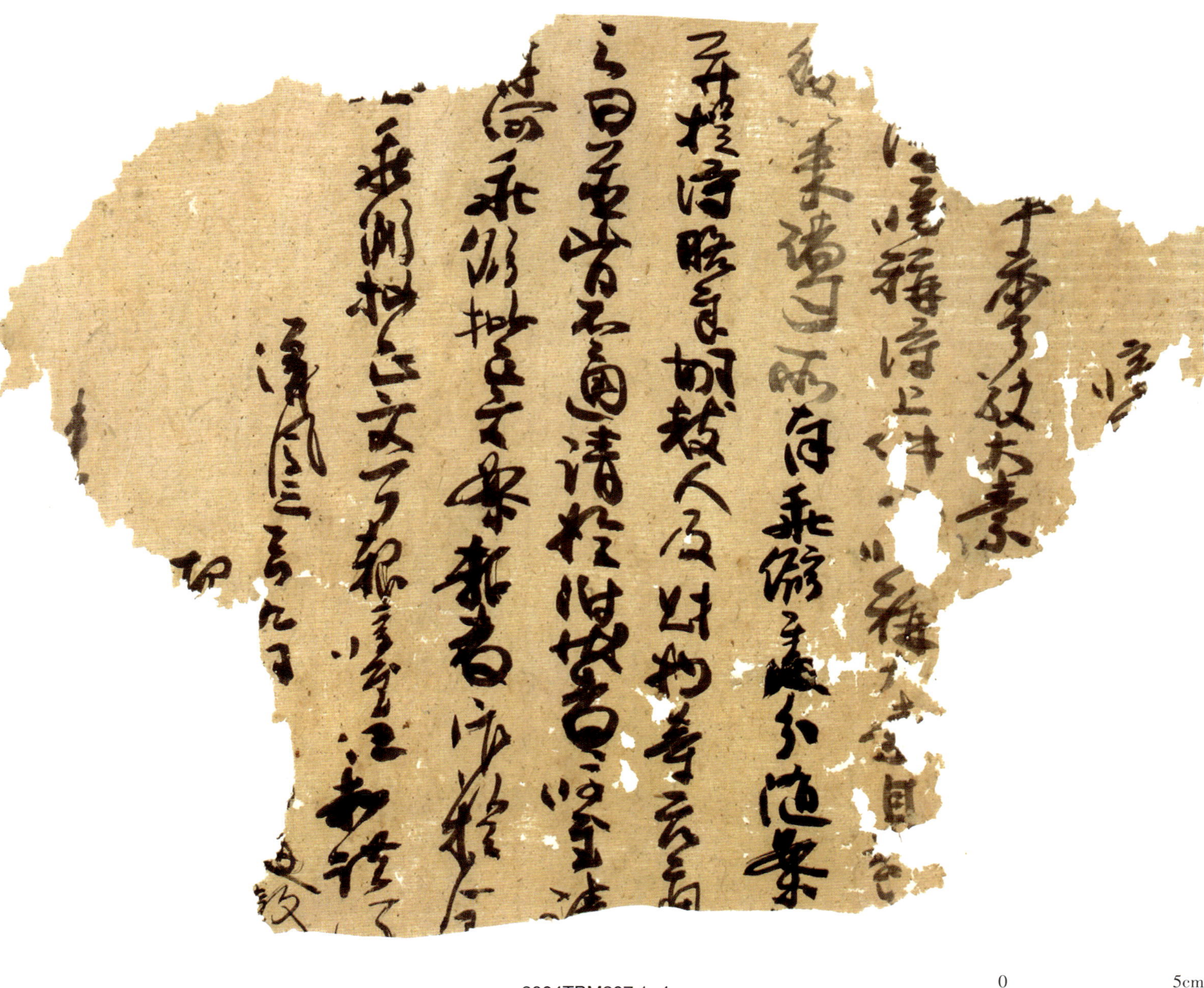

2004TBM207:1-4

七　唐儀鳳三年（六七八）九月西州功曹牒爲檢報乖僻批正文案事

本件文書出自墓室。敬大素見於唐儀鳳二年西州北館文書（中村文書E、大谷一四二二、大谷二八四一，西域文化研究第三，八四、五八、六二—六三頁），最早爲儀鳳二年十月廿二日，最晚爲儀鳳三年五月七日，時任録事參軍。同墓所出唐儀鳳三年九月録事參軍牒疑即本件文書所引敬大素要求檢報諸司乖僻文案的牒文。

1　　　牒□

2　　事參軍敬大素

3　□得牒稱，得上件人牒稱：大素自考

4　後以來，諸司所有乖僻處分隨案，

5　并捉得略良胡數人及財物等，官□

6　之日，並皆不通，請檢附狀者。牒至，諸

7　有何乖僻批正文案報者。依檢，今

8　無乖僻批正文〔一〕可報。牒至任判，謹牒。

9　　　儀鳳三年九月　日□□□□

10　　　　功

11　　連。

（後缺）

注釋

〔一〕此處疑脱「案」字。

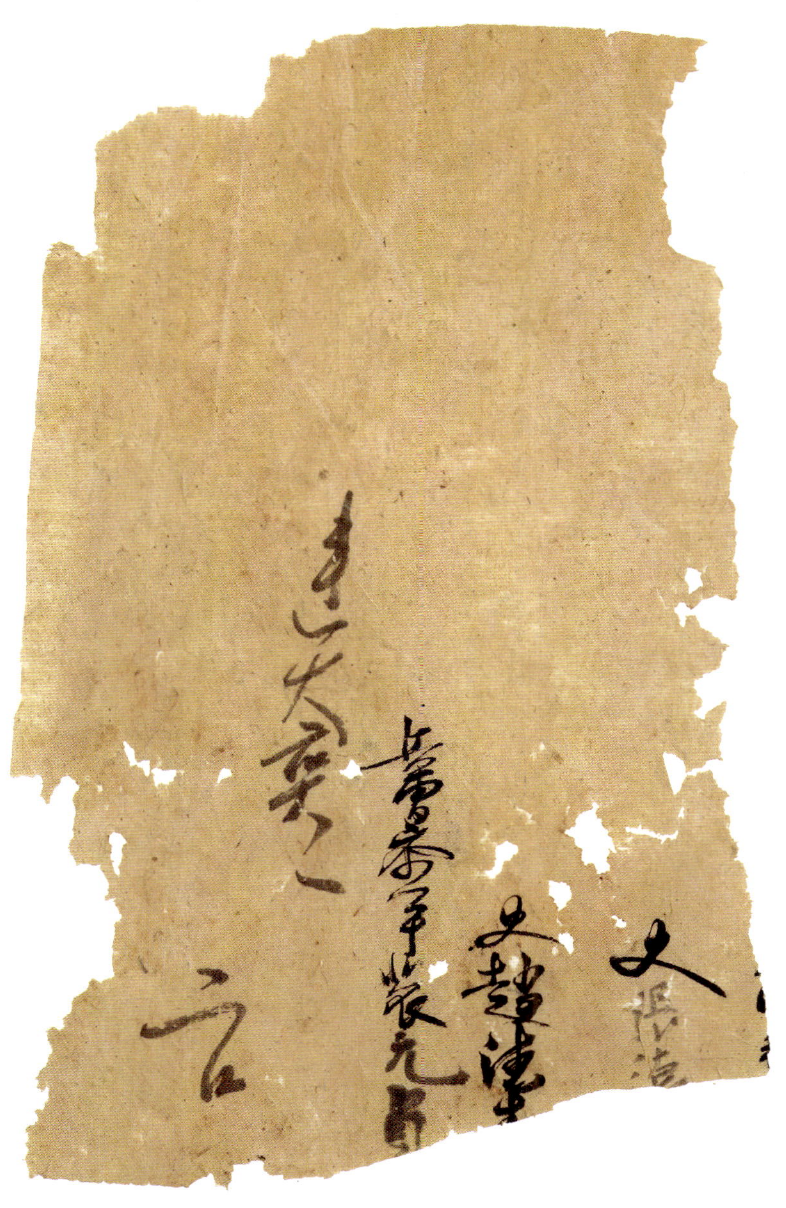

2004TBM207:1-2

八　唐儀鳳某年（六七六—六七九）西州殘牒

本件文書出自墓室中部。大爽見同墓所出唐儀鳳某年西州牒爲考課事，又見唐府史高叡牒爲件録西州諸曹今日當值官典事（72TAM161:5<a>，吐魯番出土文書肆，三七九頁）及唐儀鳳二年西州北館文書（橘文書，西域文化研究第三，七四頁）等文書，儀鳳二年時任功曹參軍，同年十一月後判録事參軍。本件文書大爽以判官身份簽署，故推測爲儀鳳年間文書。

（前缺）

1　□□

2　史張德

3　史趙德生

4　兵曹參軍裴元貞

5　連。大爽白。

6　二日

（後缺）

2004TBM207:1-5b 背面

2004TBM207:1-5b

0　5cm

九　唐西州事目曆

本件文書出自墓室。背有半字，不識。「素」即敬大素，見同墓所出唐儀鳳三年（六七八）九月西州功曹牒爲檢報乖僻批正文案事文書，其簽署又見唐儀鳳二年北館文書（中村文書E、大谷一四二一、大谷二八四一，西域文化研究第三，八四、五八、六二—六三頁），筆迹與本件相同，最早爲儀鳳二年十月廿二日，最晚爲儀鳳三年五月七日，時任録事參軍，故推測本件爲儀鳳某年文書。

（前缺）

1　□事參軍　素

2　□□事

3　□□事

（後缺）

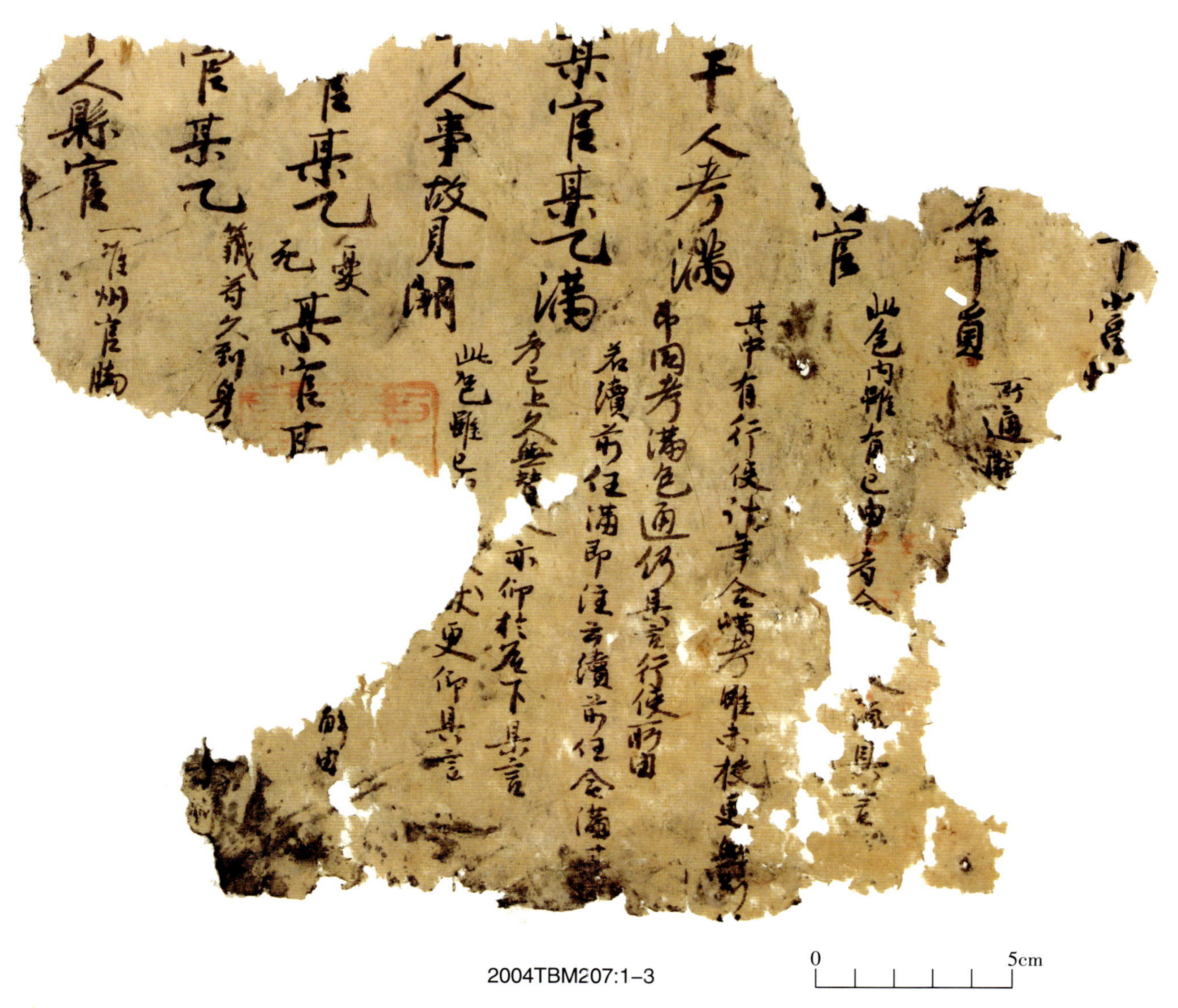

2004TBM207:1-3

一〇 唐調露二年（六八〇）七月東都尚書吏部符爲申州縣闕員事

本組文書出自墓室。係由 2004TBM207:1-3 和 2004TBM207:1-7+2004TBM207:1-11g 兩件綴合而成。鈐有朱文印六處，印文爲「東都尚書吏部之印」（5.2×5.2cm）。其中兩處鈐於 2004TBM207:1-3 正面，所鈐位置文字殘缺，鈐印原因不明；三處鈐於 2004TBM207:1-7+2004TBM207:1-11g 正面，鈐在「尚」、「及」兩個改正之字及日期處；2004TBM207:1-7 紙背騎縫還鈐有一處，並有「已」字押署。魏求己見唐劉肅大唐新語及唐林寶元和姓纂，高宗時任吏部員外郎。參見史睿唐代前期銓選制度的演進，歷史研究二〇〇七年第二期；唐調露二年東都尚書省吏部符考釋，敦煌吐魯番研究第一〇卷（二〇〇七年）。

（前缺）

1 [ ]下當州[ ]

2 [ ]若干員所通闕色[ ]

3 [ ]州官此色内雖有已申者，今狀更須具言。

4 [ ]干人考滿其中有行使計年合滿，考雖未校，更無別狀，即同考滿色通，仍具言行使所由。

5 [ ]某官某乙滿若續前任滿，即注云：續前任合滿。其四考已上，久無替人，亦仰於名下具言。

6 [ ]干人事故見闕此色雖已申者，今狀更仰具言。

7 [ ]官某乙憂、死 某官某乙[ ]解由。

8 [ ]官某乙籤符久到，身不[ ]某州[ ]

9 [ ]干人縣官一准州官脚[ ]

10 [ ]□[ ]

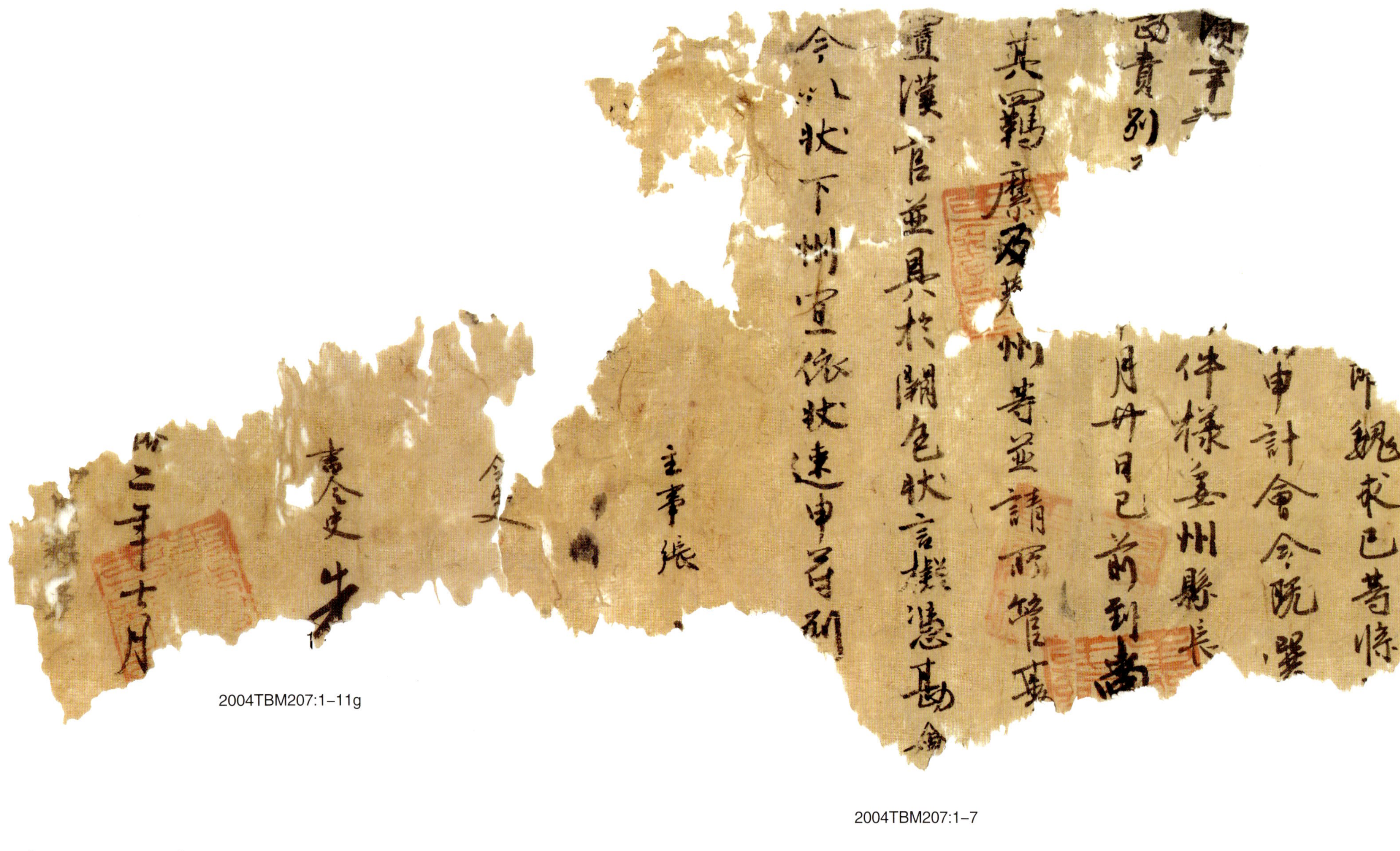

2004TBM207:1-11g

2004TBM207:1-7

（中缺）

11 ［　］郎魏求己等牒□［　］

12 ［　］州中計會，今既選［　］

13 ［　］頃年□［　］前件樣委州縣長［　］

14 ［　］勘責別□［　］十月廿日已前到尚〔一〕［　］

－－－－－－－－－－－－－－－－－－－－－－－－（已，東都尚書吏部之印）

15 ［　］其羈縻及蕃〔二〕州等，並請所管勘［　］

16 ［　］置漢官，並具於闕色狀言，擬憑勘會

17 ［　］今以狀下州，宜依狀速申，符到［　］

18 主事張□［　］

19 ［　］令史［　］

20 書令史朱［　］

21 □露二年七月［　］

22 ［　］廿日録事［　］

（後缺）

注釋

〔一〕原寫作「東」，指文書撰寫之東都，後改爲「尚」，指尚書省，改後加印。

〔二〕原寫作「州」，後改爲「及」，改後加印。

文書正面所鈐「東都尚書吏部之印」印文(1–3)

文書背面所鈐「東都尚書吏部之印」及押字

2004TBM207:1-10f　2004TBM207:1-8a　2004TBM207:1-11d

一一　唐文書殘片

本件文書出自墓室。疑爲同墓所出唐調露二年（六八〇）七月東都尚書吏部符爲申州縣闕員事脱落的殘片。

（前缺）

1 ［　］□已上不［　］

（後缺）

一二　唐文書殘片

本件文書出自墓室。

（前缺）

1 ［　］□省

2 □［　］□［　］

（後缺）

一三　唐文書殘片

本件文書出自墓室。

（前缺）

1 □□

2 者亦［　］

3 同申并□［　］

4 亦同封送，其［　］

（後缺）

2004TBM207:1-10g

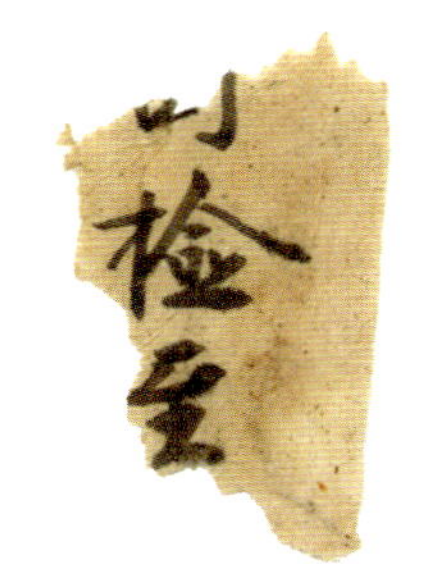

2004TBM207:1-8d

2004TBM207:1-8c

2004TBM207:1-5f

0　5cm

一四　唐牒殘片

本件出自墓室。

（前缺）

1　府▯

2　兵曹判▯

（後缺）

一五　唐文書殘片

本件出自墓室。

（前缺）

1　▯八日▯

（後缺）

一六　唐文書殘片

本件出自墓室。

（前缺）

1　▯司檢至▯

（後缺）

一七　唐文書殘片

本件出自墓室。

（前缺）

1　人參▯

2　判□▯

（後缺）

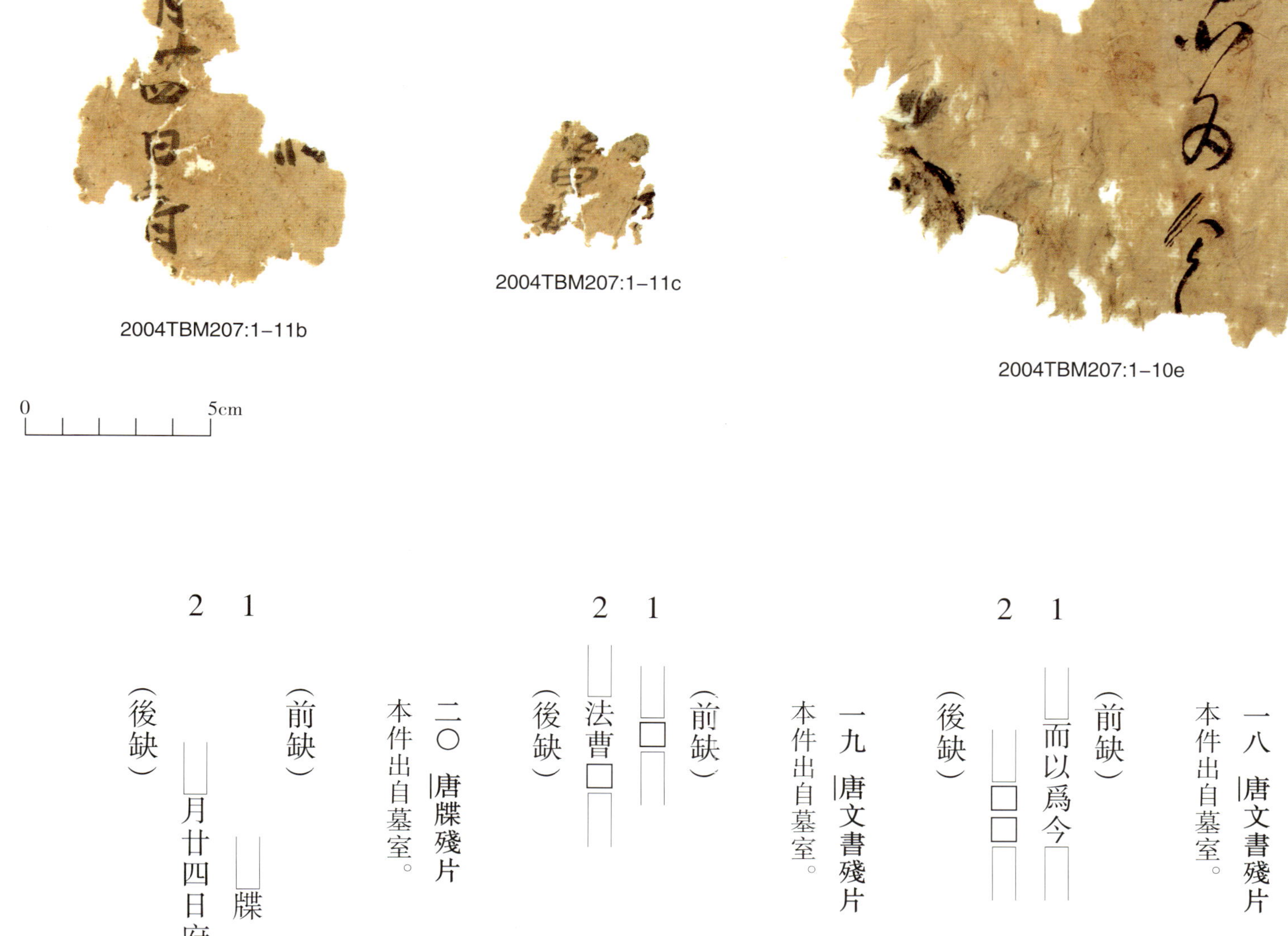

2004TBM207:1－11b　2004TBM207:1－11c　2004TBM207:1－10e

一八　唐文書殘片

本件出自墓室。

（前缺）

1　]而以爲今[

2　]□□[

（後缺）

一九　唐文書殘片

本件出自墓室。

（前缺）

1　]□[

2　]法曹□[

（後缺）

二〇　唐牒殘片

本件出自墓室。

（前缺）

1　]牒

2　]月廿四日府[

（後缺）

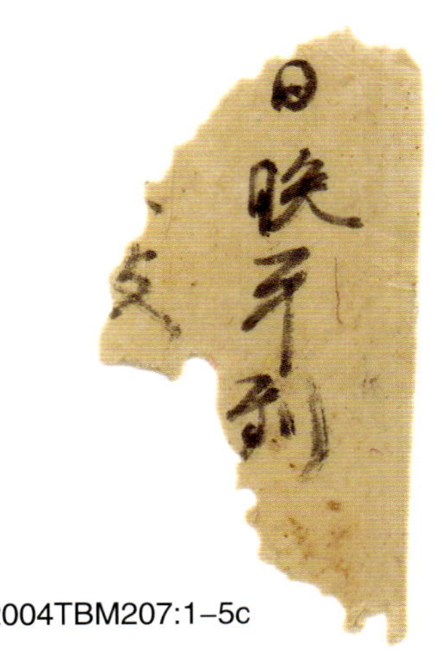

2004TBM207:1-5c

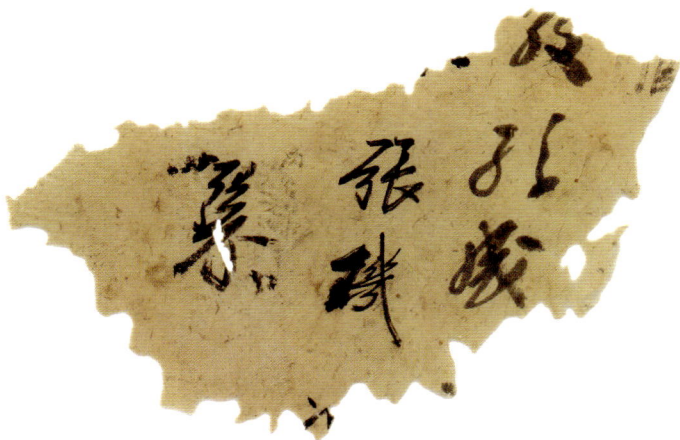

2004TBM207:1-5d

0　5cm

二一　唐某年西州晚牙到簿

本組文書出自墓室，共十一殘片。其内容是唐某年西州晚牙到簿，（四）、（五）、（六）人名旁邊有朱筆點記。文書中人名皆係雙名單稱，劉操見武周大足元年（七〇一）西州柳中縣籍（65TAM341:28/1<a>，吐魯番出土文書肆，五五頁）。史藏見於唐儀鳳二年（六七七）西州北館文書（大谷一四二二，大谷文書集成壹，五七頁；大谷二八四二，大谷文書集成壹，一一一頁），時任西州都督府倉曹府。田文見唐府史高叡牒爲件録西州諸曹今日當直官典事（72TAM161:4<a>，吐魯番出土文書肆，三七八頁），時任法曹府史。王行亦見唐府史高叡牒爲件録西州諸曹今日當直官典事，時任功曹府，又見唐西州某縣事目（73TAM518:3/3-10<b>等，吐魯番出土文書叁，四五九—四六三頁），該墓所出文書最早爲麟德三年（六六六），最晚爲神龍二年（七〇六）。張敏見武周牒尾殘判（72TAM230:10，吐魯番出土文書肆，七七頁）。張恭見唐課錢帳曆（一三）（73TAM206:42/9-10<a>，吐魯番出土文書貳，三一五頁），該墓出土紀年文書最早者爲高昌義和五年（六一八），最晚爲武周光宅元年（六八四）。張貞，當爲張文貞之省稱，見唐史衛智牒爲軍團點兵事(73TAM191:32<a>，吐魯番出土文書叁，二八六頁），時任「府」，該墓所出紀年文書起永隆元年（六八〇），止永隆二年（六八一）。孫感，當爲孫行感之省稱，見於武周天授二年（六九一）史孫行感殘牒(72TAM230:72，吐魯番出土文書肆，七三頁），時任西州都督府倉曹史。綜合以上因素，我們推測本組文書的年代當在高宗、武則天時期。參見林曉潔唐代西州官吏日常生活的時與空，西域研究二〇〇八年第一期。

（一）

1 [　　]日晚牙到

2 [　　]□□[　　]

（後缺）

（二）

（前缺）

1 [　　]□[　　]

2 [　　]敬孫感□[　　]

3 [　　]□張璣□[　　]

4 [　　]張恭[　　]

（後缺）

2004TBM207:1-5e

2004TBM207:1-9

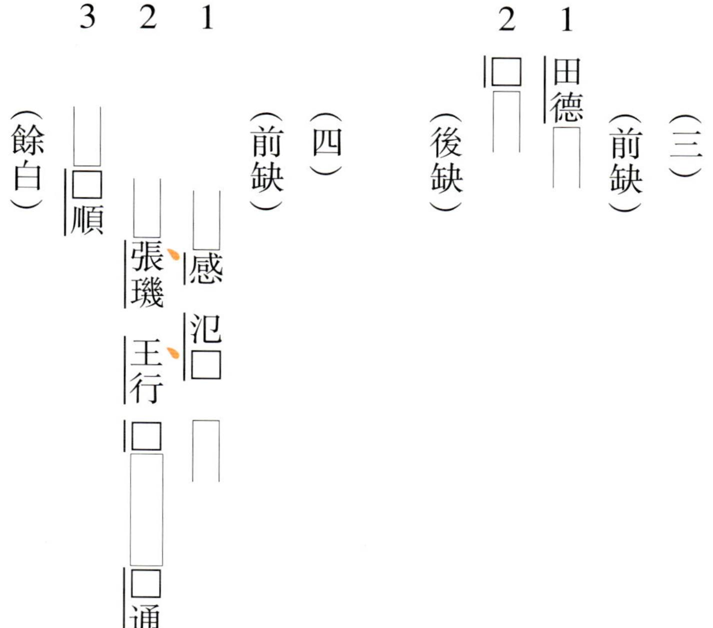

（三）

（前缺）

1 [　]田德[　]

2 [　]□[　]

（後缺）

2004TBM207:1-9

（四）

（前缺）

1 [　]感　氾□　[　]

2 [　]張璣　王行　□[　]□通

3 [　]□順

（餘白）

2004TBM207:1-10b

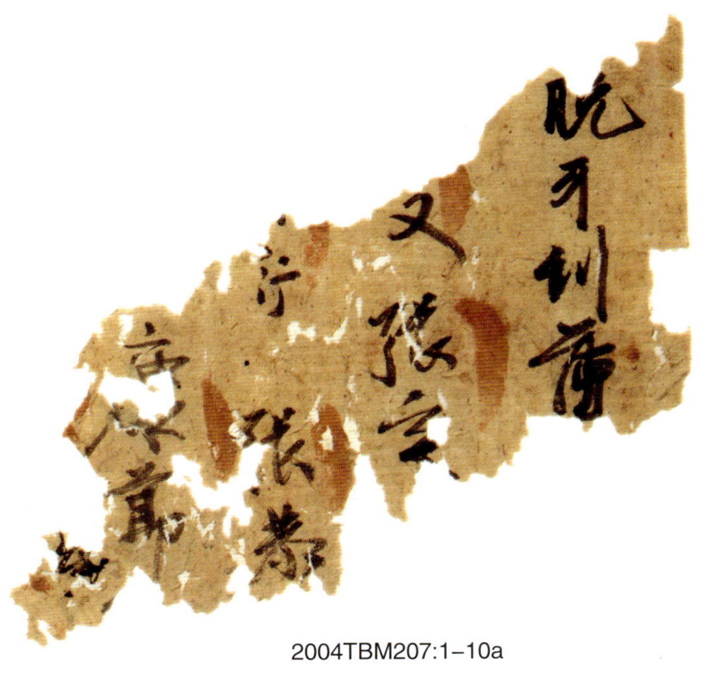

2004TBM207:1-10a

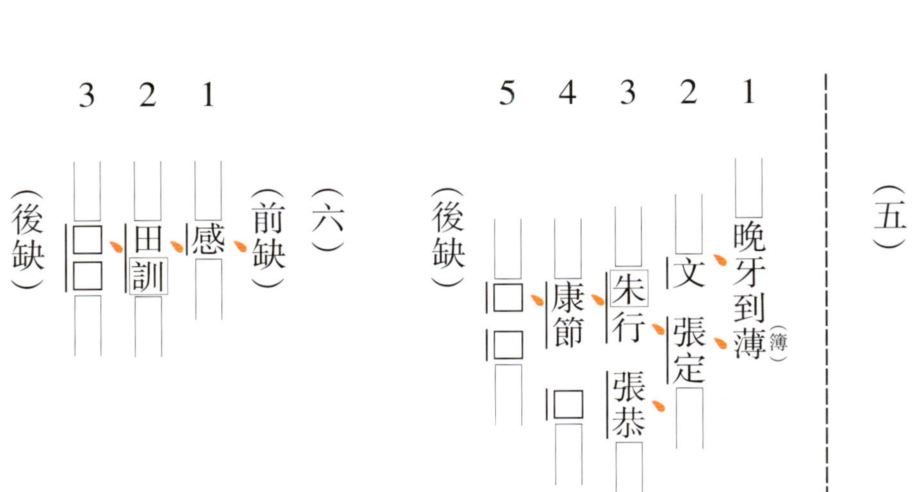

（五）

1 □晚牙到薄（簿）

2 □文、張定□

3 □朱行、張恭、□

4 □康節 □□

5 □□、□□

（後缺）

（六）

（前缺）

1 □感、□

2 □田訓、□

3 □□、□□

（後缺）

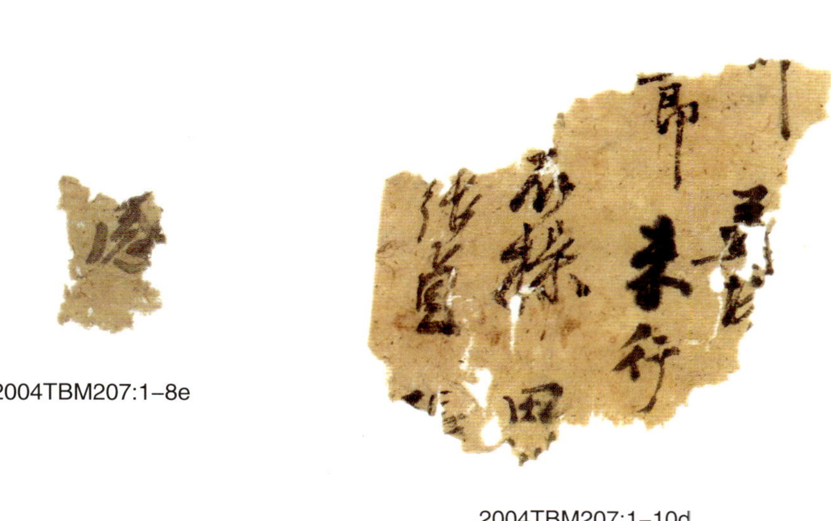

2004TBM207:1-8e

2004TBM207:1-10d

2004TBM207:1-10c

（七）

（前缺）

1 ［　］王行　張定　田德［　］

2 ［　］□　張恭［　］

（後缺）

（八）

（前缺）

1 ［　］□　盖□［　］

2 ［　］節　朱行［　］

3 ［　］石操　田訓［　］

4 ［　］張貞　張［　］

（九）

（前缺）

1 ［　］感[一]［　］

（後缺）

注釋

[一]「感」，當爲晚牙到簿（一）中的孫感。

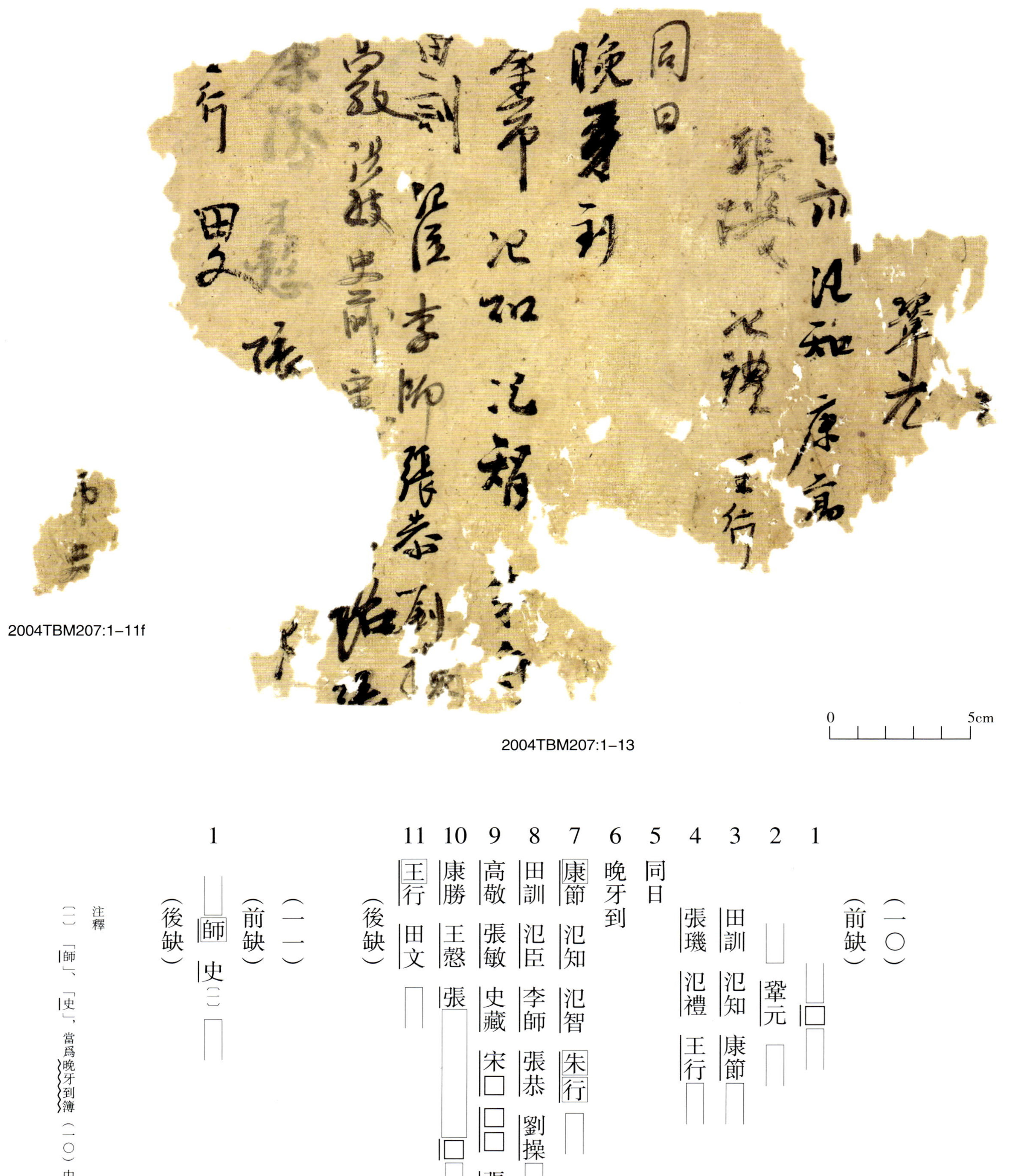

2004TBM207:1-11f

2004TBM207:1-13

（一〇）

（前缺）

1 ［　　］□［　　］

2 ［　　］鞏元［　　］

3 ［　　］田訓　氾知　康節［　　］

4 　張璣　氾禮　王行［　　］

5 同日

6 晚牙到

7 康節　氾知　氾智　朱行［　　］

8 田訓　氾臣　李師　張恭　劉操［　　］

9 高敬　張敏　史藏　宋□　□□　張［　　］

10 康勝　王愍　張［　　］□［　　］

11 王行　田文［　　］

（後缺）

（一一）

（前缺）

1 ［　　］師　史[一]［　　］

（後缺）

注釋

[一]「師」、「史」，當爲晚牙到簿（一〇）中的李師和史藏。

2004TBM209:8

2004TBM209:8 背面

巴達木二〇九號墓出土文獻

本墓位於巴達木二號臺地北邊中部，爲男女合葬墓，西鄰二〇八號墓，東鄰康氏家族塋院西圍溝。墓葬形制較小，男性墓主身上覆蓋一幅完整的伏羲女媧絹畫。墓室曾經盜擾，其他隨葬品較少，僅出殘文書一件。考古簡報見考古二〇〇六年第一二期。

一　文書殘片

本件出自墓室東南席下。

（前缺）

1 □□謹□

（後缺）

二　文書殘片

（前缺）

1 □件物□□

（後缺）

巴達木二二三號墓出土文獻

本墓位於巴達木二號臺地西南邊緣，爲男女合葬墓，西爲臺地邊緣，東鄰二二四號墓。墓室曾經盜擾，內僅出陶碗、銅鏡各一件，後者爲典型的盛唐時期流行的葡萄紋鏡。又自墓道出文書一件。考古簡報見考古二〇〇六年第一二期。

一　武周某年西州高昌縣陰義府等欠錢簿

本件文書出自墓道填土中。張習禮見武周天授二年（六九一）西州高昌縣佃人文書（大谷二三六九，大谷文書集成壹，八六—八七頁），時爲佃人。據此，本文書或在天授二年前後。

（前缺）

1　　　　　　　　□□□[ ]廿一文

2　陰義府□（定）欠一百廿文　　馬欽藝□（定）一百廿文

3　[ ]□（定）二百五十二文　　張習禮□（張通）三百六十三文

4　[ ]　　　　　孫敬□一九百[ ]

（後缺）

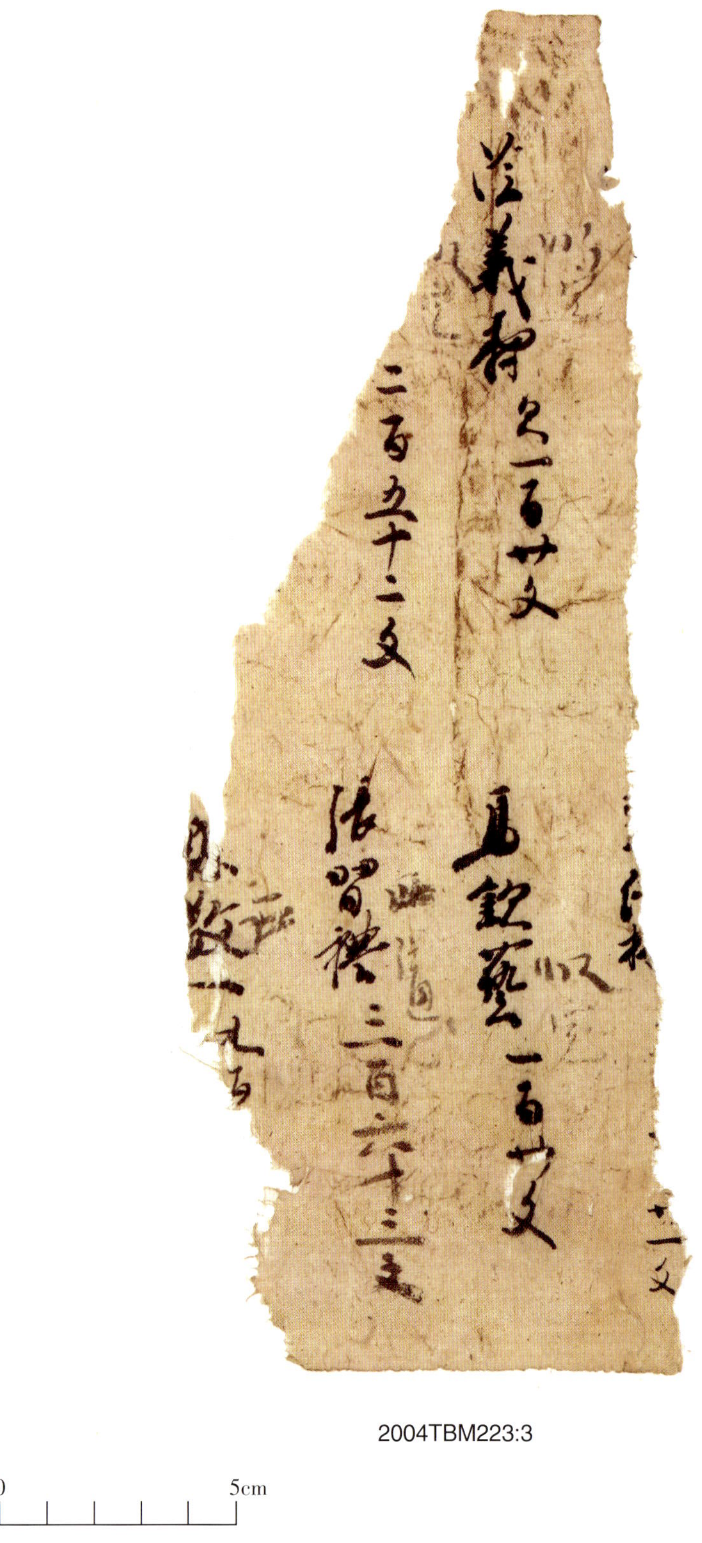

2004TBM223:3

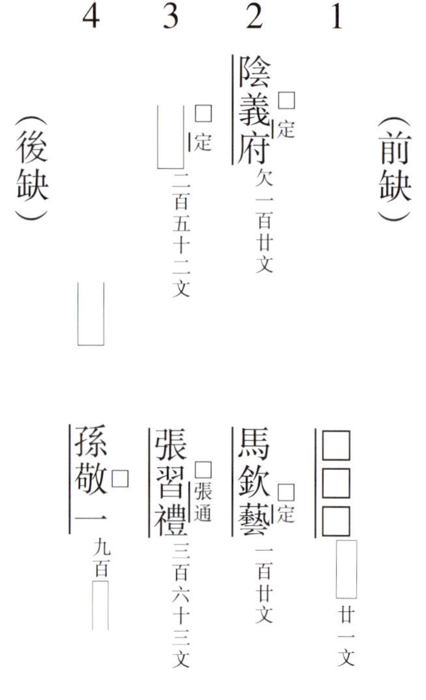

2004TBM223:14-2

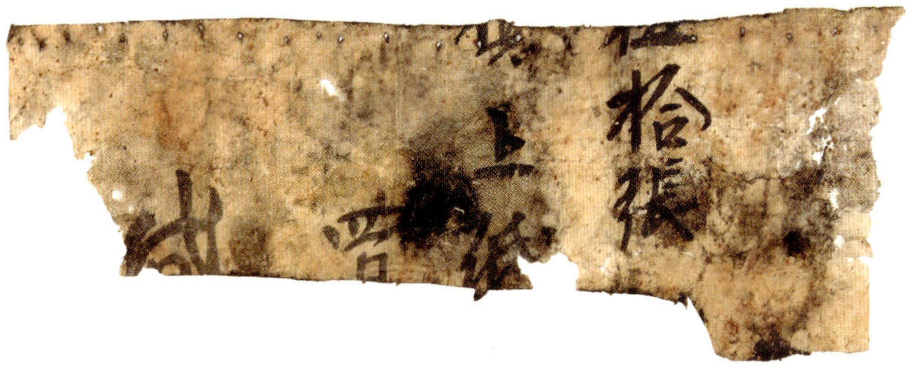

2004TBM223:14-1

巴達木二三三號墓出土文獻

本墓位於巴達木二號臺地第一排康氏塋院内，爲男女合葬墓，曾經盜擾，從女主人鞋上揭出文書殘片若干，均無紀年。考古簡報見考古二〇〇六年第一二期。

一 唐某司領紙文書

本組文書由兩片連屬而成。2004TBM233:14-2後又有横寫「□請貸」等字，爲另件文書。

（一）

（前缺）

1 □伍拾張□

2 □鎮上紙□

3 □四月□

4 □貸□

（後缺）

（二）

（前缺）

1 □拾張□

2 □上件紙□

3 □四□

（中空）

4 □伍

（後缺）

二　唐殘文書

（前缺）

1 □碎□□束□□

2 □碎宷（采）帔大小□

3 □碎細□

4 □上件□□

（後缺）

三　唐殘文書

（前缺）

1 □祑大小九通□

（後缺）

四　唐殘文書

本件文書由2004TBM233:14-2正面與2004TBM233:14-3正面綴合而成。

（前缺）

1 □□請貸，謹牒。

（後缺）

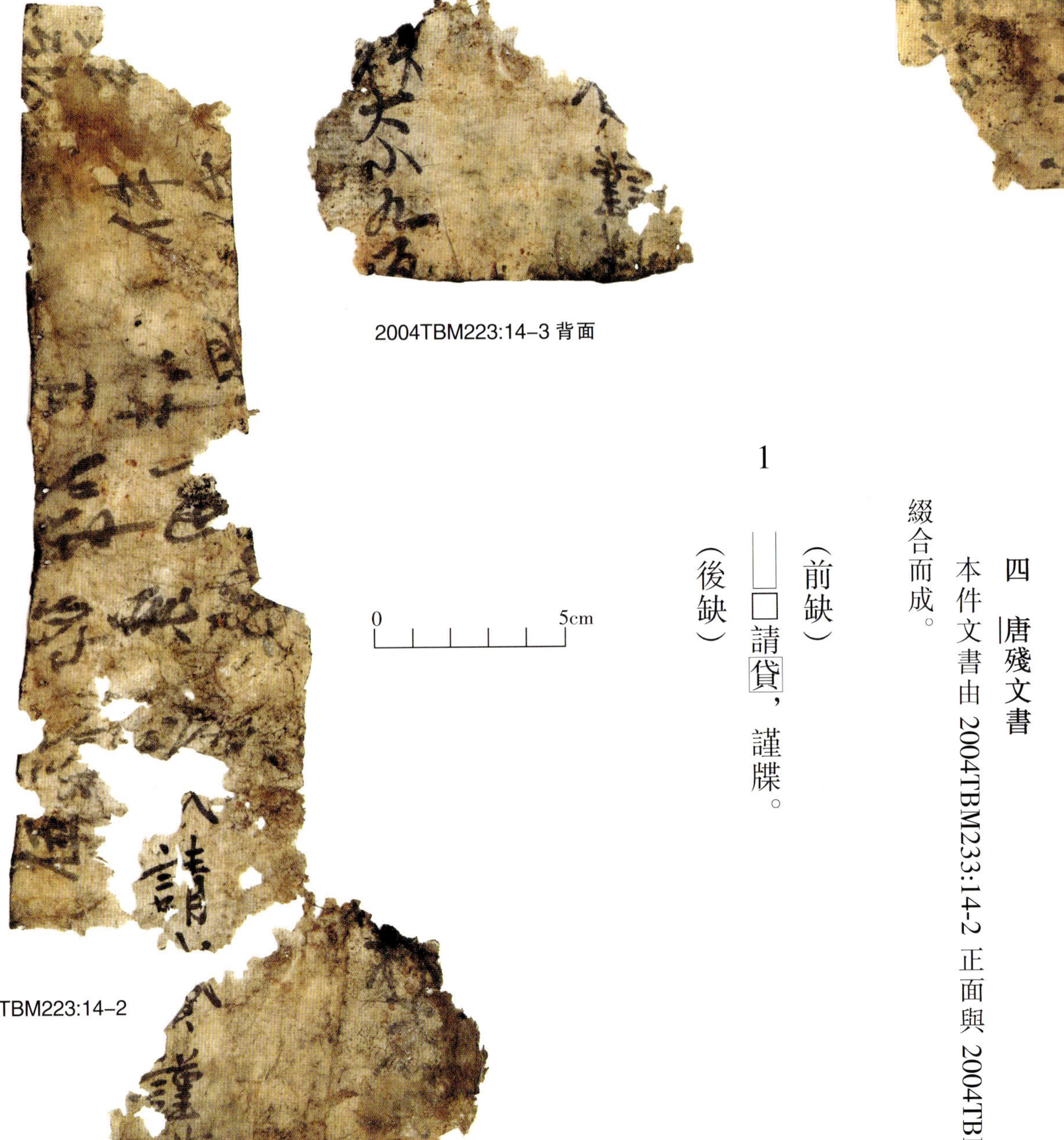

2004TBM223:14-2 背面

2004TBM223:14-3 背面

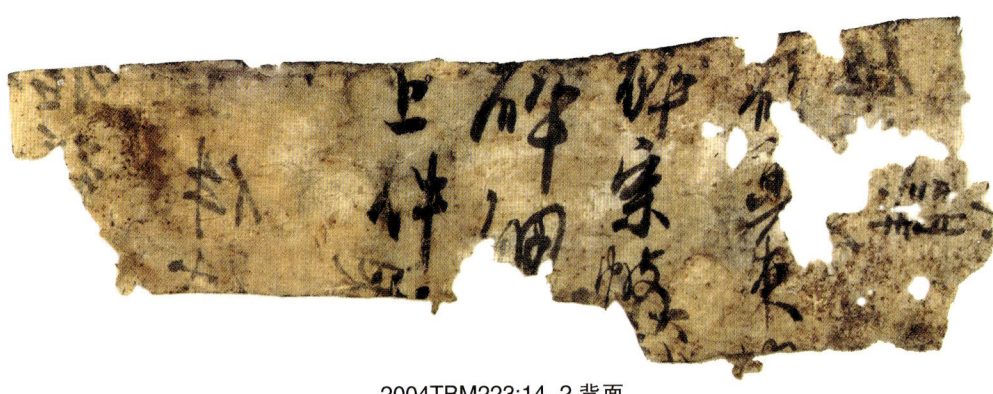

2004TBM223:14-2

2004TBM223:14-3

2004TBM234:11

巴達木二三四號墓出土文獻

本墓位於巴達木二號臺地康氏家族塋院北部偏東，爲第一排第四座墓葬，墓主爲一男性。西鄰二三三號墓，東鄰二三五號墓。墓道口內一點一米處西壁側立麴氏高昌延昌三十七年（五九七）十二月十六日虎牙將軍康□□墓表一方。曾經盜擾，在填土中發現東羅馬金幣一枚。考古簡報見考古二〇〇六年第一二期。

一　麴氏高昌延昌三十七年（五九七）十二月十六日虎牙將軍康□□墓表

本墓表青磚質，銘文面向墓道壁，磚背面用土坯頂靠，邊沿不整齊，呈正方形。邊長37.6cm、厚4cm。墨底，銘文硬筆朱書，字迹部分漫漶。

1　延昌卅七年
2　丁巳歲十二月
3　十六日，虎牙
4　將軍康□
5　□墓。

二　高昌殘文書

本件文書出自墓室。據同墓所出墓表，文書當在高昌延昌三十七年（五九七）以前。

（前缺）

1 □□□

2 □土畔二人邊□

（後缺）

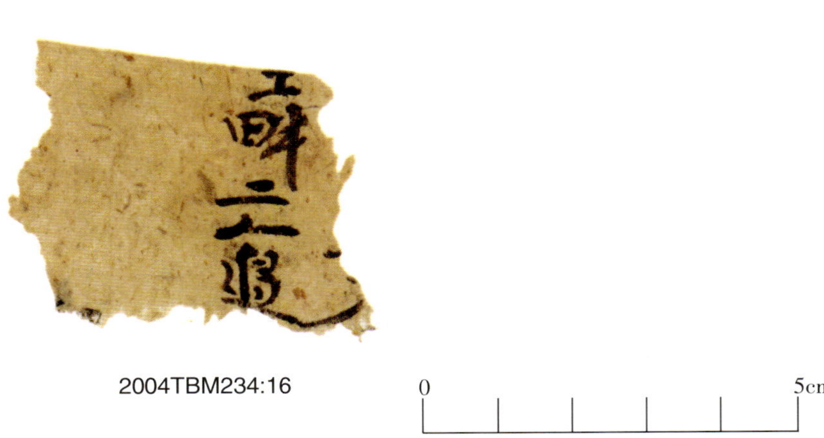

2004TBM234:16

巴達木二三七號墓出土文獻

本墓位於巴達木二號臺地康氏家族墓地外，爲男女合葬墓，曾經盜擾，出土文書殘片若干。考古簡報見考古二〇〇六年第一二期。

一　契約殘片

2004TBM237:1–1

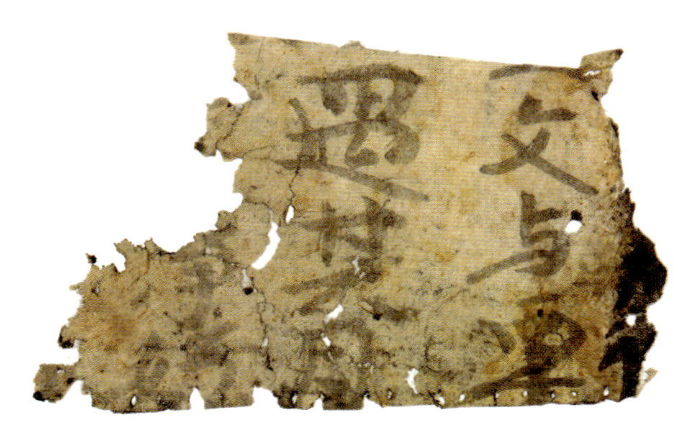

2004TBM237:1–2

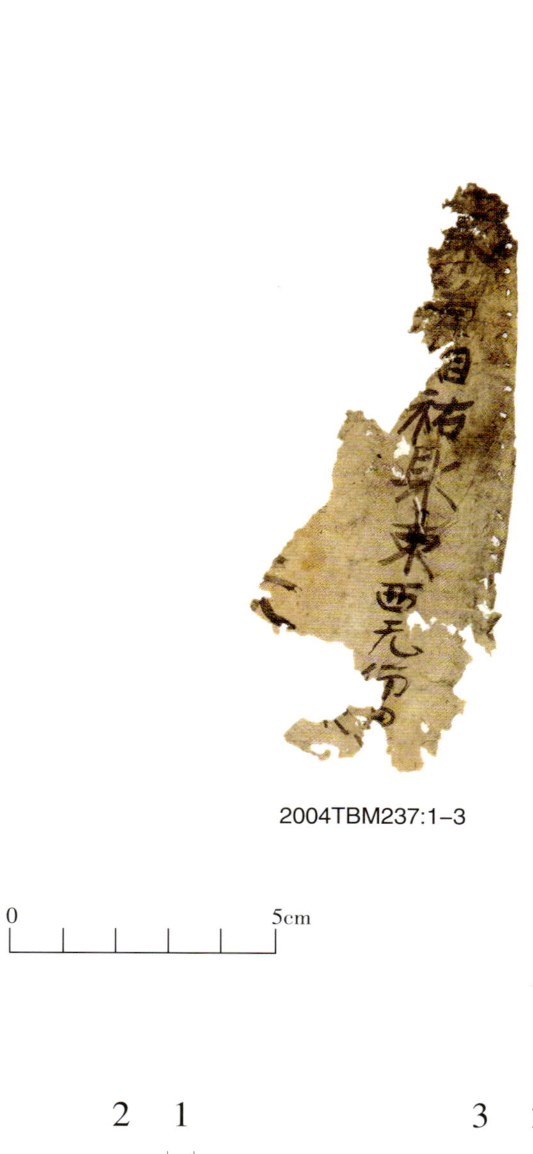

2004TBM237:1–3

（一）

（前缺）

1 □□

2 □文田□

（後缺）

（二）

（前缺）

1 □文与粟

2 過其月

3 浄好

（後缺）

（三）

（前缺）

1 本，若相祐身東西无，仰□

2 □□

（後缺）

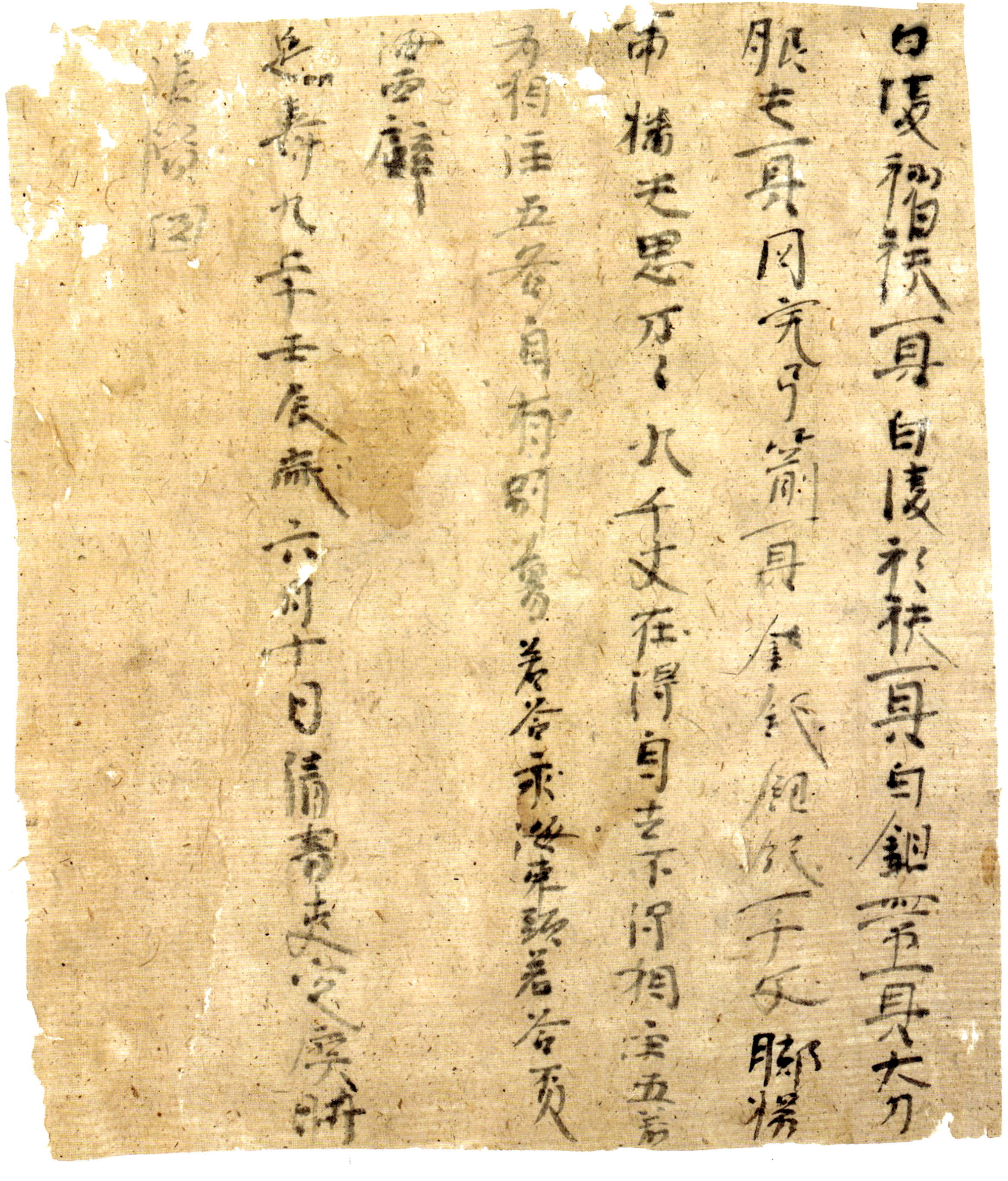

2004TBM245:1

巴達木二四五號墓出土文獻

本墓位於巴達木二號臺地康氏塋院内，爲男女合葬墓，曾經盜擾，出土麴氏高昌延壽九年（六三二）康在得隨葬衣物疏，以及聯珠猪頭紋錦覆面（2004TBM245:2）和聯珠對馬紋錦覆面（2004TBM252:21）各一件。考古簡報見考古二〇〇六年第一二期。

一　麴氏高昌延壽九年（六三二）六月十日康在得隨葬衣物疏

本件隨葬衣物疏出於墓室口西側（東北部）。紀年爲延壽九年壬辰歲（六三二）六月十日，衣物疏主名在得，本墓位於康氏塋院，可以確定墓主姓康。參見陳昊漢唐間墓葬文書中的注（疰）病書寫，唐研究第一二卷（二〇〇六年）。

1 白綾褶袴一具，白綾衫袴一具，白銀帶一具，大刀
2 服(腿)屯一具，冈〔一〕完(椀)弓箭一具，金錢银錢一千文，脚□
3 一兩，播〔二〕天思(絲)万万九千丈。在得自去，不得相注五(仵)，若
4 爲相注五(仵)，各自有別舅(咎)。若谷(欲)求海東頭，若谷(欲)覓
5 海西壁。
6 延壽九年壬辰歲六月十日，倩書吏(李)定度，時〔三〕
7 張賢(堅)固。

注釋

〔一〕「冈」爲「同」之誤，「同」爲「銅」之同音假借。

〔二〕「播」爲「潘」之誤，「潘」爲「攀」之同音假借。

〔三〕「時」下當缺「見」字。

2004TBM247:8

巴達木二四七號墓出土文獻

本墓位於巴達木二號臺地，屬康氏家族塋院，爲男女合葬墓。墓道填土中出土粟特語殘片一片。另有空白紙片一張。考古簡報見考古二〇〇六年第一二期。

一　粟特語唐書信

本件文書出自墓道填土中。因出自康氏墓葬，疑爲粟特墓主人生前之物。參見 Yutaka Yoshida（吉田豊），Sogdian Fragments Discovered from the Graveyard of Badamu，西域歷史語言研究所集刊第一輯（二〇〇七年）。

轉寫：

1 [’](p)wr’βw δnn mz[’yx prn ?]

2 [wγ] (š)’m rty R(B)[k’ xwt’w’?]

漢譯：

〔伏惟公尊體〕動止萬〔福〕……某〔歡慶〕。時〔吾公！……〕

二〇〇四年木納爾出土文獻

木納爾一〇二號墓出土文獻

本墓位於木納爾一號臺地宋氏家族塋院北部，爲男女合葬墓。曾經盜擾。出無紀年移文及唐顯慶元年（六五六）二月十六日宋武歡墓誌。文書有紀年者爲永徽四—六年（六五三—六五五）、龍朔三年（六六三）、麟德二年（六六五）。同墓所出還有金幣等文物。考古簡報見考古二〇〇六年第一二期。

0 5cm

2004TMM102:12

一　唐顯慶元年（六五六）二月十六日宋武歡墓誌

本墓誌出土於墓道中，出土時側立於距墓道口一點二米處的墓道西壁，銘文面壁，青磚質，略呈正方形，長35cm、寬34.5cm、厚4.2cm。墨底，銘文朱書，字迹漫漶。墓誌銘文不見誌主姓氏，但該誌出土於宋氏家族塋院，故定爲宋武歡墓誌。參見高丹丹吐魯番出土某氏族譜與高昌國的家族聯姻，西域研究二〇〇七年第四期。

1　君諱武歡，字□，西州永安人也。君，兵
2　曹參軍之嫡孫，司馬之貴子。生
3　□□下，有反哺之心；長堪强仕，
4　□盡節之志。不驕不貴，出自衽
5　生；行恭行敬，廪（稟）茲天性。我君光
6　武王尚其高行，拜從行參軍
7　事。計當与金石同固，保守長（壽）
8　年，掩然遷化。春秋六十一。顯慶元年
9　二月十六日葬於永安城北。嗚呼哀哉。

2004TMM102:6

0 5cm

2004TMM102:4

二 唐顯慶元年（六五六）宋武歡移文

本件文書出於墓室，據同墓所出唐顯慶元年（六五六）二月十六日宋武歡墓誌及移文所記爲男性用品，故定爲唐顯慶元年宋武歡移文。本移文前面一紙形態完整，後有接縫痕迹，且文字内容未完；後紙内容與前紙相接，書體一致，且兩件文書接合處文字「攀天糸万々九」與「千丈」正好可以接續，故很可能爲同一移文。前紙背面無字，後紙背有唐永徽四年八月安西都護府史孟貞牒爲勘印事[二]。推測移文一紙寫畢，而内容未完，故用永徽文書背面續寫。參見劉安志跋吐魯番新出唐顯慶元年（六五六）西州宋武歡移文，魏晉南北朝隋唐史資料第二三輯（二〇〇七年）。

1 移文　腳靡一具　腳赦(斂)一枚　穴(靴)良(跟)里[一]一具　根袴一具　涅(汗)

2 衫一領　朱衣籠管(冠)具　白綾褶袴十具　紫綾褶袴十

3 具　白練衫袴十具　白銀朱帶一具　錦被蓐(褥)三具　被

4 錦一千張　雜色綾練各一千段　布疊一千疋　金錢一万文

5 銀錢二万文　金刀子具　牛羊一千頭　奴婢十具　金眼

6 籠具　燕明一枚　孝經一卷　筆研(硯)具　石灰三㪷(斛)五穀

7 具　雞鳴一枚　玉墜一雙　耳抱具　攀天糸(絲)万々九

- - - - - - - - - - - - - - - - - - - -

8 千丈□

9 正信仏弟子竟(敬)移□

10 若欲覓海西辟(壁)‖時□

11 度　不得奄葛(遏)留亭(停)　急急汝(如)律令□

12 悉　平生上條所用之物｜上所求好去

（餘白）

注釋

[一]「里」爲「鞸」之省，「鞸」爲「履」之同音假借。

2004TMM102:42a

2004TMM102:44a

三 唐永徽四年（六五三）八月安西都護府史孟貞等牒爲勘印事

本組文書出自墓室，共計十殘片，據紙質、形狀、內容判定爲同一組文書，但文字已不能接續。除個別可綴合殘片外，將其餘較爲完整的殘片按出土編號順序排列，不成句之殘片隨後。隆悦與麴積（即麴善積）又見徵集文書唐永徽五年至六年（六五四—六五五）安西都護府案卷爲安門等事，隆悦，永徽六年正月廿二日任安西都護府參軍事；善積，永徽五年十月廿四日任參軍判户曹事。參見雷聞關文與唐代地方政府内部的行政運作——以新獲吐魯番文書爲中心，中華文史論叢二〇〇七年第四輯。

（一）

（前缺）

1 □勘□總□□ [一]

2

3 衛士□ 事。

4 謹牒。

5 八日史 史□

（後缺）

注釋

[一] 此行爲朱筆。

（二）

（前缺）

1 □ □□□

2 □歡文、蒲□

3 □□

4 八月十二日□

5 參軍

6 勘印，隆[一]

7 十四

（後缺）

注釋

[一] 「隆」字下當有「悦白」二字。

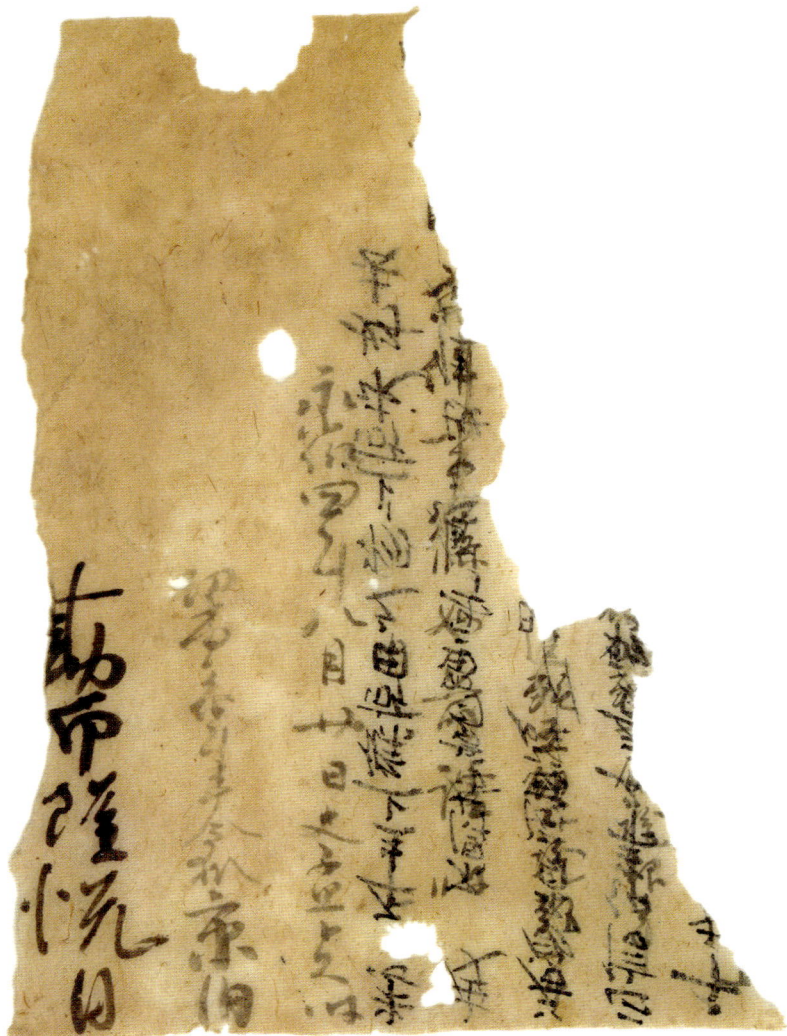

2004TMM102:6 背面

（三）

（前缺）

1 □□氈七領訖報事。

2 □□氈五領々訖報事。

3 □前件事條如前，謹牒。

4 永徽四年八月廿日史孟貞牒。

5 功曹參軍事令狐京伯

6 勘印，隆悦白。

（後缺）

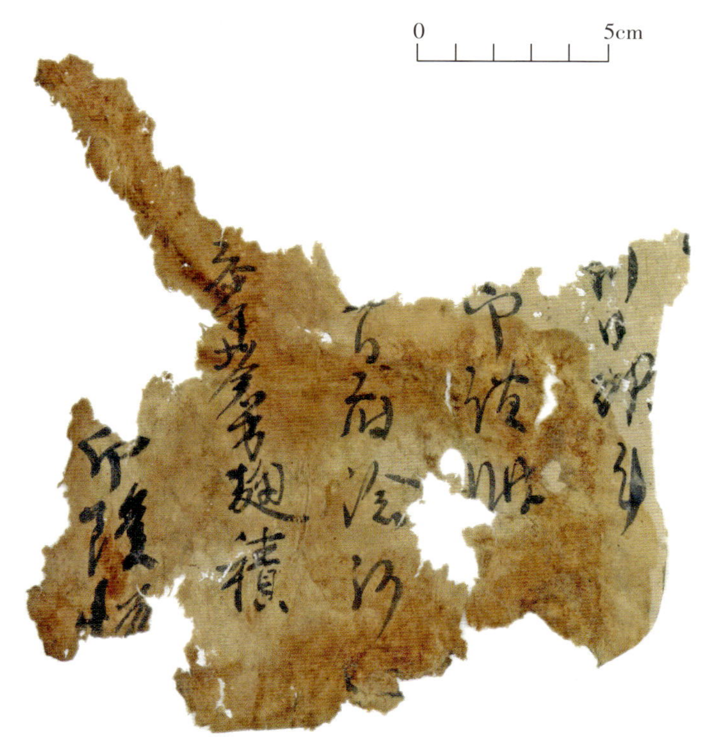

2004TMM102:39

（四）

（前缺）

1 □

2 判日□事

3 印謹牒。

4 □日府陰河牒。

5 參軍判倉曹麴積

6 印，隆悦

（後缺）

2004TMM102:41b　　2004TMM102:41a

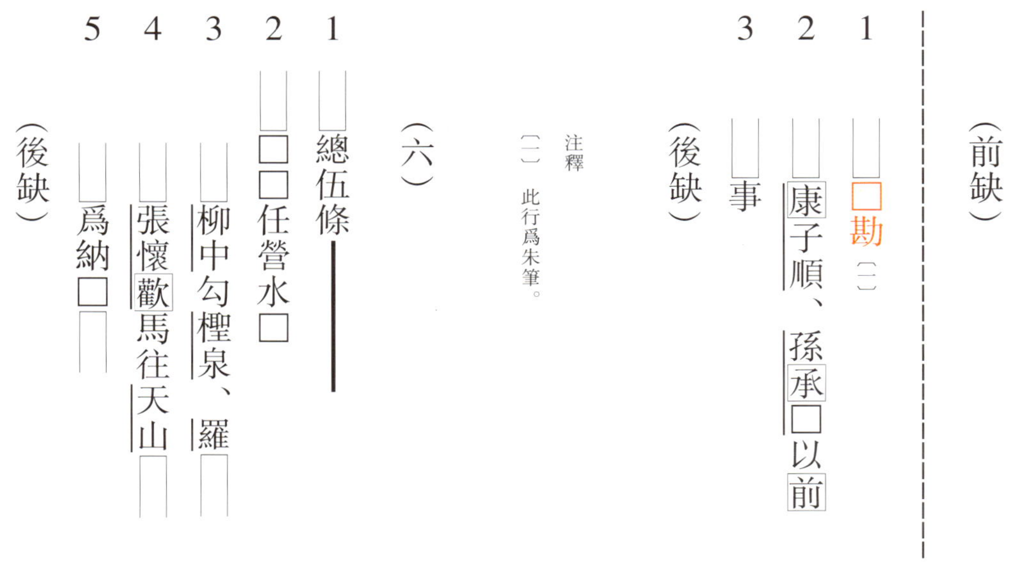

（五）

（前缺）

1 □勘[一]

2 康子順、孫承□以前

3 事

（後缺）

注釋

[一] 此行爲朱筆。

（六）

1 總伍條——

2 □□任營水□

3 柳中勾梩泉、羅

4 張懷歡馬往天山

5 爲納□

（後缺）

2004TMM102:41c+2004TMM102:42b

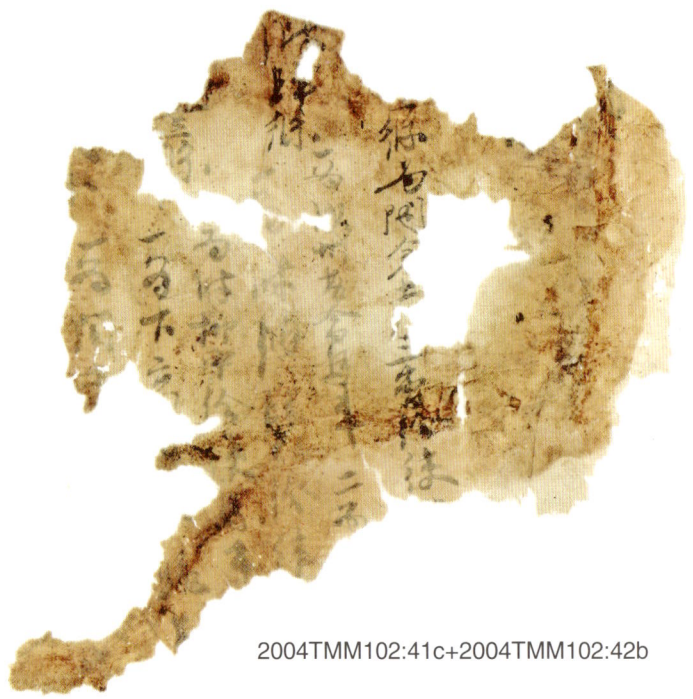

（七）

（前缺）

1 □

2 □

3 ▭壹條爲關倉士户三曹給使□▭

4 ▭牒肆條（一爲沙州勘合馬事 一爲牒納職給使▭ 二爲▭）

5 ▭叁條（一爲牒柳中給使□事 一爲下高▭驢事）

6 ▭（一爲關□▭）

（後缺）

2004TMM102:41d

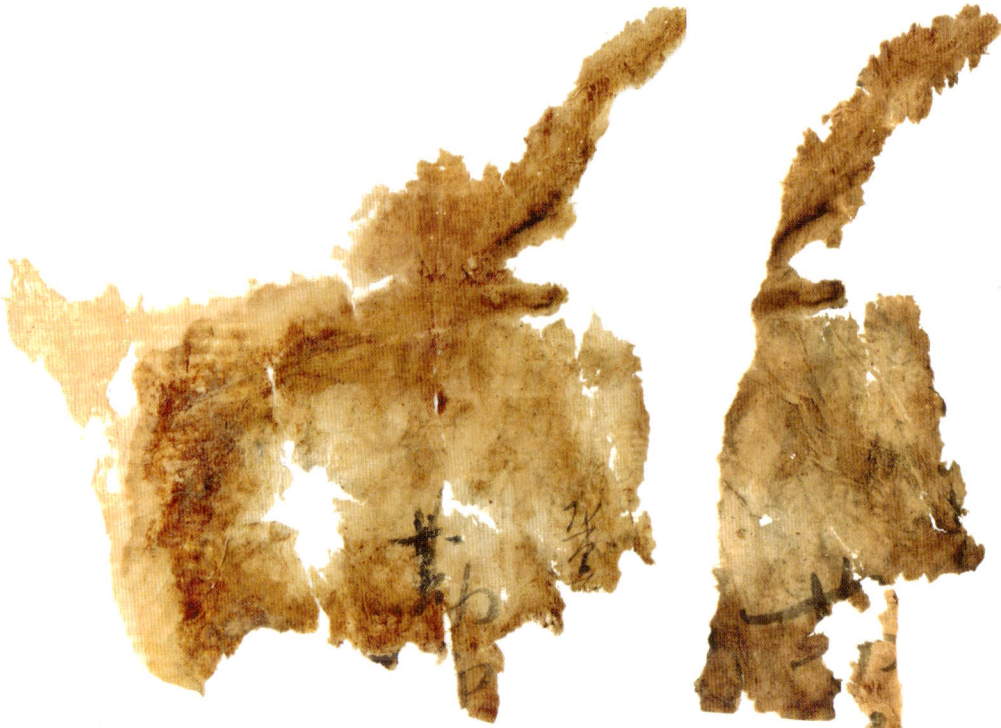

（八）

（前缺）

1 ▭□二▭

2 ▭□□▭

（後缺）

2004TMM102:43a+2004TMM102:43b

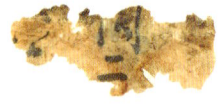

（九）

（前缺）

1 □□□□

2 勘印，▭隆悅白。

3 ▭日

2004TMM102:43c

（一〇）

（前缺）

1 功曹參▭

2 勘印▭

（後缺）

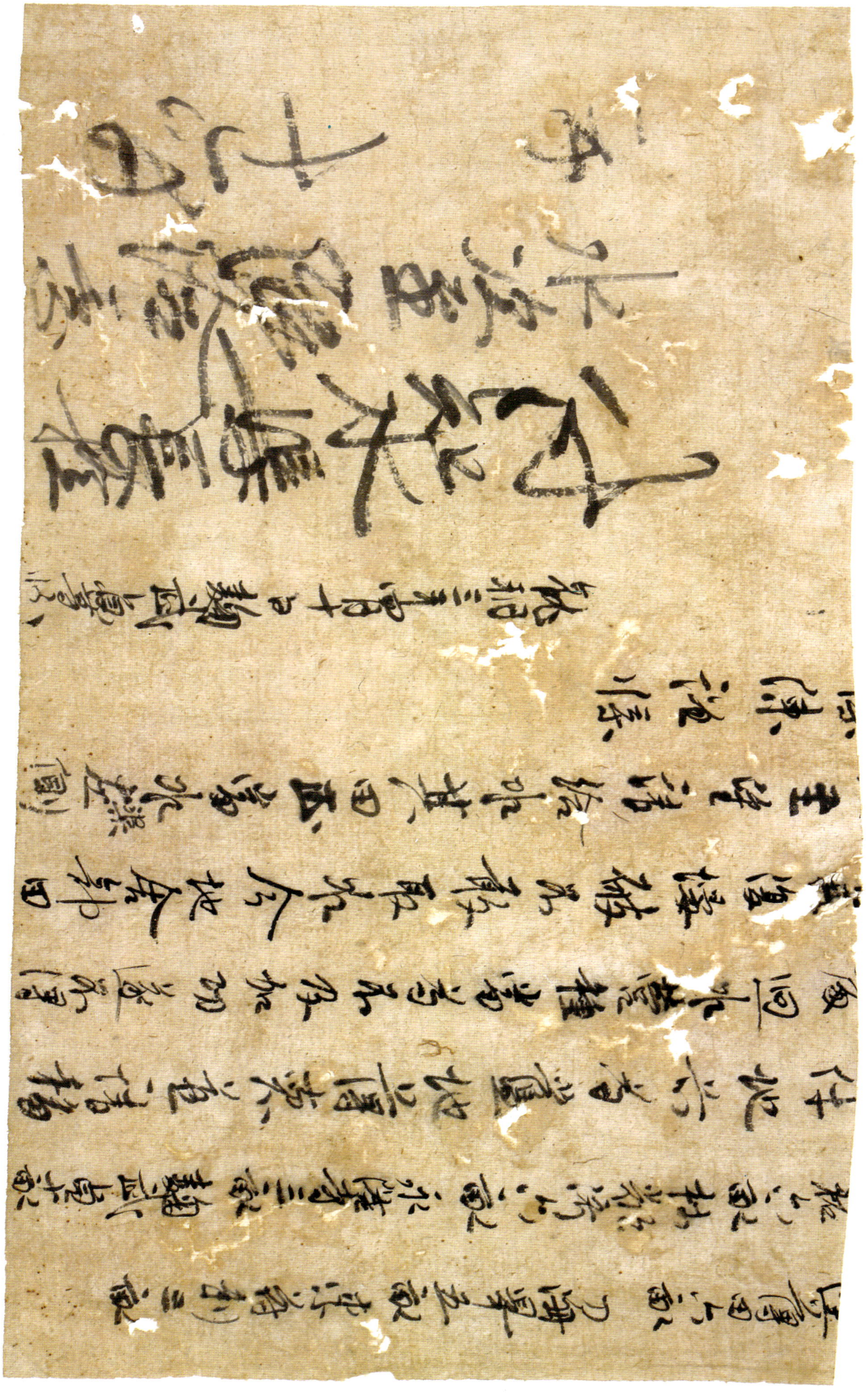

2004TMM102:3

四　唐龍朔三年（六六三）四月十日西州高昌縣麴武貞等牒爲請給水事

本件文書出自墓室。永隆寺又見高昌合計馬額帳（二）（72TAM151:98，吐魯番出土文書貳，九五頁）、高昌買馱、入練、遠行馬、郡上馬等人名籍（72TAM151:56，吐魯番出土文書貳，九六頁）、唐西州高昌縣順義等鄉勘田簿（二）（64TKM1:49，64TKM1:59，吐魯番出土文書貳，一四頁）及武周長安二年（七〇二）西州王行狀爲申送僧尼赴州事（73TAM518:2/3-3，吐魯番出土文書叁，四五一頁）；麴武貞又見武周天授二年（六九一）西州高昌縣諸堰頭等申青苗畝數佃人牒（大谷二三七四，中國古代籍帳研究，三二七頁；大谷文書集成壹，八八頁，圖八二）。

（前缺）

1 □□□薄田六畝　刀海舉五畝　索苻利三畝
2 □□祐六畝　林歡濟六畝　永隆寺三畝　麴武貞十畝
3 □件地，前爲舊地薄惡，並請移
4 □處，迴水營種，當爲不及加功，遂不得
5 □，兼復堰破，不敢取水。今地舍部田
6 □至，望請給水，其田正當水渠左側，
7 牒陳，謹牒。
8 龍朔三年四月十日麴武貞等牒
9 付知水、渠長，檢
10 水次至，依給。素
11 示。十六日

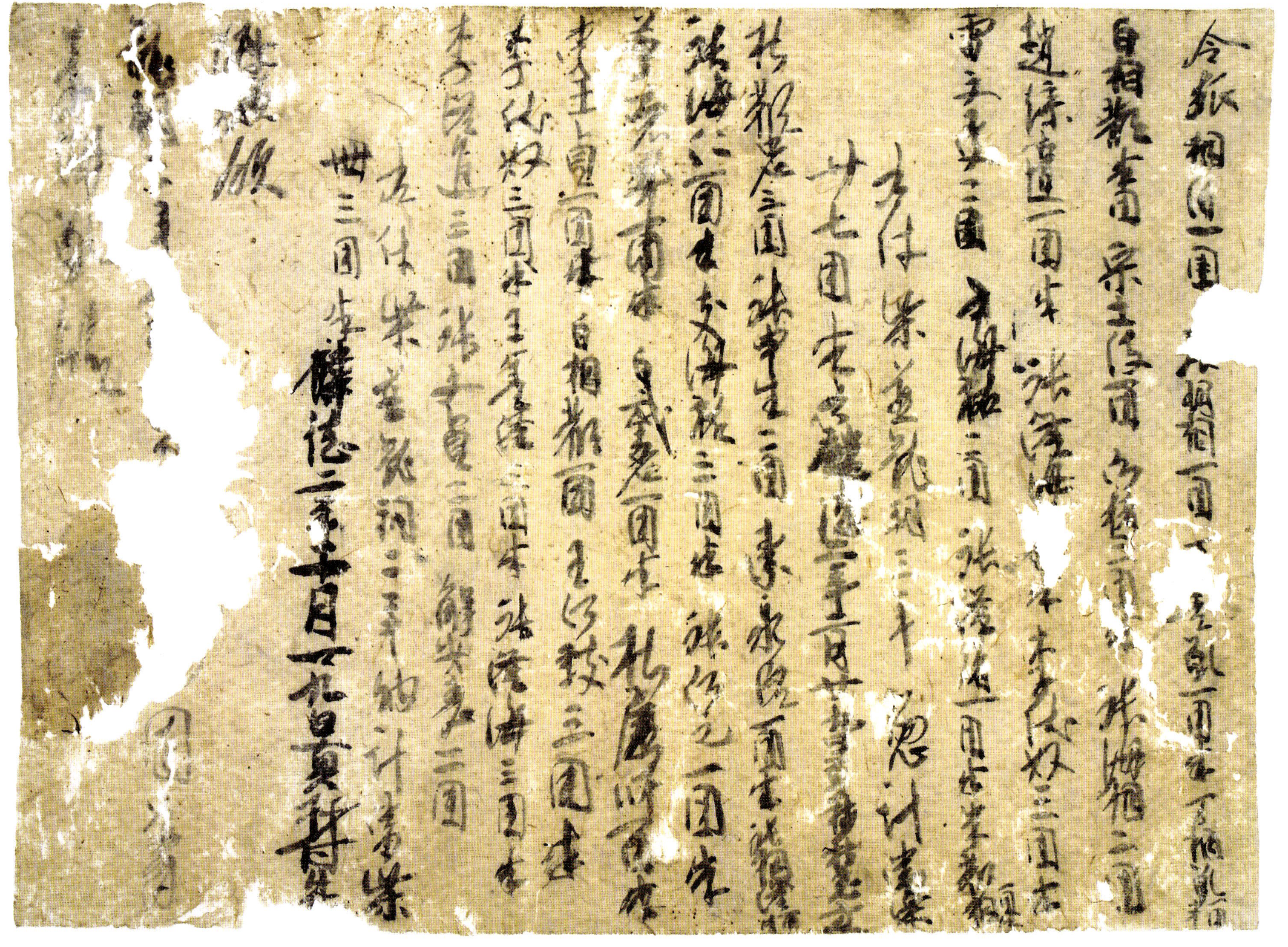

2004TMM102:5

五　唐麟德二年（六六五）西州高昌縣付龍朔三年（六六三）、二年柴抄

本件文書出自墓室。其中令狐相伯見唐西州高昌縣順義等鄉勘田簿（二）（64TKM1:49、64TKM1:59，吐魯番出土文書貳，一三頁）；張海相見唐翟建折等雜器物帳（72TAM150:46，吐魯番出土文書叁，二八頁）；張海仁見武周載初元年（六八九）西州高昌縣甯和才等户手實（七）（64TAM35:65<a>，吐魯番出土文書叁，五〇九頁）；張文貞見唐史衛智牒爲軍團點兵事（73TAM191:32<a>，吐魯番出土文書叁，二八六頁）。

1 令狐相伯一圍　張明相一圍　□□願一圍半　丁柄願一圍半
2 白相歡半圍　宋士俊一圍　何楮三圍半　張海相二圍
3 趙緤達一圍半　張隆海□[一]圍半　李伏奴三圍半
4 雷文受二圍　尹海祐二圍　張隆緒一圍半　朱歡相一圍半
5 右件柴並龍朔三年總計當柴
6 廿七圍半。右麟德二年二月廿九日真抄，杜志立[二]。
7 杜歡忠三圍　張申生二圍　索泉堅一圍半　張相隆一圍半
8 張海仁一圍半　支海祐三圍半　張何元一圍半
9 蕁德昇一圍半　白武憙一圍半　杜康師一圍半
10 索王貞一圍半　白相歡一圍　王何致三圍半
11 李伏奴三圍半　王善隆三圍半　張隆海三圍半
12 李堅進三圍　張文貞二圍　解安惠二圍
13 右件柴並龍朔二年納，計當柴
14 卌三圍半。麟德二年二月廿九日真抄，付朱
15 海願領。
16 龍朔二年□　□圍半，付
17 朱海願領。

注釋

[一] 缺字當是「三」。

[二] 「杜」字上疑省「付」字，「立」字下疑省「領」字。

2004TMM102:34b
2004TMM102:32

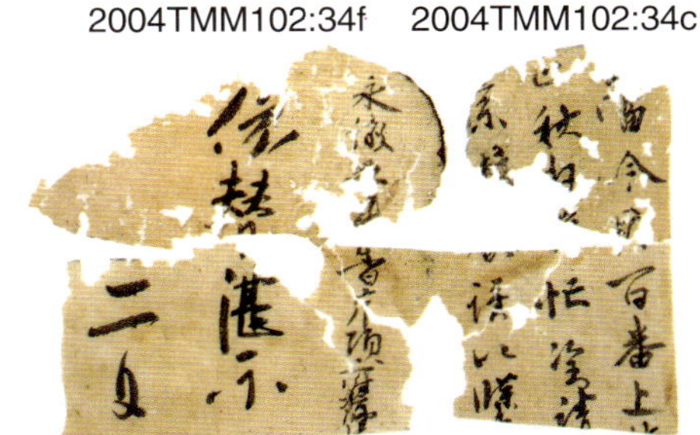
2004TMM102:34f　2004TMM102:34c
2004TMM102:35c　2004TMM102:36d　2004TMM102:35b

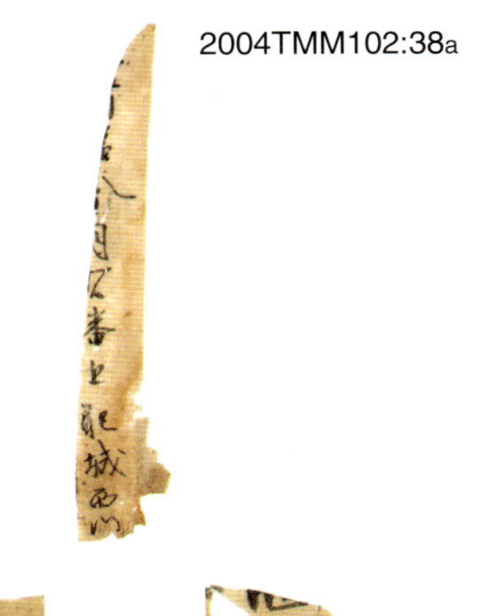
2004TMM102:38a

2004TMM102:37c　2004TMM102:36a

2004TMM102:37d　2004TMM102:36b

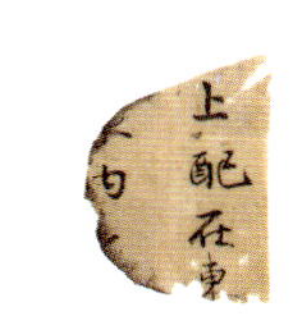
2004TMM102:36c

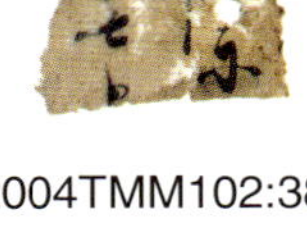
2004TMM102:38c

2004TMM102:36e

2004TMM102:34d

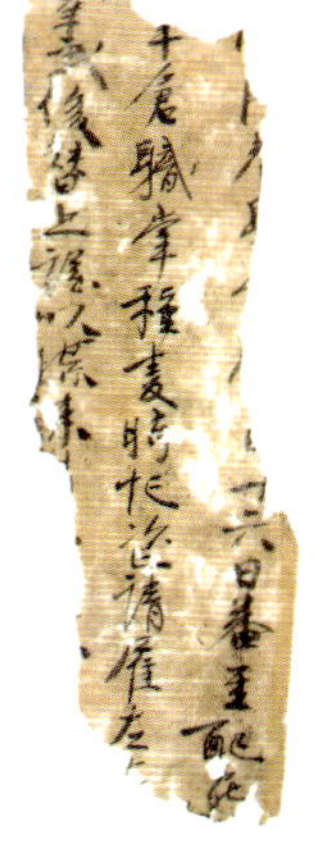
2004TMM102:33

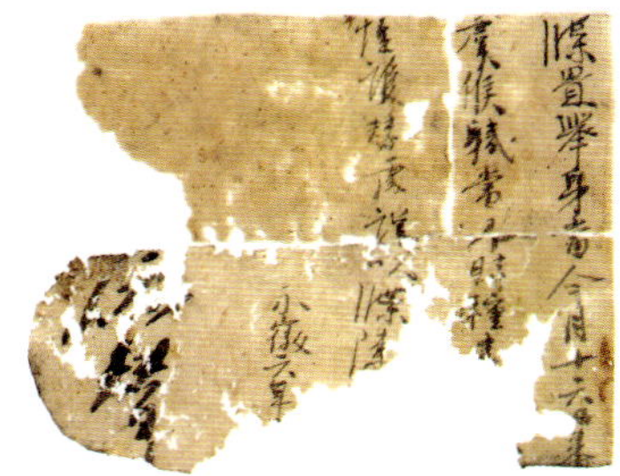
2004TMM102:35a　2004TMM102:38d
2004TMM102:34e
2004TMM102:35d
2004TMM102:34g

唐永徽五年、六年西州諸府主帥牒爲請替番上事全貌

六　唐永徽五年（六五四）九月西州諸府主帥牒爲請替番上事

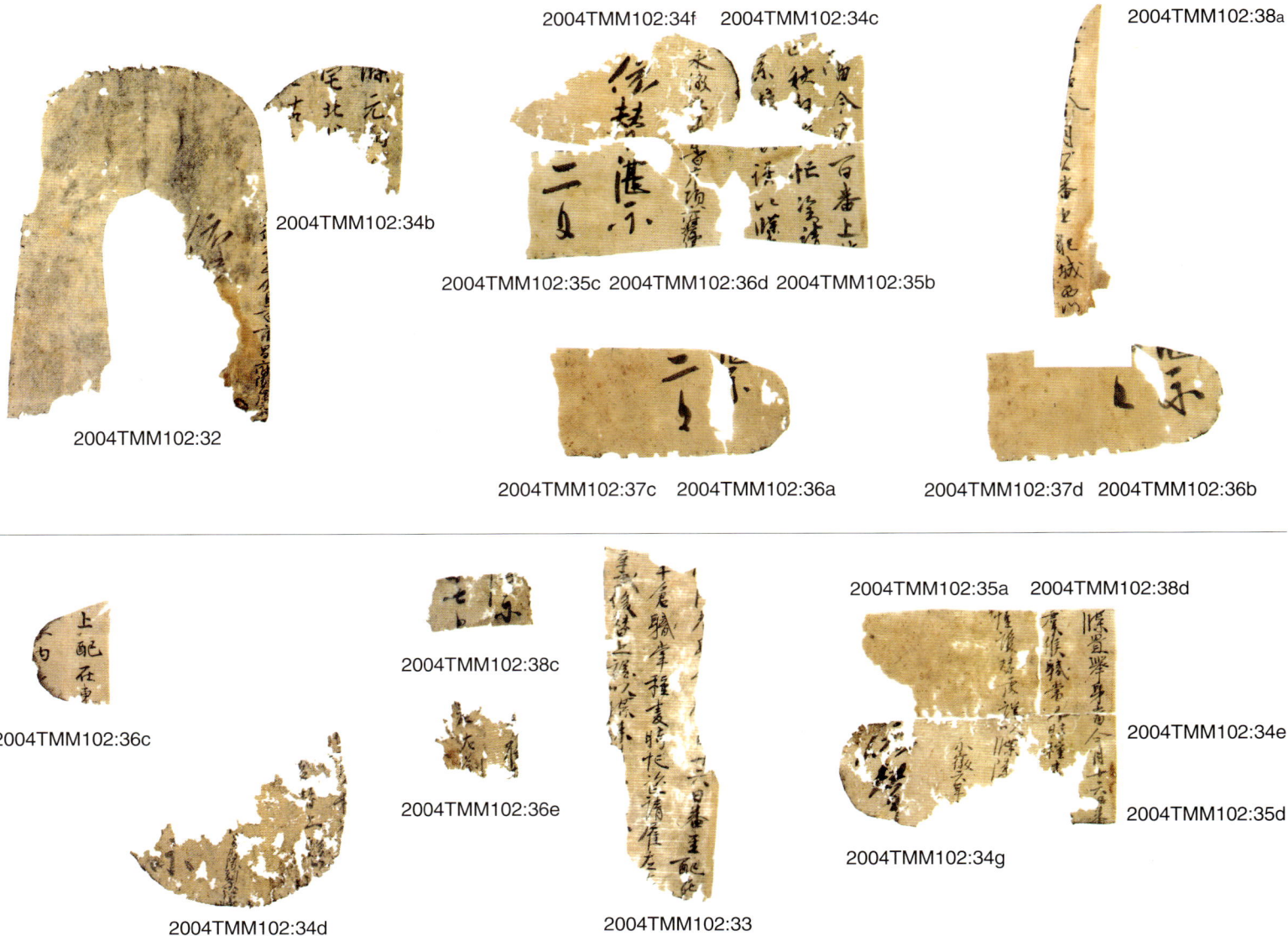

本組文書出自墓室，共四十三件殘片，有些可以綴合。可分爲兩組，2004TMM102:38a、2004TMM102:36b＋2004TMM102:37d、2004TMM102:34c＋2004TMM102:35b＋2004TMM102:34f＋2004TMM102:36d＋2004TMM102:35c、2004TMM102:36a＋2004TMM102:37c、2004TMM102:34b＋2004TMM102:32屬一組，爲永徽五年九月一日、二日岸頭、蒲昌等府牒爲秋收時忙請替番上事，而2004TMM102:38d＋2004TMM102:34e＋2004TMM102:35d＋2004TMM102:35a＋2004TMM102:34g、2004TMM102:33、2004TMM102:38c、2004TMM102:36e、2004TMM102:34d屬另一組，爲永徽六年某月十六日、十七日蒲昌等府牒爲種麥時忙請替番上事。其餘不能歸入任何一組的文書殘片附後。參見孟憲實唐代府兵番上新解，歷史研究二〇〇七年第二期。

2004TMM102:37d

2004TMM102:36b

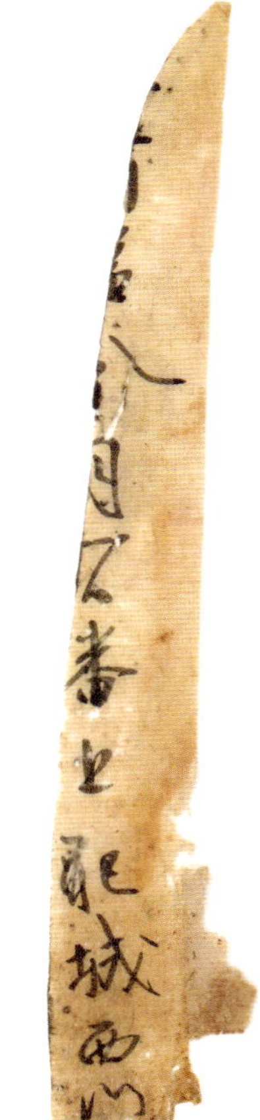

2004TMM102:38a

（一）

1 □：□□身當今月一日番上，配城西門□

（後缺）

（二）

（前缺）

1 □湛示

2 □一日

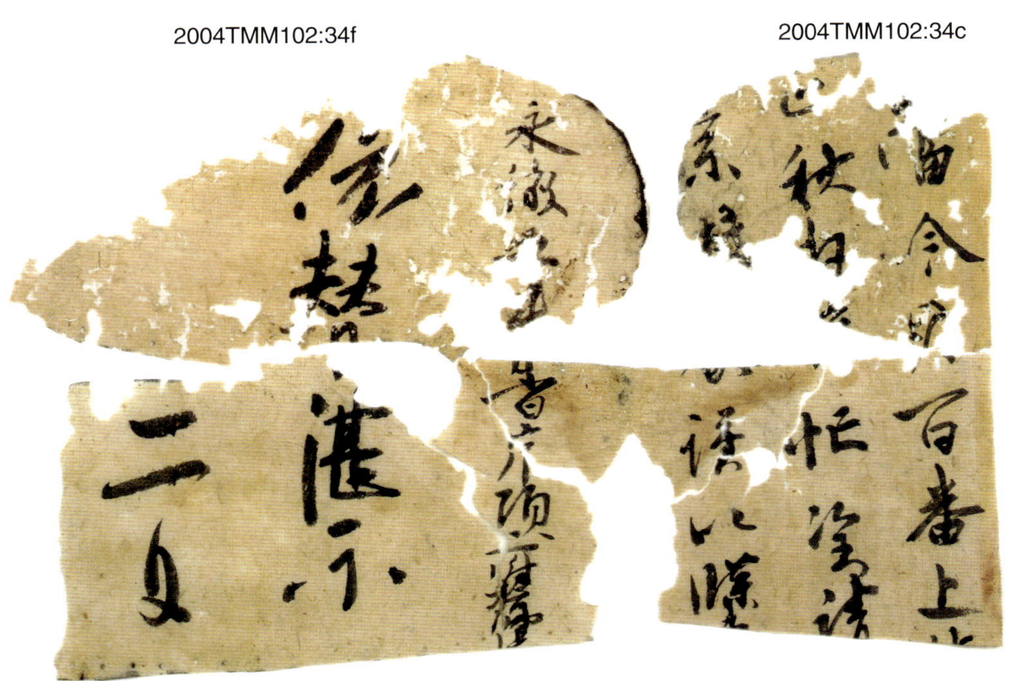

2004TMM102:34f　2004TMM102:34c

2004TMM102:35c　2004TMM102:36d　2004TMM102:35b

2004TMM102:37c　2004TMM102:36a

（三）

□當今月一日番上，□□
□正，秋收時忙，咨請□
□□替處，謹以牒陳，□
永徽五年九月一日岸頭府旅帥張□
依替湛示
二日

（四）

（前缺）

□湛示
□二日

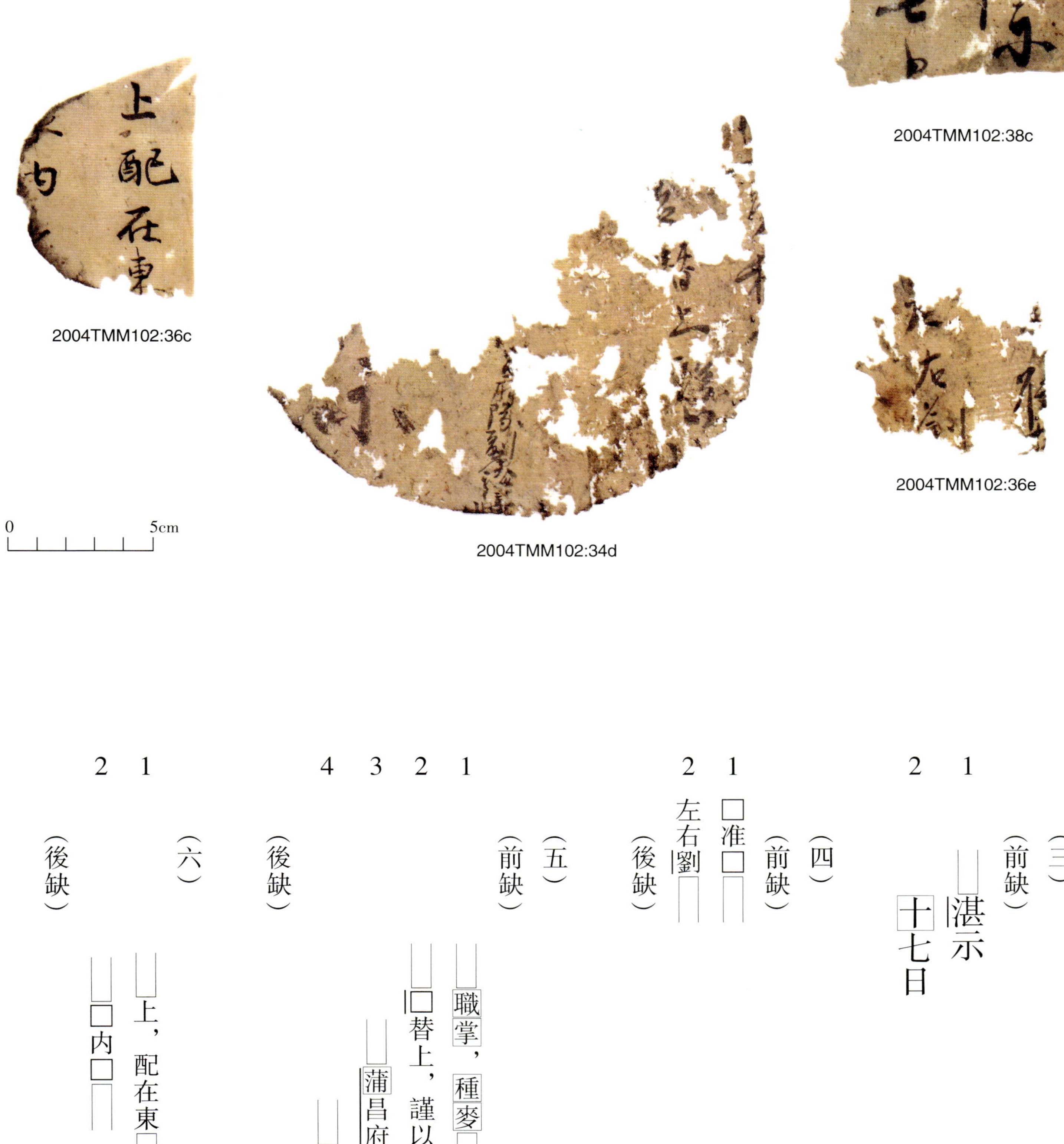
2004TMM102:38c

2004TMM102:36c

2004TMM102:34d

2004TMM102:36e

（三）

（前缺）

1 湛示

2 十七日

（四）

（前缺）

1 □准□

2 左右劉

（後缺）

（五）

（前缺）

1 職掌，種麥

2 □替上，謹以

3 蒲昌府隊副康護牒。

4 示

（後缺）

（六）

1 上，配在東

2 □內□

（後缺）

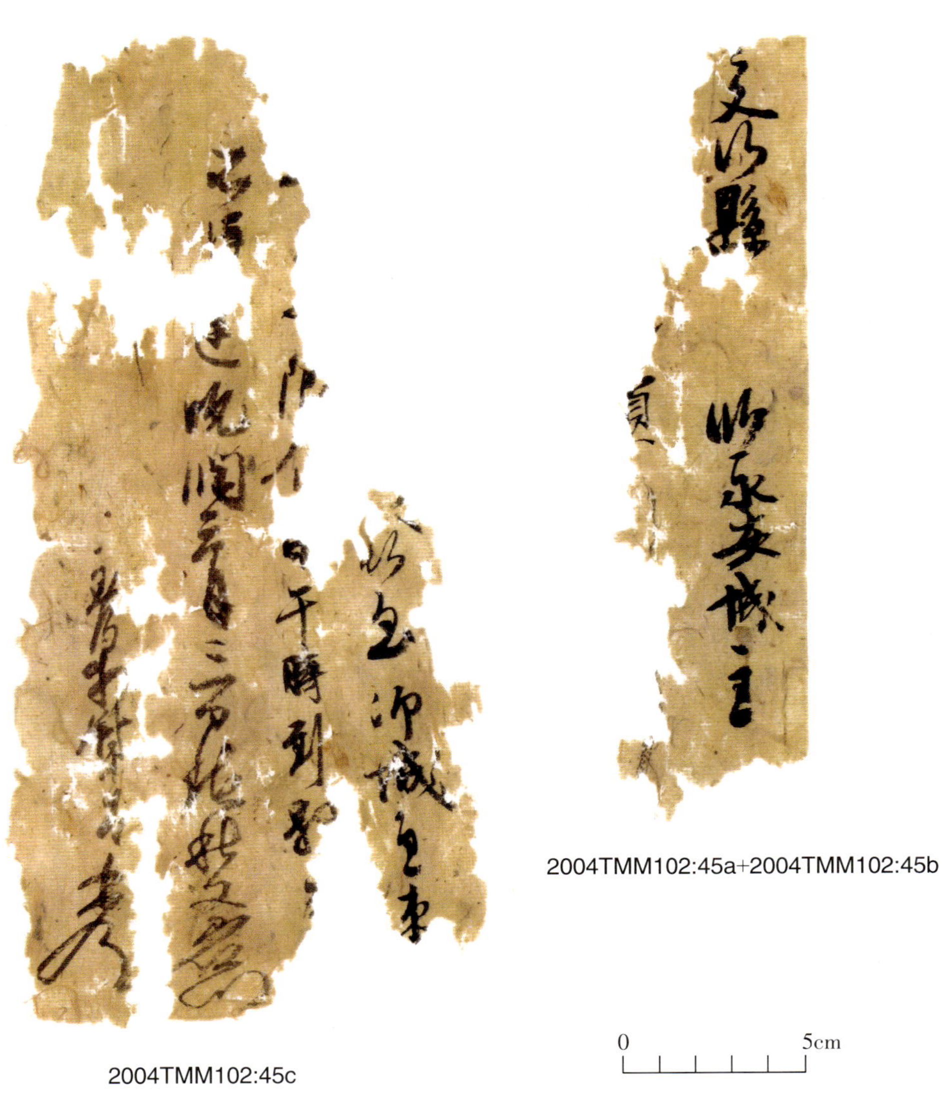

2004TMM102:45a+2004TMM102:45b

2004TMM102:45c

0　5cm

八　唐麟德二年（六六五）閏三月三日西州交河縣張秋文帖永安城主爲限時到縣司事

本組文書出自墓室，由三殘片綴合而成。同墓出土文書有紀年者分別爲唐永徽四—六年（六五三—六五五）、龍朔三年、（六六三）麟德二年（六六五），而據陳垣二十史朔閏表高宗麟德二年閏三月，推測本文書寫於麟德二年。參見徐暢敦煌吐魯番出土文獻所見城主新議，西域研究二〇〇八年第一期。

1　交河縣　帖永安城主

2　□□——

（中缺）

3　□帖至，仰城主速□

4　□□□，限今日午時到縣司□

5　不得遲晚。潤（閏）三月三日張秋文即日帖

6　主簿判尉李秀

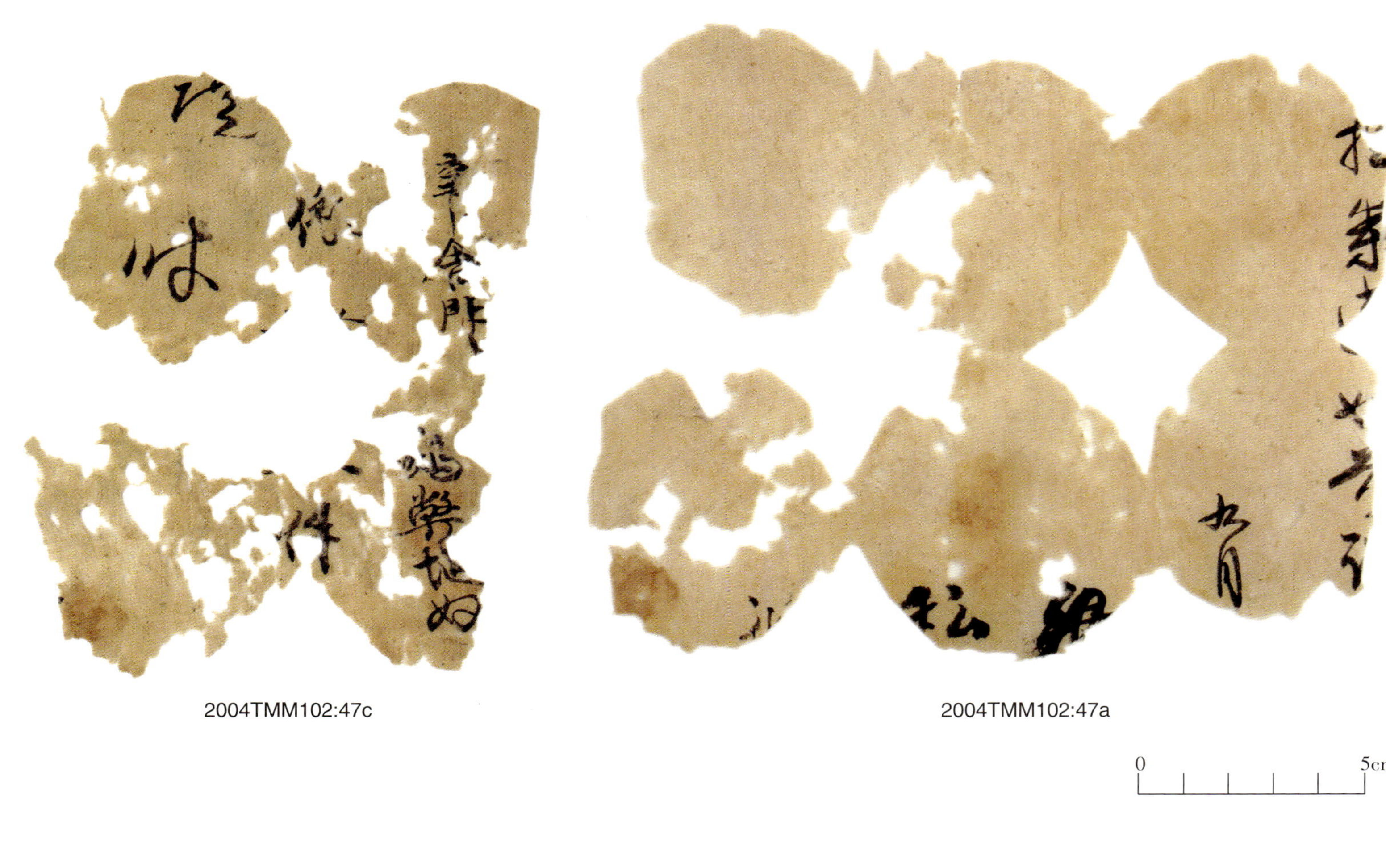

2004TMM102:47c　　2004TMM102:47a

九　唐殘牒

本件文書原紙剪成圓形冥幣狀，一組六枚冥幣相連，每枚直徑3.7cm。

（前缺）

1 □檢案連如前，謹□

2 　　　九月□

3 　　　　　□□

4 　　　　　私□

5 　　　　　□□

（後缺）

一〇　唐殘牒

本件文書原紙剪成圓形冥幣狀，一組四枚冥幣相連，每枚直徑3.7cm。

（前缺）

1 □辛舍門　雞弊埴奴　□

2 □依檢上件□

3 □，謹牒。

（後缺）

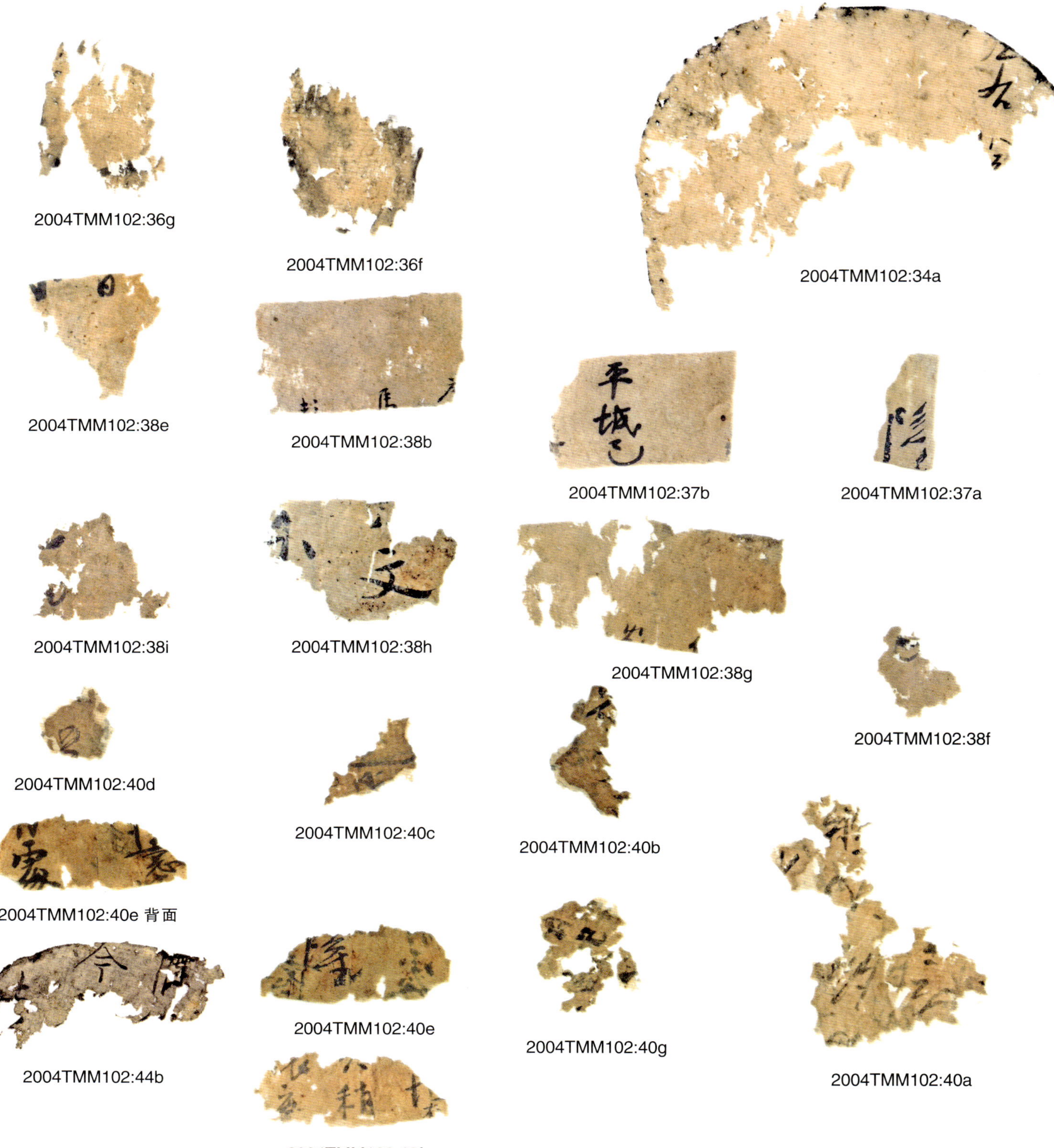
2004TMM102:36g
2004TMM102:36f
2004TMM102:34a
2004TMM102:38e
2004TMM102:38b
2004TMM102:37b
2004TMM102:37a
2004TMM102:38i
2004TMM102:38h
2004TMM102:38g
2004TMM102:38f
2004TMM102:40d
2004TMM102:40c
2004TMM102:40b
2004TMM102:40e 背面
2004TMM102:40a
2004TMM102:44b
2004TMM102:40e
2004TMM102:40g
2004TMM102:40f

一一　唐文書殘片若干

洋海墓地外景

一九九七年洋海出土文獻

洋海一號墓出土文獻

本墓位於吐魯番鄯善縣洋海墓地，爲男女合葬墓，男裹女外，男性先葬，曾經盜擾。一九九七年十月吐魯番地區文物局進行搶救發掘，有女性缺名衣物疏，無紀年，另面爲闞氏高昌永康十二年（四七七）閏月十四日張祖買奴券。同墓又出曆日寫本，據考爲永康十三、十四年曆日，據此推測，本墓年代下限在永康年間。本墓北側有一被盜掘一空的墓葬，内棄置一件木牌，隱約可見「威神城主張祖」數字，當爲張祖墓表，推測爲盜墓者從洋海一號墓中取出，棄置於此，加之無名衣物疏寫於張祖買奴券背面，因疑此墓主爲張祖。簡報見敦煌吐魯番研究第一〇卷（二〇〇七年）。

本墓所出隨葬典籍寫本平整放置於墓室西南角，其他文書均拆自墓主紙鞋，内容以帳爲主；根據内容，可以分爲三組，第一組爲闞氏永康年間供物、差役帳；第二組爲闞氏高昌綵毯帳；第三組爲殘文書，包括性質不明名籍等。張祖生前或是威神城主，本墓所出文書多屬闞氏高昌時期（四六〇—四八八）。

一　闞氏高昌張祖墓表

本件木牌出自洋海一號墓北側墓中，疑是盜掘者從一號墓移置於此。吐魯番出土唐西州前墓誌多自稱「墓表」，故此定名爲「張祖墓表」。

1　□□威神城主張祖

2　（前缺）□侍参

3　（前缺）　（後缺）

97TSYM1:22

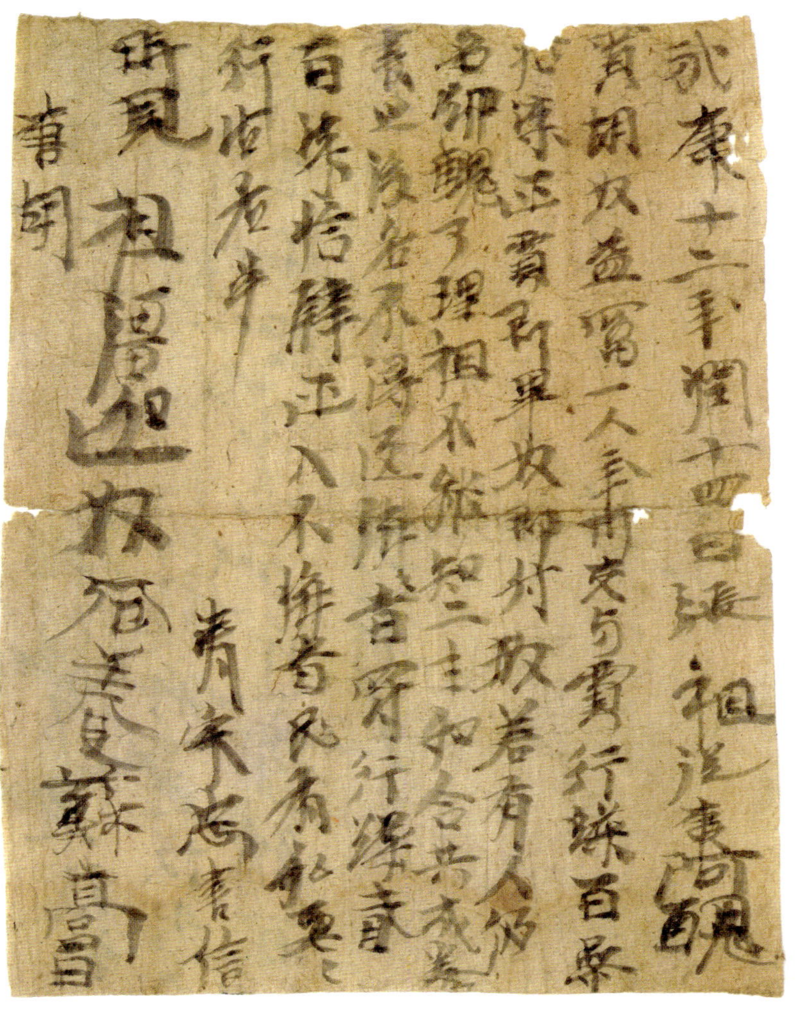

97TSYM1:5

二　闞氏高昌永康十二年（四七七）閏月十四日張祖買奴券

本件文書呈長方形，紙型完整。紙中間部分有折痕。背面爲女性缺名隨葬衣物疏。契約内容完整，背面有「合同文」三個大字。知見人祖彊，見同墓出文書闞氏高昌某年祖彊訴辭爲房舍事（97TSYM1:6）。參見柳方吐魯番新出的一件奴隸買賣文書，吐魯番學研究二〇〇五年第一期；榮新江新獲吐魯番文書所見的粟特，吐魯番學研究二〇〇七年第一期。

1 永康十二年潤（閏）[一]十四日，張祖從康阿醜
2 買胡奴益富一人，年卅，交與賈行緤百叁
3 拾柒疋。賈（價）即畢，奴即付。奴若有人仍（認）
4 名，仰醜了理，祖不能知。二主和合，共成券
5 書之後，各不得返悔，々者罰行緤貳
6 百柒拾肆疋，入不悔者。民有私要，々
7 行[二]，沽各半。　請宋忠書信，
8 時見祖彊、迦奴、何養、蘇高昌、
9 唐胡。

（合同文）

注釋

[一]「潤」字下當漏「月」字。

[二] 下當漏「二主」。

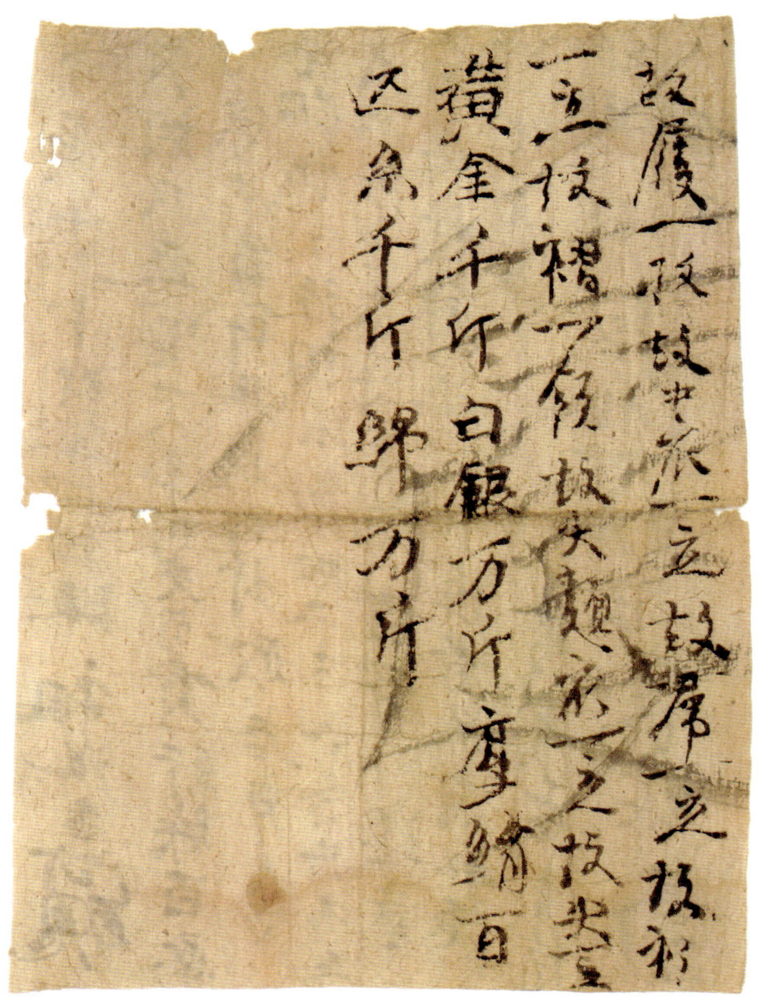

97TSYM1:5 背面

三　闞氏高昌缺名隨葬衣物疏

本件衣物疏背面即闞氏高昌永康十二年（四七七）閏月十四日張祖買奴券。有「合同文」三字，屬於另一面的內容。從衣物疏內容看，應該屬於女性墓主。參見柳方吐魯番新出的一件奴隸買賣文書，吐魯番學研究二〇〇五年第一期。

1　故履一枚　故中衣一立　故帬一立　故衫

2　一立　故褶一領　故大麵（面）衣一立　故尖一立

3　黄金千斤　白銀万斤　厚絹百

4　疋　糸（絲）千斤　綿万斤

97TSYM1:11–5

四　闞氏高昌永康十年（四七五）道人文書

本組文書拆自紙鞋面，背面塗墨。由四殘片綴合成兩大片。紀年處有「康」字下半，據同墓所出紀年文書，當爲永康年號。有橫書雜寫文字。

1 ［　］康十年二月廿八日［　］

2 ［　］事時人□［　］

3 ［　］□［　］

（中缺）

4 ［　］□□□負殘綵［　］

5 ［　］□　道人在田地時見［　］

6 ［　］虚違身受辜負［　］

7 □［　］

（後缺）

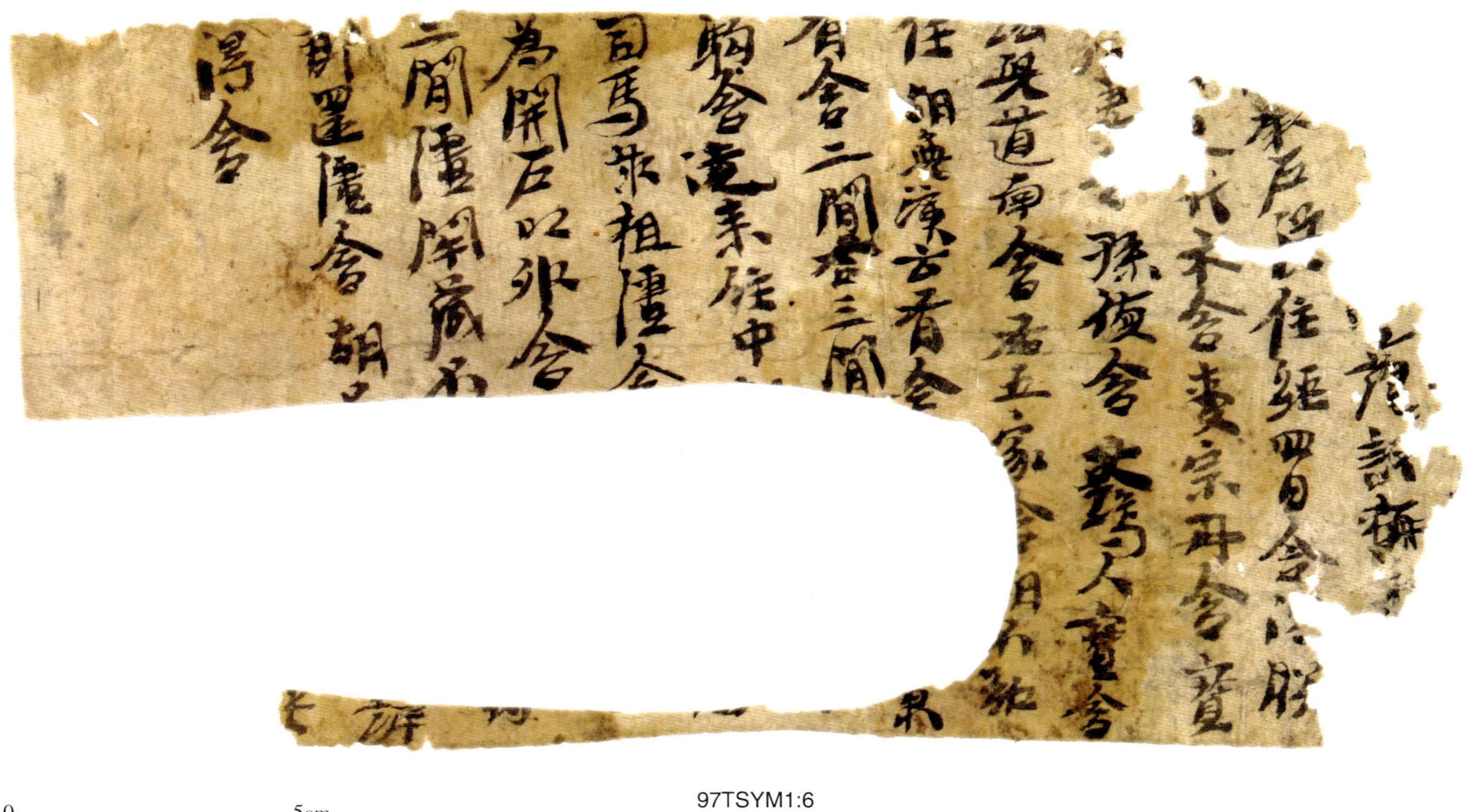

97TSYM1:6

五　闞氏高昌某年祖彊訴辭爲房舍事

本件文書中之祖彊又見同墓所出闞氏高昌永康十二年（四七七）閏月十四日張祖買奴券(97TSYM1:5)。

（前缺）

1 ［　　］□□訴稱□［　　］
2 ［　　］□承户從住經四日，舍得脱
3 □□□斤木舍、受宗母舍、寶
4 □妻舍、孫復舍、大塢人竇舍、
5 □兒道南舍，右五家舍，胡不駈
6 住。胡無演云：有舍［　　］東
7 有舍二間，合三間［　　］□
8 駒舍，從來住中，□［　　］□
9 司馬求祖彊舍［　　］□
10 爲開户，以外舍［　　］□
11 二間，彊閉藏不［　　］訴
12 郡，還彊舍，胡不［　　］□
13 得舍。

（餘白）

六 闞氏高昌永康年間（四六六—四八五）供物、差役帳

本組文書包括十六件殘片。除第一號背無字外，均正背書。根據同墓出土闞氏高昌永康十二年（四七七）閏月十四日張祖買奴券，文書斷代爲闞氏高昌永康年間，内容應是闞氏高昌國賦役帳，但目前尚不能確定文書各斷片間的前後順序，這裏暫依字體、紙張顔色與形狀、供物内容、人名互見等要素排列。其中以97TSYM1:7-1正背爲整組文書中間的兩件，由此可確定兩兩相對之殘片正背順序，其中第三、七兩號因塗墨無字可識，有文字者計二十九號。文書的格式大體一致，均爲上書人名，下書其人供物或差役記録，個别人名下空白未書或待書。第三一號格式特殊，當爲本組供物差役帳最後之總計，而第一號背爲最後一紙，即文書餘白部分。今將文書殘片兩兩對應排版，而移第一號背面於前，與其正面相對，以見文書形式。又，97TSYM1:11-8a背面倒貼之殘片現無法揭裱，原係97TSYM1:11-8d上部之殘片，今將圖版綴合、録文，而殘片11-8d原係接在97TSYM1:11-6b之後者。整組文書上有二十人名字重出，表明此係某一特定地區賦役記録。

97TSYM1:9–5 背面　　97TSYM1:9–5

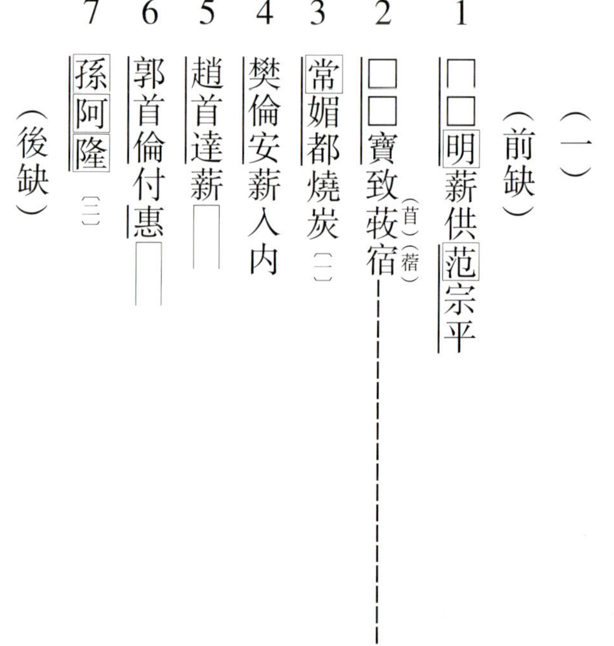

（一）

（前缺）

1 □□明薪供范宗平

2 □□寶致莜(苜)宿(蓿)

3 常媚都燒炭〔一〕

4 樊倫安薪入内

5 趙首達薪□

6 郭首倫付惠□

7 孫阿隆〔二〕

（後缺）

注釋

〔一〕此行「燒炭」與下行「薪入内」係淡墨書寫。本組帳中的供物差役記録用淡墨書寫者很多，以下不一一注出。

〔二〕本行三字爲人名，書後用墨塗去。

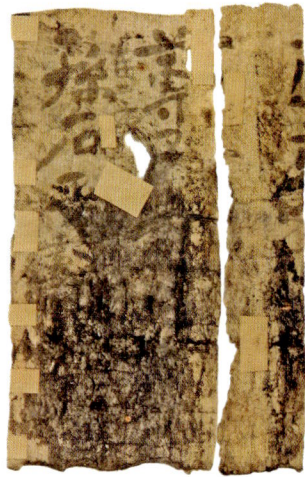

97TSYM1:8-4b　97TSYM1:8-5

97TSYM1:8-4a

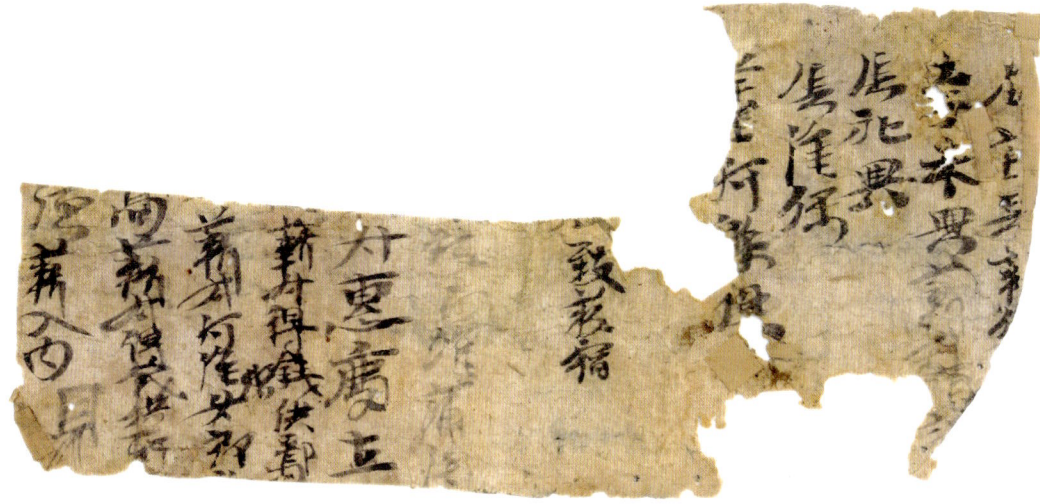

97TSYM1:9-1

0　5cm

（二）

（前缺）

1 左首興薪供

2 李末興薪付顯識

3 張禮興

4 張隆保

5 董阿槃提

6

7 □□□致（首）（着）苃宿

8

9 □□□致土堆蒲陶

10 付惠慶土

11 薪付得錢供鄢□□

12 薪付阿隆供女郎□

13 高薪付得錢供軒（？）

14 德薪入内見[一]

（後缺）

注釋

〔一〕本行末尾的「見」字係別筆。

（三）

（塗墨，無字可識）

（四）

（前缺）

1 □□

2 尊子興

3 馬慶[一]

4 孫石子薪

5 □

（後缺）

注釋

〔一〕此行內容係在原來的兩行之間加寫。

97TSYM1:11–8e

97TSYM1:8–2

（五）

（前缺）

1 宋阿隆供□

2 令狐厚主薪供

3 馮買奴

4 樊同倫致茇（苜）□

5 隗卯致酒

6 左巳興致茇（苜）□

7 張德隆致

8 張興宗致茇（苜）蓿

9 □隆興新（薪）入内

10 □□祖新（薪）入内

11 □□宗新（薪）入内

12 □□□致酒

（後缺）

（六）

（前缺）

1 □□興薪□

2 〔一〕

3 致茇（苜）蓿

4 薪

（後缺）

注釋

〔一〕塗墨，無字可識。

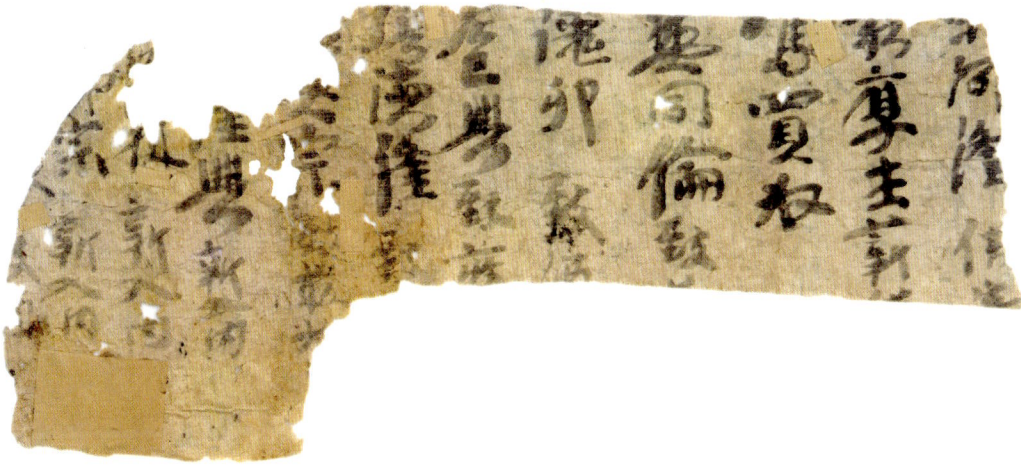

（七）

（塗墨，無字可識）

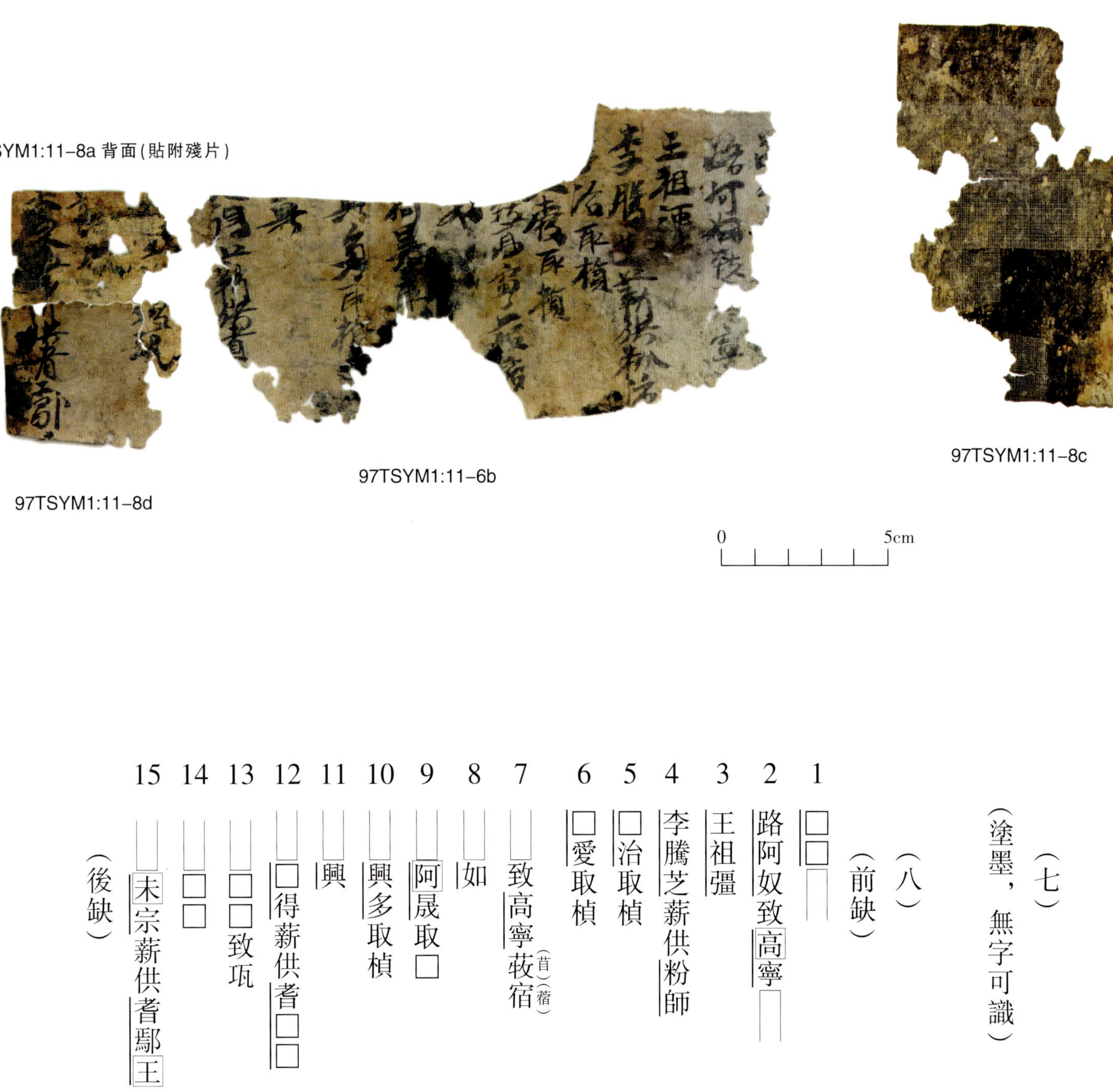

97TSYM1:11-8a 背面（貼附殘片）

97TSYM1:11-8d

97TSYM1:11-6b

97TSYM1:11-8c

（八）

（前缺）

1 □□

2 路阿奴致高寧

3 王祖彊

4 李騰芝薪供粉師

5 □治取楨

6 □愛取楨

7 致高寧茇(苜)宿(蓿)

8 如

9 阿晟取□

10 興多取楨

11 興

12 □得薪供耆□□

13 □□致玏

14 □□

15 末宗薪供耆鄢王

（後缺）

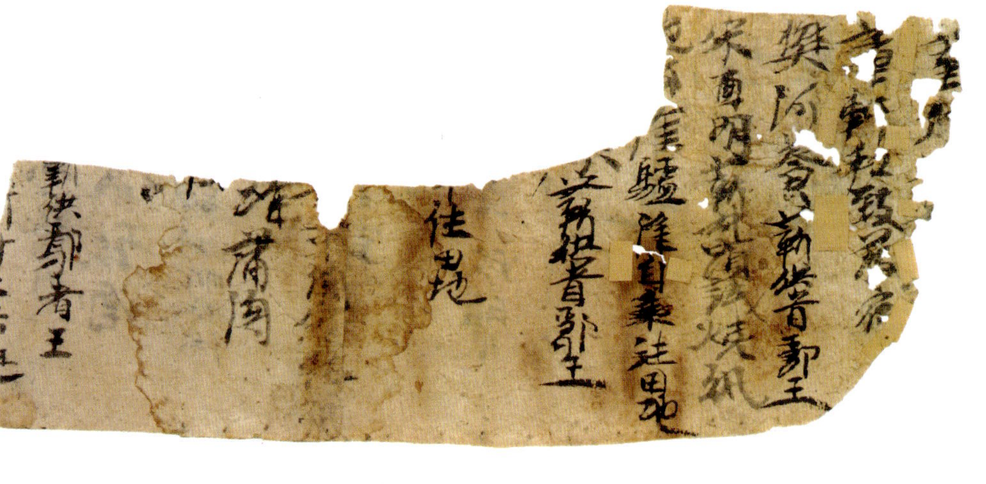

97TSYM1:8－1

（九）

（前缺）

1 董阿□□

2 董軒和致莜（苜）宿（蓿）

3 樊阿養薪供耆鄢王

4 宋酉明薪付顯識燒瓨

5 □□隆驢隆自乘往田地

6 □薪供耆鄢王

7

8 □住（往）田地

9

10 至陶宕作瓨

11 堆蒲陶

12 □

13

14 薪供鄢耆王

15 薪付王六兒

（後缺）

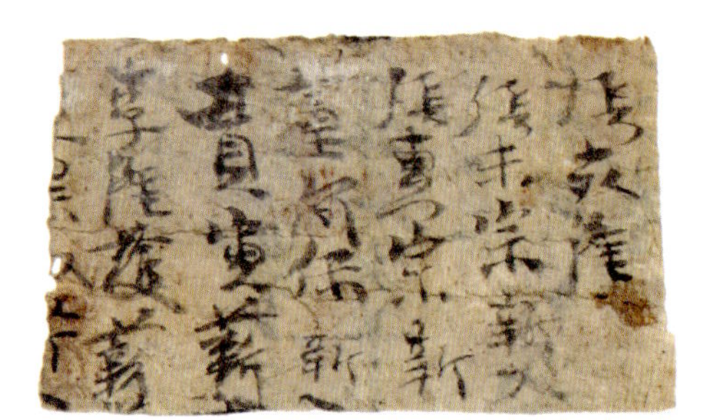
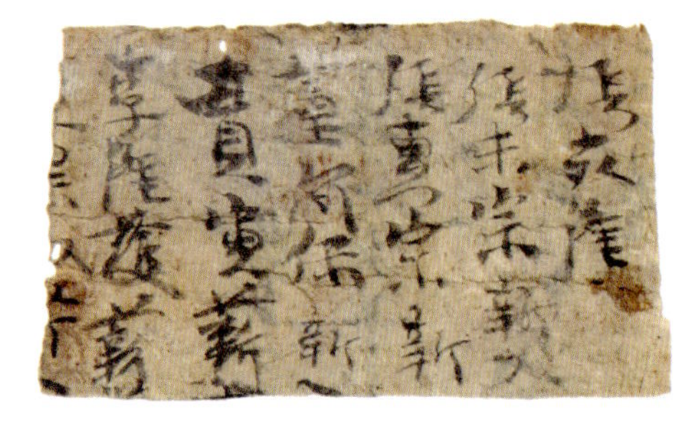

97TSYM1:7–2

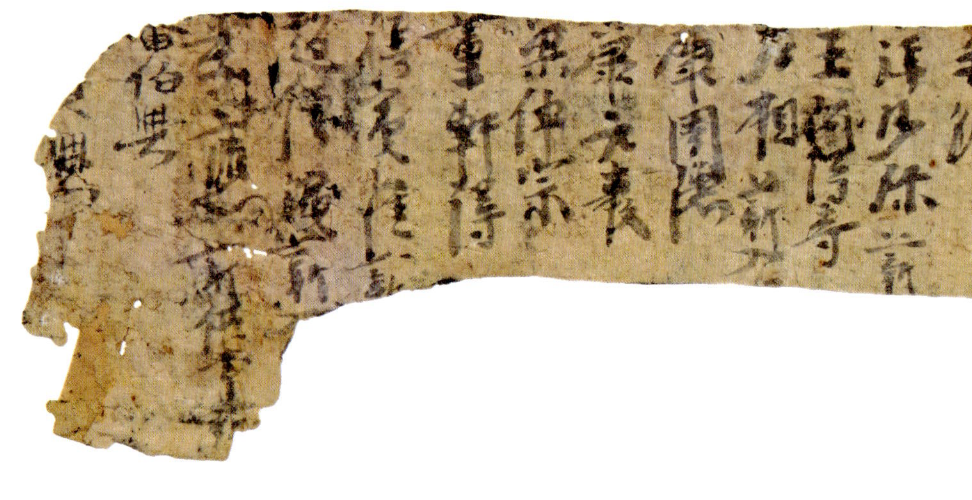

97TSYM1:8–3

（一〇）

（前缺）

1 毛□
2 張沙弥薪
3 王阿得奇
4 左相薪入□
5 康周德
6 康元愛
7 梁仲宗
8 董軒得
9 張寅隆薪
10 趙僧演薪入
11 □孝應薪供常□
12 潘伯興
13 □□興

（後缺）

（一一）

（前缺）

1 張亥隆
2 張末宗新(薪)入
3 張惠宗新(薪)
4 董阿保新(薪)入
5 賈寅薪入
6 李隆護薪供
7 □□奴薪入

（後缺）

97TSYM1:11-6a

97TSYM1:11-8a

（一二）

（前缺）

1 □□□奇致高寧[

2 □□成薪供耆鄢王

3 □□西薪供耆鄢王

4]□[

（後缺）

（一三）

（前缺）

1 □□取蘆訓達

2 □□得薪入羌奴

3 □宗興致莜（苜）宿（蓿）

4 □隆薪入内

5 □□□種藍

6]土堆蒲陶

7]□□治□

8]□多致莜（苜）宿（蓿）

9 □治興

10]兒致高寧莜（苜）[

（後缺）

97TSYM1:11-9

97TSYM1:11-7

97TSYM1:11-8b

（一四）

（前缺）

1 □者鄢王

---

2 □□致茇宿（苜）（蓿）

3 □以興致茇宿（苜）（蓿）

4 令狐卑子致〔一〕宿（蓿）〔二〕

5 □愛致土堆蒲陶

6 令狐阿渚致茇宿（苜）（蓿）

7 張阿錢陶宕致瓨

8 □□宗

9 □□□

10 □□薪供者鄢王

11 □致土□到田地

（後缺）

注釋

〔一〕「致」字下脱「茇」字。

〔二〕「□以興」和「令狐卑子」兩行間有一小字，不識。

（一五）

（前缺）

1 □供者鄢□

2 □□

3 □駒致茇宿（苜）（蓿）

4 □薪入内供者鄢王

5 孫垾駒致土堆蒲陶

6 □匡真致土堆□

7 張保雙致茇宿（苜）（蓿）

8 趙得錢

9 隗巳衍薪供者鄢□

10 左沙弥

11 宋僧受

12 王佛

---

13 閻慶宗

14 左雙德致土堆蒲□

15 □延西□

（後缺）

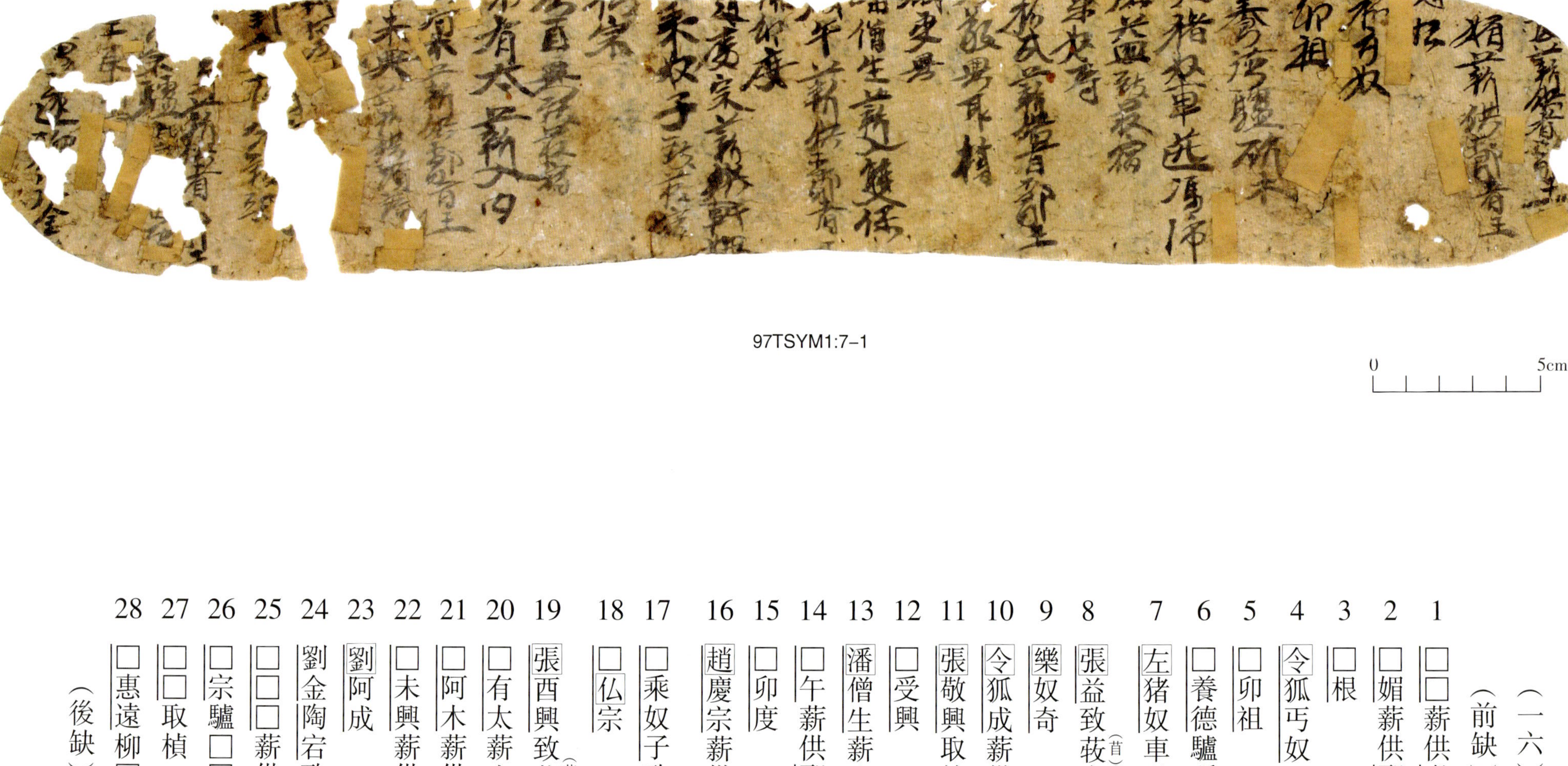

97TSYM1:7–1

（一六）

（前缺）

1 □□薪供耆鄢王

2 □媚薪供鄢耆王

3 □根

4 令狐丐奴

5 □卯祖

6 □養德驢斫木

7 左猪奴車送馮師

8 張益致茇(苜)宿(蓿)

9 樂奴奇

10 令狐成薪供耆鄢王

11 張敬興取楨

12 □受興

13 潘僧生薪入雙保

14 □午薪供鄢耆王

15 □卯度

16 趙慶宗薪供軒□

17 □乘奴子致茇(苜)蓿

18 □仏宗

19 張酉興致茇(苜)宿(蓿)

20 □有太薪入内

21 □阿木薪供鄢耆王

22 □末興薪供顯識

23 劉阿成

24 劉金陶宕致珁

25 □□□薪供耆鄢王

26 □宗驢□□田地

27 □□取楨

28 □惠遠柳□入金□

（後缺）

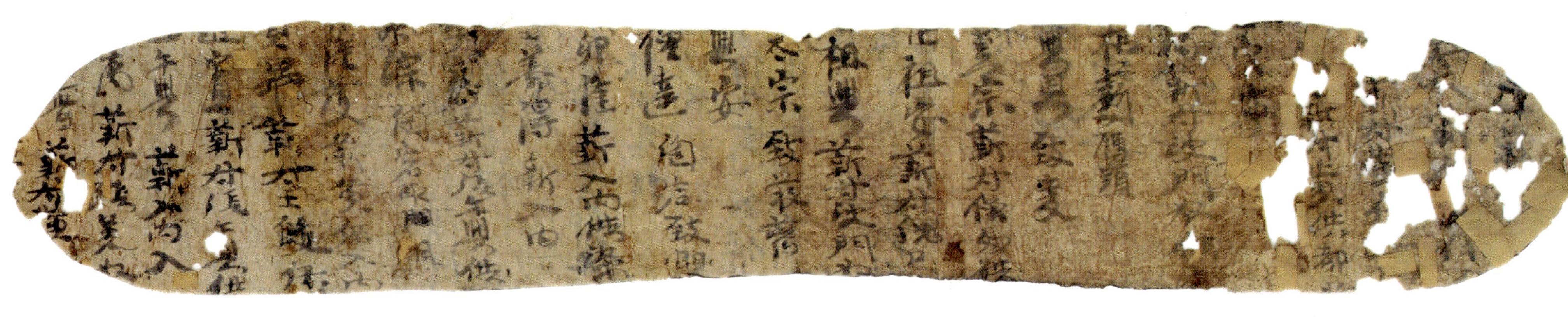

97TSYM1:7-1 背面

（一七）

（前缺）

1 ［　］□［　］
2 □□致苃(苜)蓿
3 □阿奴薪□□付□［　］
4 □□薪付黄供□□［　］
5 □□□薪付黄供都□［　］
6 □宗寧
7 □豹薪付波門奴供□［　］
8 □相薪入僧顯
9 □興興致麥
10 □惠宗薪付僧妙供［　］
11 □祖安薪付隗巳［　］
12 □祖興薪付波門奴［　］
13 □太宗致苃(苜)蓿
14 □興安
15 □僧達陶宕致毾
16 □卯隆薪入内供染
17 □養得新(薪)入内
18 □子寵薪付張午興供［　］
19 □尔綜陶宕取瓨
20 □隆護薪黄保入内
21 賈畢薪付王雙保［　］
22 趙賓薪付張午興供［　］
23 □午興薪入内入
24 □慶薪付張羌奴
25 □晉薪付黄［　］
26 □□□［　］

（後缺）

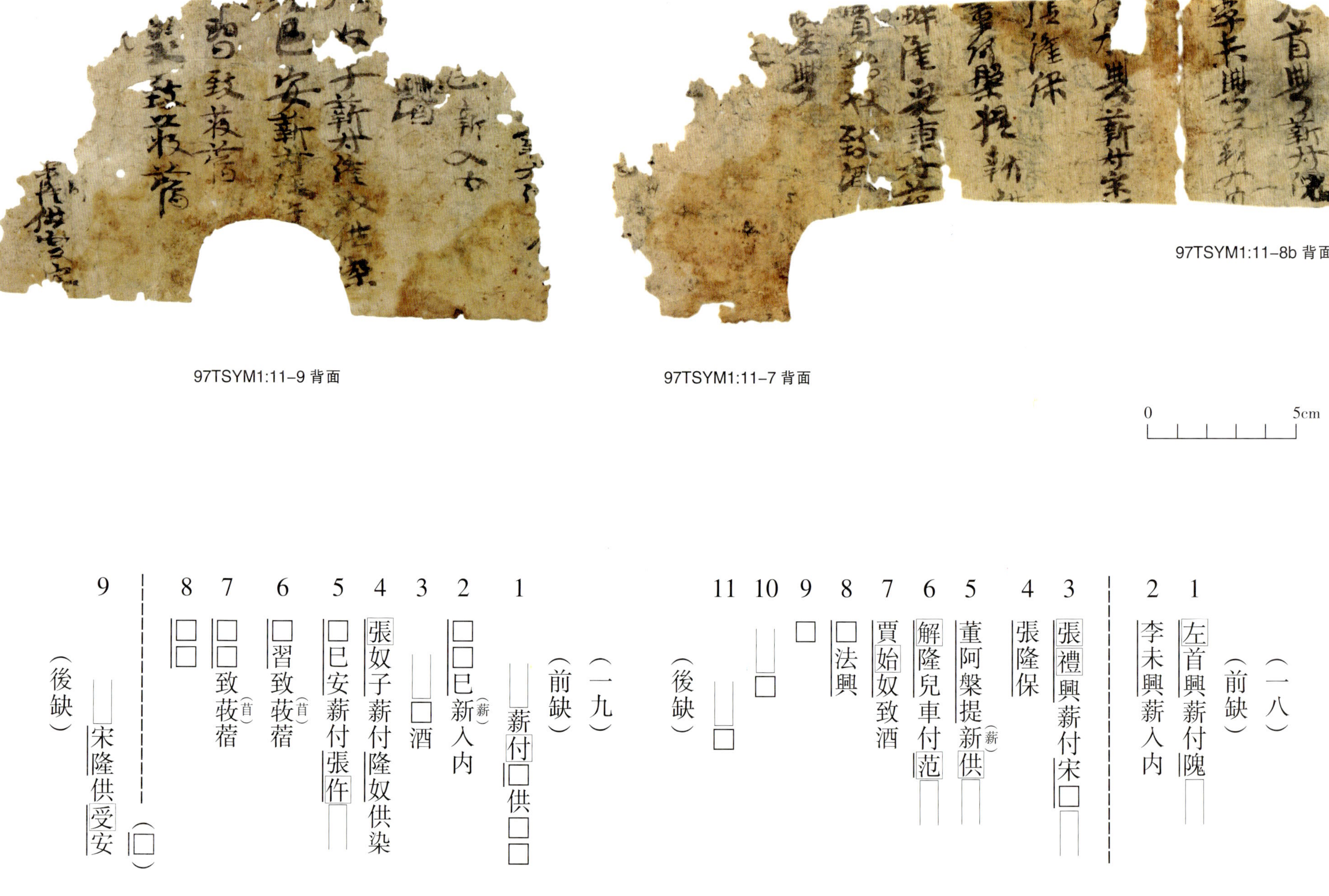

97TSYM1:11-8b 背面

97TSYM1:11-7 背面

97TSYM1:11-9 背面

（一八）

（前缺）

1 左首興薪付隗

2 李末興薪入内

- - - - - - - -

3 張禮興薪付宋□

4 張隆保

5 董阿槃提新（薪）供

6 解隆兒車付范

7 賈始奴致酒

8 □法興

9 □

10 □

11 □

（後缺）

（一九）

（前缺）

1 薪付□供□□

2 □□巳新（薪）入内

3 □酒

4 張奴子薪付隆奴供染

5 □巳安薪付張仵

6 □習致菝（首）蓿

7 □□致菝（首）蓿

8 □□

- - - - - - - -

9 宋隆供受安（□）

（後缺）

97TSYM1:11-8a 背面

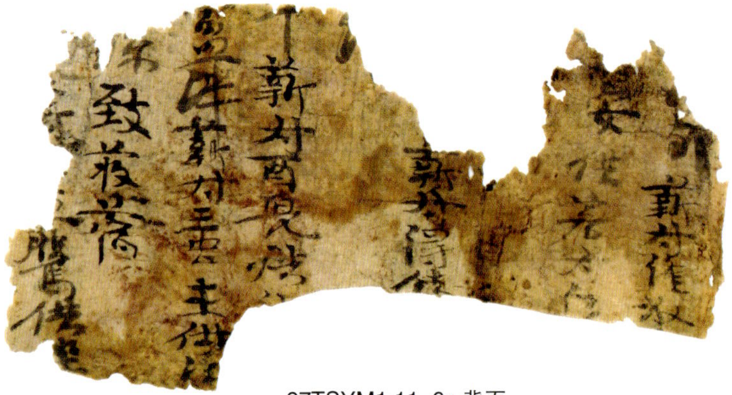

97TSYM1:11-6a 背面

0 5cm

（二〇）

（前缺）

1 □都薪付隆奴

2 □安供客付阿

3 □

4 □□薪付得錢

5 □

6 □薪付酉兒供□

7 盧泮薪付鹽主供染

8 弥致茷（苜）蓿

9 □□□馬供染

（後缺）

（二一）

（前缺）

1 平薪付□

2 □興致茷（苜）蓿

3 巳隆

（後缺）

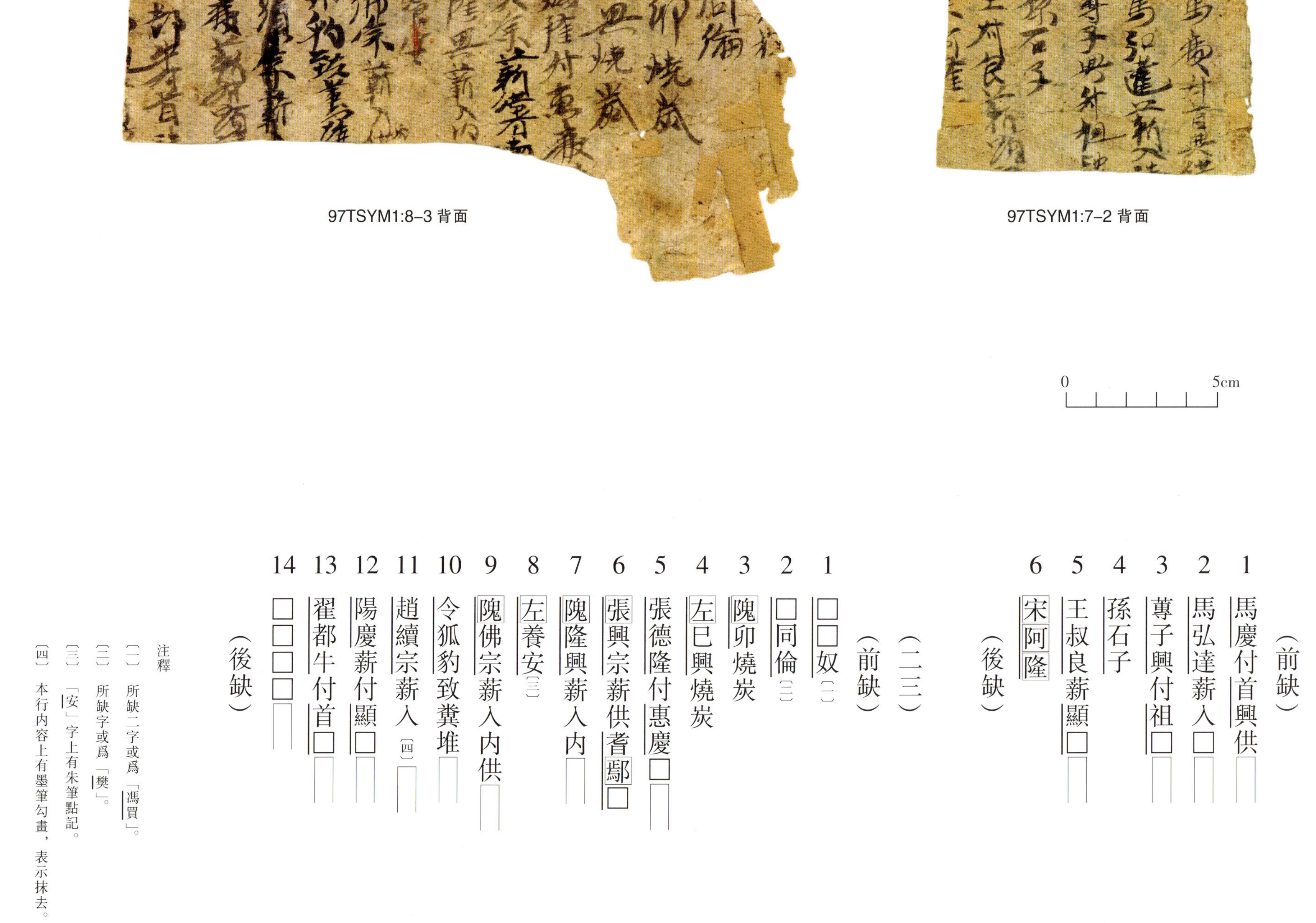

97TSYM1:8–3 背面

97TSYM1:7–2 背面

（二二）

（前缺）

1 馬慶付首興供

2 馬弘達薪入□

3 尊子興付祖□

4 孫石子

5 王叔良薪顯□

6 宋阿隆

（後缺）

（二三）

（前缺）

1 □□奴〔一〕

2 □同倫〔二〕

3 隗卯燒炭

4 左巳興燒炭

5 張德隆付惠慶□

6 張興宗薪供耆鄢□

7 隗隆興薪入内

8 左養安〔三〕

9 隗佛宗薪入内供

10 令狐豹致糞堆

11 趙續宗薪入〔四〕

12 陽慶薪付顯□

13 翟都牛付首□

14 □□□□

（後缺）

注釋

〔一〕所缺二字或爲「馮買」。

〔二〕所缺字或爲「樊」。

〔三〕「安」字上有朱筆點記。

〔四〕本行内容上有墨筆勾畫，表示抹去。

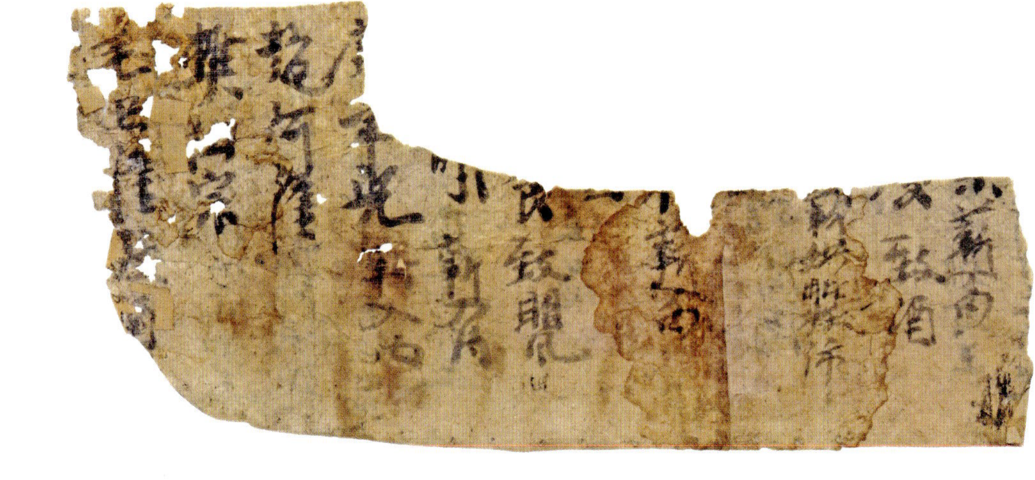

97TSYM1:8-1 背面

（二四）

（前缺）

1 ［］宗薪入内

2 ［］慶致酒

3 ［］薪供毗拔師

4 ［］□

---

5 ［］□薪入内

6 ［］□

7 ［］□致甖

8 ［］明薪入内

9 康辛兒薪入内

10 趙阿隆

11 樊伯宗

12 毛巳隆致酒

（後缺）

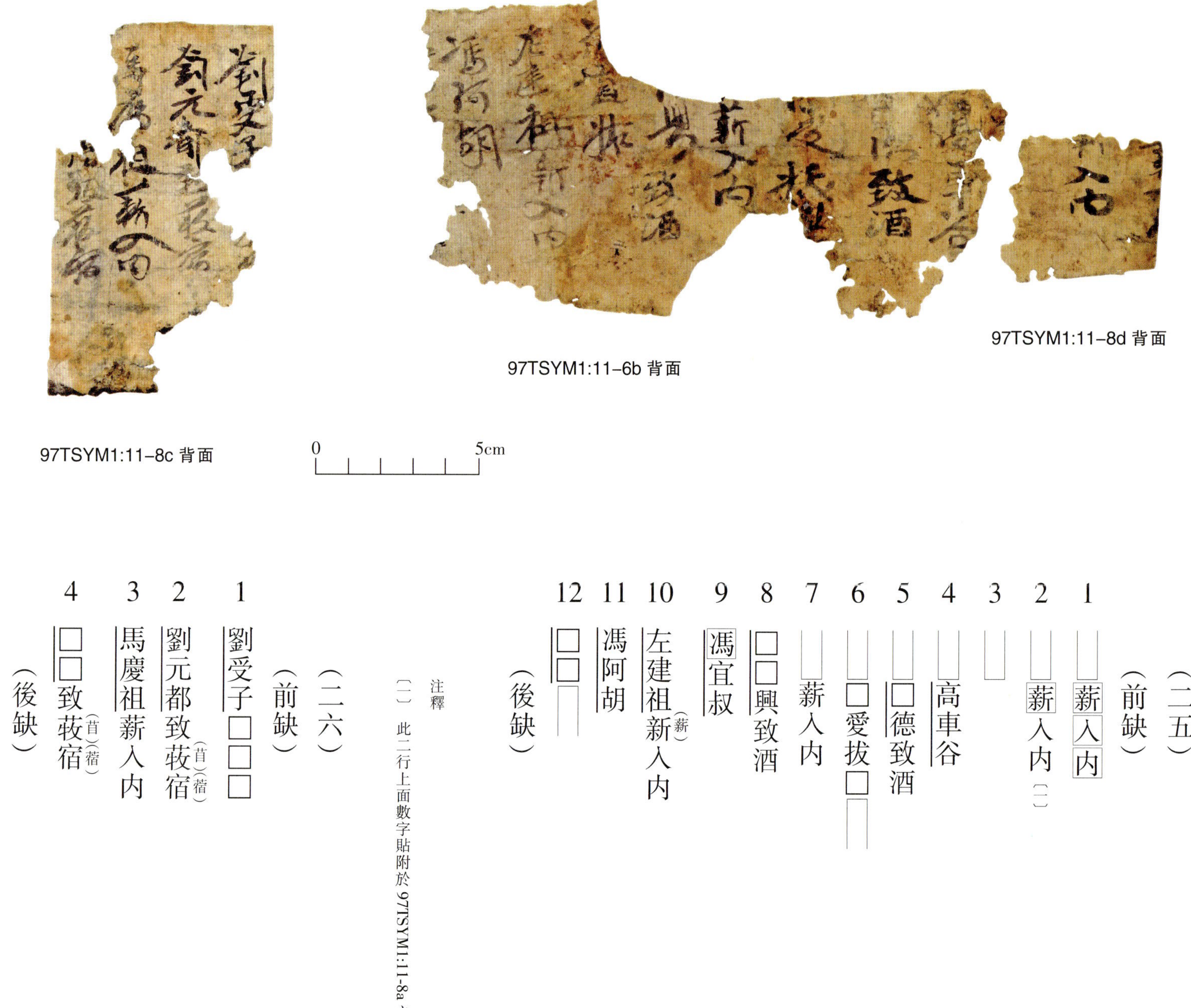

97TSYM1:11-8c 背面

97TSYM1:11-6b 背面

97TSYM1:11-8d 背面

（二五）

（前缺）

1 薪入内

2 薪入内[一]

3

4 高車谷

5 □德致酒

6 □愛拔□

7 薪入内

8 □□興致酒

9 馮宜叔

10 左建祖新（薪）入内

11 馮阿胡

12 □□

（後缺）

注釋

[一] 此二行上面數字貼附於97TSYM1:11-8a之上，文字朝内，無法釋讀。

（二六）

（前缺）

1 劉受子□□□

2 劉元都致莜（苜）宿（蓿）

3 馬慶祖薪入内

4 □□致莜（苜）宿（蓿）

（後缺）

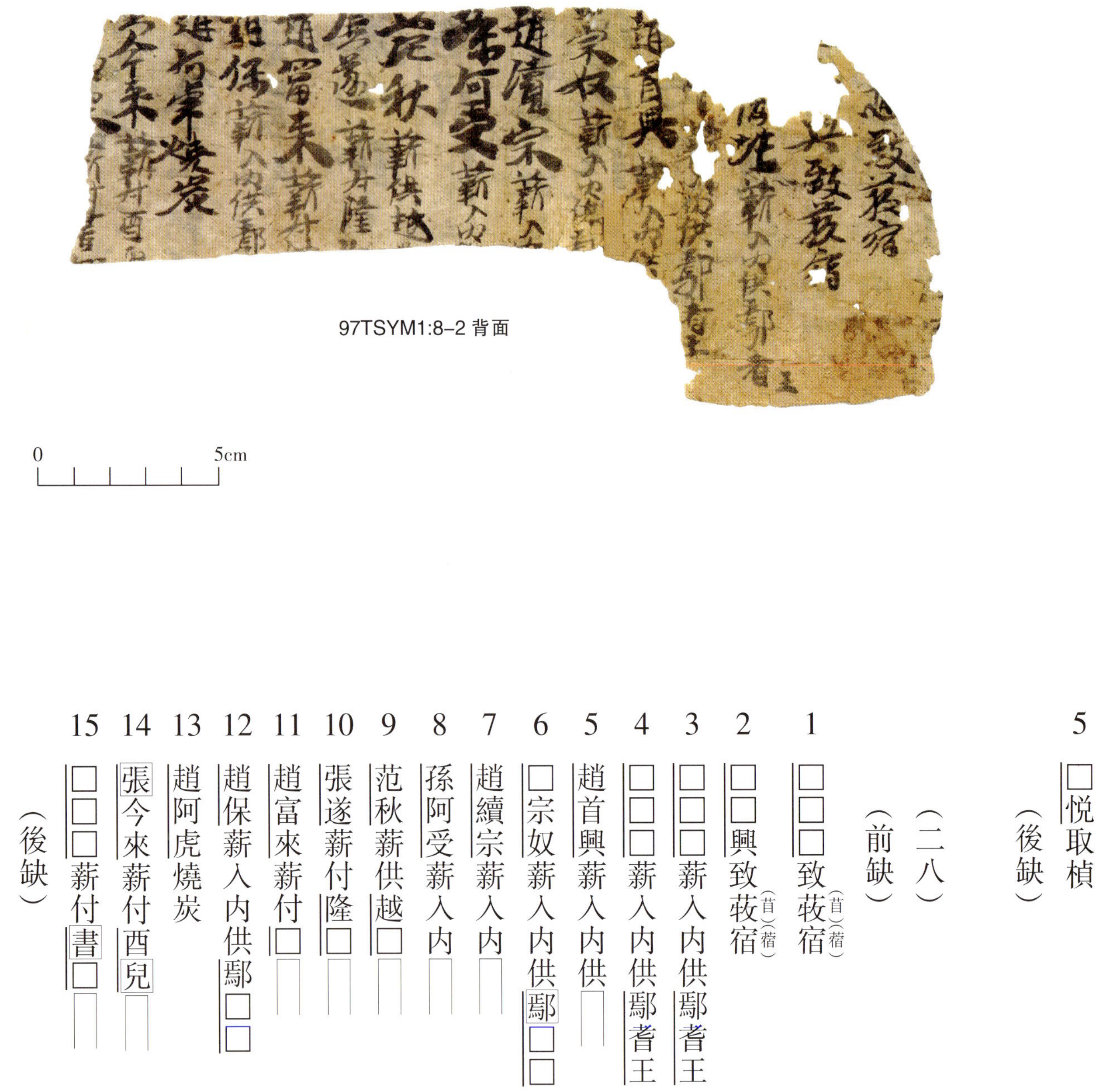

97TSYM1:11-8e 背面

97TSYM1:8-2 背面

（二七）

（前缺）

1 趙祀
2 車法繡致茇（苜）宿（蓿）
3 王阿酉燒炭
4 宋地得薪入内
5 □悦取楨

（後缺）

（二八）

（前缺）

1 □□□致茇（苜）宿（蓿）
2 □□興致茇（苜）宿（蓿）
3 □□□薪入内供鄢者王
4 □□□薪入内供鄢者王
5 趙首興薪入内供
6 □宗奴薪入内供鄢□□
7 趙續宗薪入内
8 孫阿受薪入内
9 范秋薪供越□
10 張遂薪付隆□
11 趙富來薪付□
12 趙保薪入内供鄢□□
13 趙阿虎燒炭
14 張今來薪付西兒
15 □□□薪付書□

（後缺）

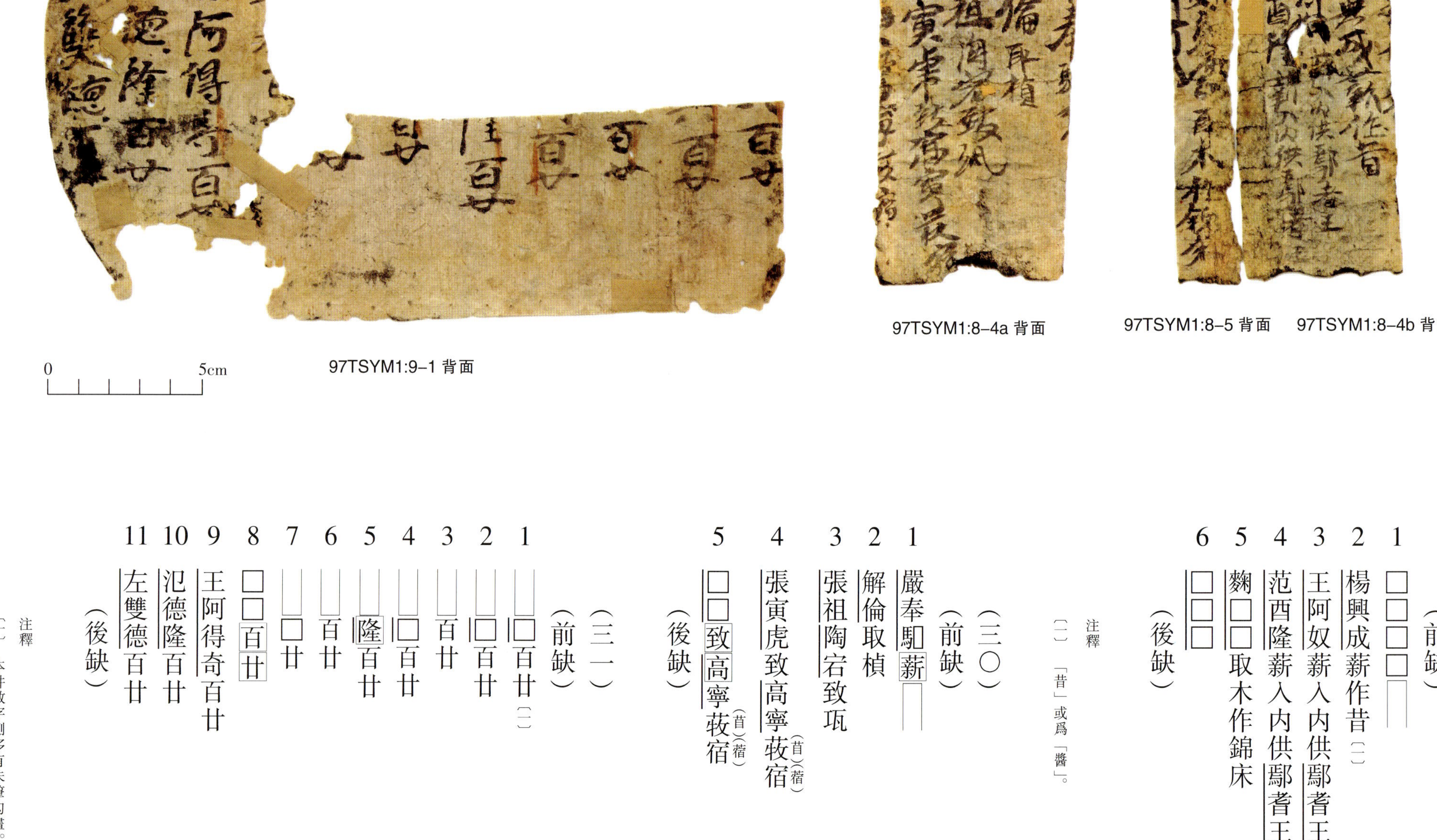

97TSYM1:8-4b 背面　97TSYM1:8-5 背面　97TSYM1:8-4a 背面　97TSYM1:9-1 背面

（二九）

（前缺）

1 □□□

2 楊興成薪作昔〔一〕

3 王阿奴薪入内供鄢耆王

4 范西隆薪入内供鄢耆王

5 麴□□取木作錦床

6 □□□

（後缺）

注釋

〔一〕「昔」或爲「醬」。

（三〇）

（前缺）

1 嚴奉馹薪

2 解倫取楨

3 張祖陶宕致瓨

4 張寅虎致高寧莜（苜）宿（蓿）

5 □□致高寧莜（苜）宿（蓿）

（後缺）

（三一）

（前缺）

1 □百廿〔一〕

2 □百廿

3 百廿

4 □百廿

5 隆百廿

6 百廿

7 □廿

8 □□百廿

9 王阿得奇百廿

10 氾德隆百廿

11 左雙德百廿

（後缺）

注釋

〔一〕本件數字側多有朱筆勾畫。

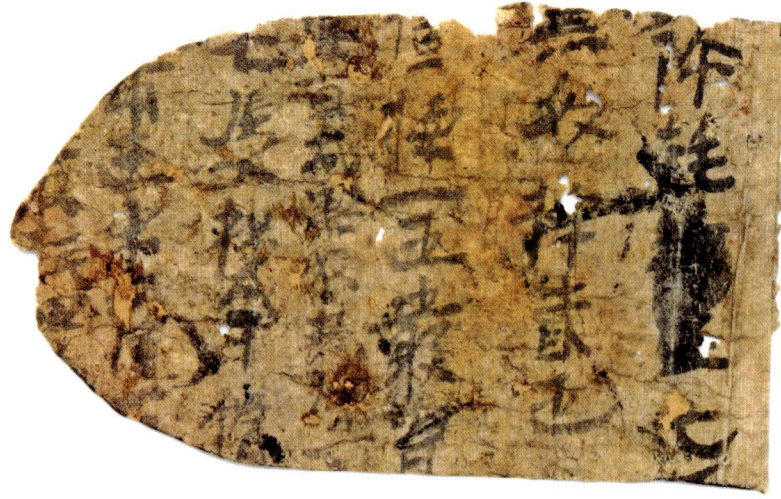

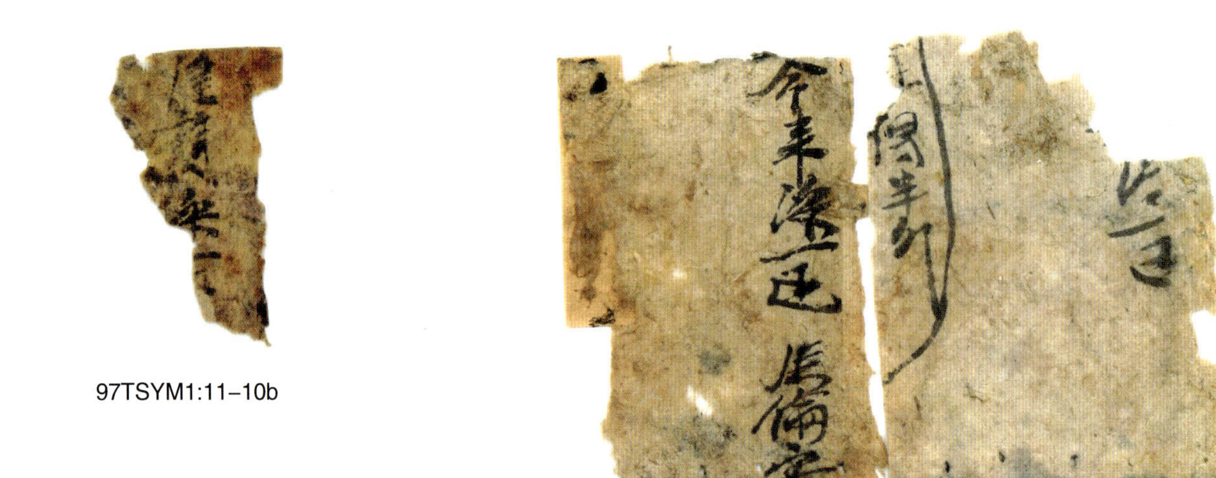

97TSYM1:10–2　97TSYM1:9–4　97TSYM1:11–10b　97TSYM1:9–2

0　5cm

七　闞氏高昌某郡綵毯等帳

本組文書拆自紙鞋，其中第四件爲一完整鞋底，其他數件共同組成另外一鞋底，兩紙可以重合，多是正面書寫，背面無字或雜寫。綵以「疋」爲單位，毯以「張」爲單位，又有以「斤」爲單位者，疑爲生絲類物品。此組文書多不能綴合，但是第四件末開始出現統計，而第六件是文書最後部分，應該是對以上文書內容進行歸納説明。第六件背面塗墨，文字多不可識。

（一）

（前缺）

1 □□綵一疋

2 直得半斤〔一〕

3 □今來綵一疋　張倫安

（後缺）

注釋

〔一〕此行旁有墨筆勾畫。

（二）

（前缺）

1 隆致綵一疋

（後缺）

（三）

（前缺）

1 □□師毯七張〔一〕

2 □無奴綵貳疋

3 □恒綵一疋嚴□

4 張百成、黑奴共綵一疋

5 七張入楊成子償

6 两疋宋隆□

7 □毯四張

（後缺）

注釋

〔一〕原作「拾張」，後改。

97TSYM1:9-3

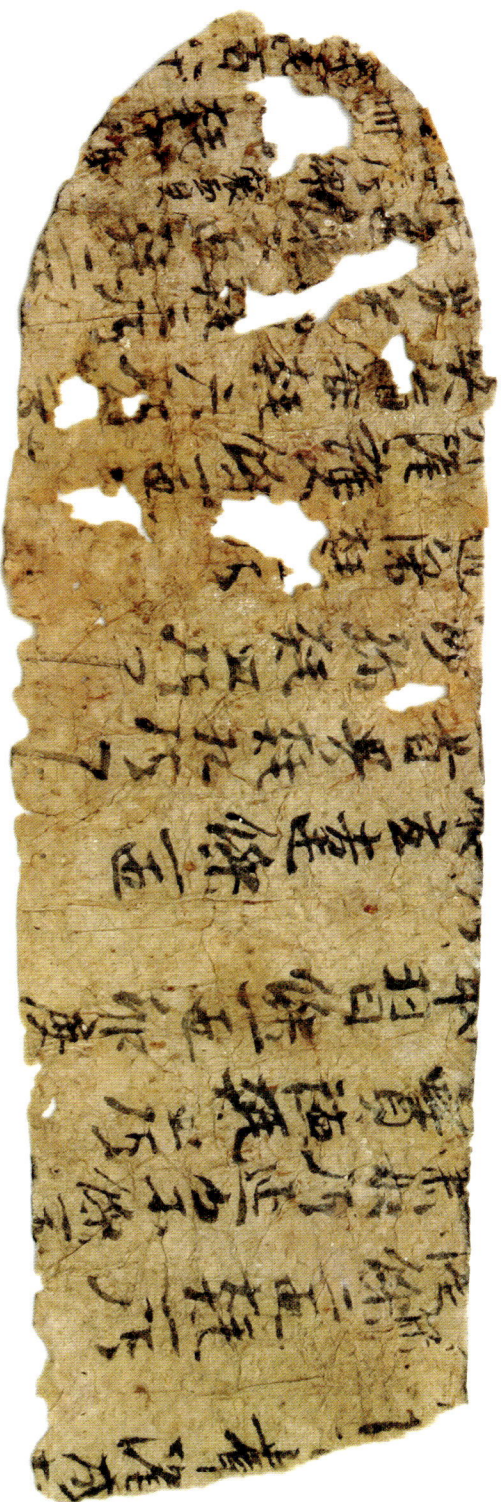

97TSYM1:10-1

（四）

（前缺）

1 □□□嚴隆成□▯

2 隆保綵二疋、毯一張

3 黑奴、張延宗綵一疋

4 □寶德毯四張

5 嚴習綵一疋，卯度□

6 張

7 嚴玄達綵一疋

8 □首興毯九張 了[一]

9 □沙彌毯四張 了

10 趙保毯一張

11 □隆護綵一疋

12 樊倫安毯六張、綵一疋

13 □□□毯三張

14 □達綵二疋、毯二張

15 ▯廿貳張、綿囊賈

16 ▯卌□疋、毯□張▯

17 ▯□毯百八十▯

（後缺）

注釋

〔一〕此「了」字表示完結，下行「了」字亦同。

（五）

（前缺）

1 ▯四張

2 ▯來下入毯十四張[一] 逋▯

（後缺）

注釋

〔一〕「毯十四張」塗去。

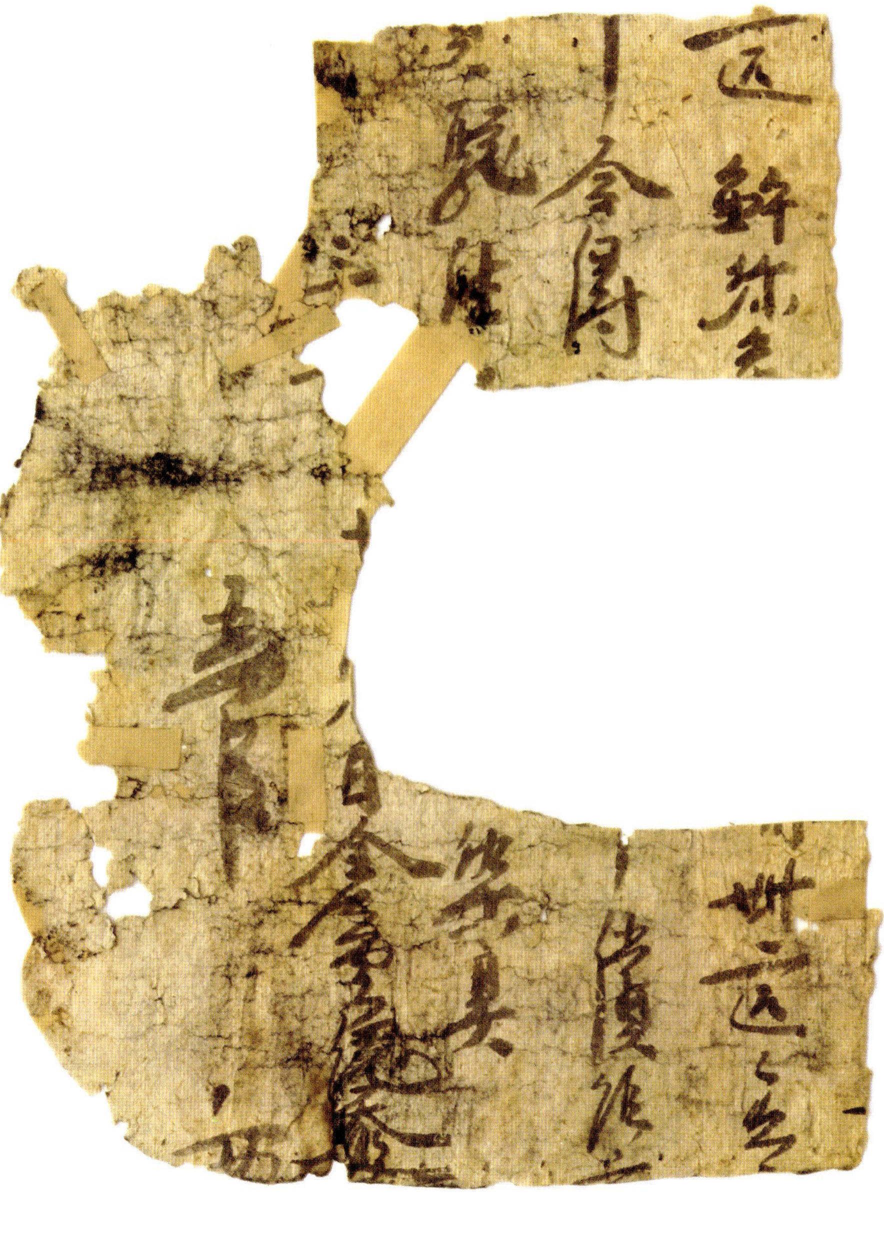

97TSYM1:11-1

（六）

（前缺）

1 □一疋　解弥叁□綵卌二疋，々出□□

2 □□合得□□　償維□□

3 □買駝往□染具

4 □　三年十□月八日倉曹隗脩□

5 五官　□□

（後缺）

97TSYM1:11-1 背面

（七）

（前缺）〔一〕

1 蒲桃□　　剌使□□

2 不受任　　以聞

（後缺）

注釋

〔一〕前塗墨，文字不可識讀。

97TSYM1:11-4

八　殘名籍

本組文書主要由二殘片組成。

（前缺）

1 ［　］崑崙[一]　□［　］
2 ［　］奴德子　尼丘明［　］
3 ［　］王君静　□□□　□［　］
4 ［　］邵毛達　任玄祐　令狐崇偘　［　］
5 ［　］張□子　□□　□□［　］
6 ［　］惠正　□［　］
7 ［　］□黑□［　］

（中缺）

8 ［　］□□　尊［　］
9 ［　］□□[二]［　］
10 ［　］令狐仁偘　張望東
［　］石□力　□□［　］
11 ［　］李希同　白□［　］
12 ［　］山子　浮□□
13 ［　］毛忠保　□九奴
14 ［　］□　李師方　石秋□［　］
15 ［　］□鋪康□□　康□［　］□□善　袁虔泰
16 第三鋪李思忠　張小□［　］□　宋玄敏　史九子
第六
17 ［　］□義　□阿六［　］□慈　趙北庭［　］
18 ［　］□人常富　法生

（餘白）

注釋

[一] 此名，墨筆塗去。
[二] 此名，墨筆塗去。

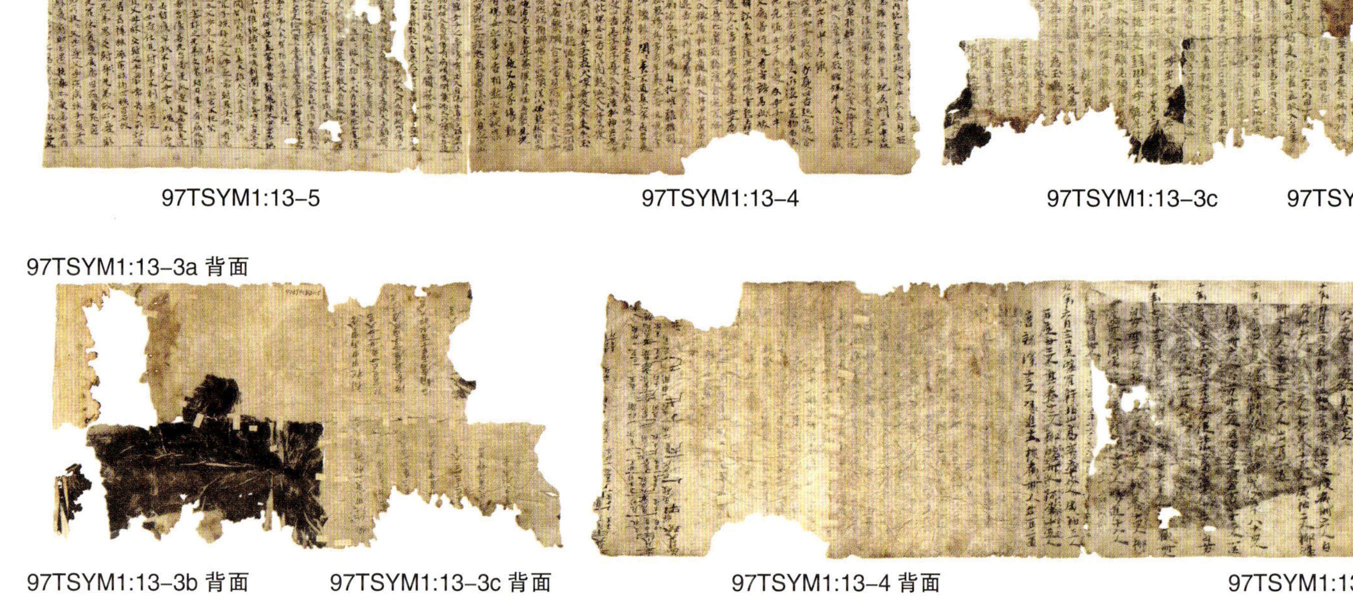

易雜占殘卷全貌

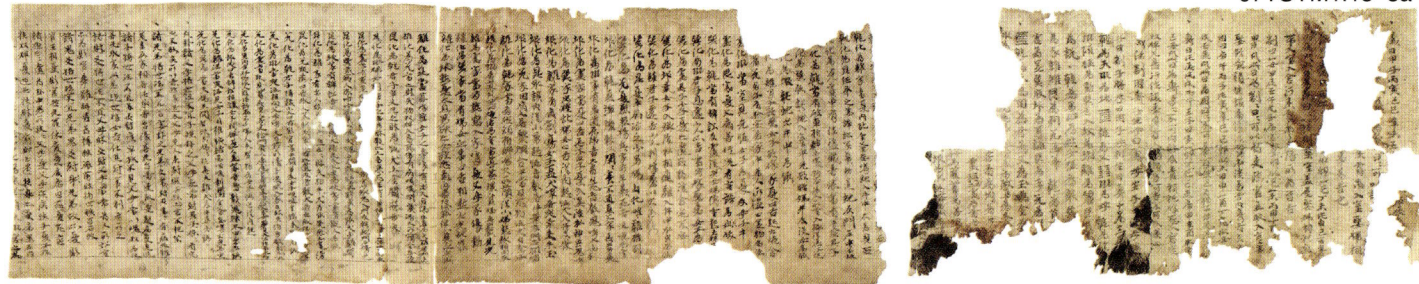

97TSYM1:13-5　97TSYM1:13-4　97TSYM1:13-3a　97TSYM1:13-3c　97TSYM1:13-3b

97TSYM1:13-3a 背面　97TSYM1:13-3b 背面　97TSYM1:13-3c 背面　97TSYM1:13-4 背面　97TSYM1:13-5 背面

易雜占殘卷背面全貌

九　古寫本易雜占（擬）

本組文書在墓中是折疊放置，一面是同一件占卜文書的殘片。從文書抄寫形制來看，或是一本完整的占書抄本中的三葉。在墓葬中與儒家典籍論語、孝經義一起單獨放置，可見其爲隨葬典籍。97TSYM1:13-3a、97TSYM1:13-3c 兩殘片應是開頭，可以直接綴合，97TSYM1:13-3b 據殘片物質形態及內容，也從屬於此部分，但無法綴合。正面內容擬名爲易雜占，97TSYM1:13-4 背面＋97TSYM1:13-5 背面爲闞氏高昌永康九年、十年（四七四、四七五）送使出人、出馬條記文書，97TSYM1:13-3c 背面爲擇吉文書，97TSYM1:13-4 背面爲永康十三年、十四年（四七八、四七九）曆日。後兩者倒書，通過對比字迹，尤其是從其中多次出現的干支文字，如甲、乙、丑、卯、辛、戌等相同寫法來看，可以肯定這是同一個人的筆迹，但不能肯定是同一文書。由於擇吉文書所在的紙葉與另外兩件文書並不相連，因此不能判斷其書寫的先後關係，但也應該在此幾年內。背面文字實應爲正面，有字疊壓，說明兩紙原本連接。故現存殘片，原爲三紙，（一）、（二）之間有缺，（二）係兩紙綴合而成，紙縫在三〇與三一行之間。擇吉文書前有紙縫，可見並非原文書開頭，當寫於送使文書之後。由此文書的抄寫形制可以認爲先將兩紙粘連抄寫送使帳，再用另一端與他紙粘連抄寫曆日文書，後被裁剪並重新粘連起來，用於抄寫易雜占。

寫本共八八行，行約二三字。有烏絲欄，欄寬1.4—1.5cm，天頭2.8cm，地脚2.1cm，欄心高22.5cm。每節起首之烏絲欄上施以墨點標記。論變卦象占部分，每條占辭均寫在同一行，所以有爲整齊畫一而壓縮字距的情況。送使帳爲永康九年、十年文書，永康十三、十四年曆日所寫時間或可推定爲永康十二年，若比定不誤，則易雜占的抄寫年代應在永康十二年或此後。一八至二九行抄自周易說卦，抄寫脱漏之文據傳本以〔〕補，文書殘損之處但可推知字數者，以旁注補。參見余欣、陳昊吐魯番洋海出土高昌早期寫本易雜占考釋，敦煌吐魯番研究第一〇卷（二〇〇七年）。

0 5cm

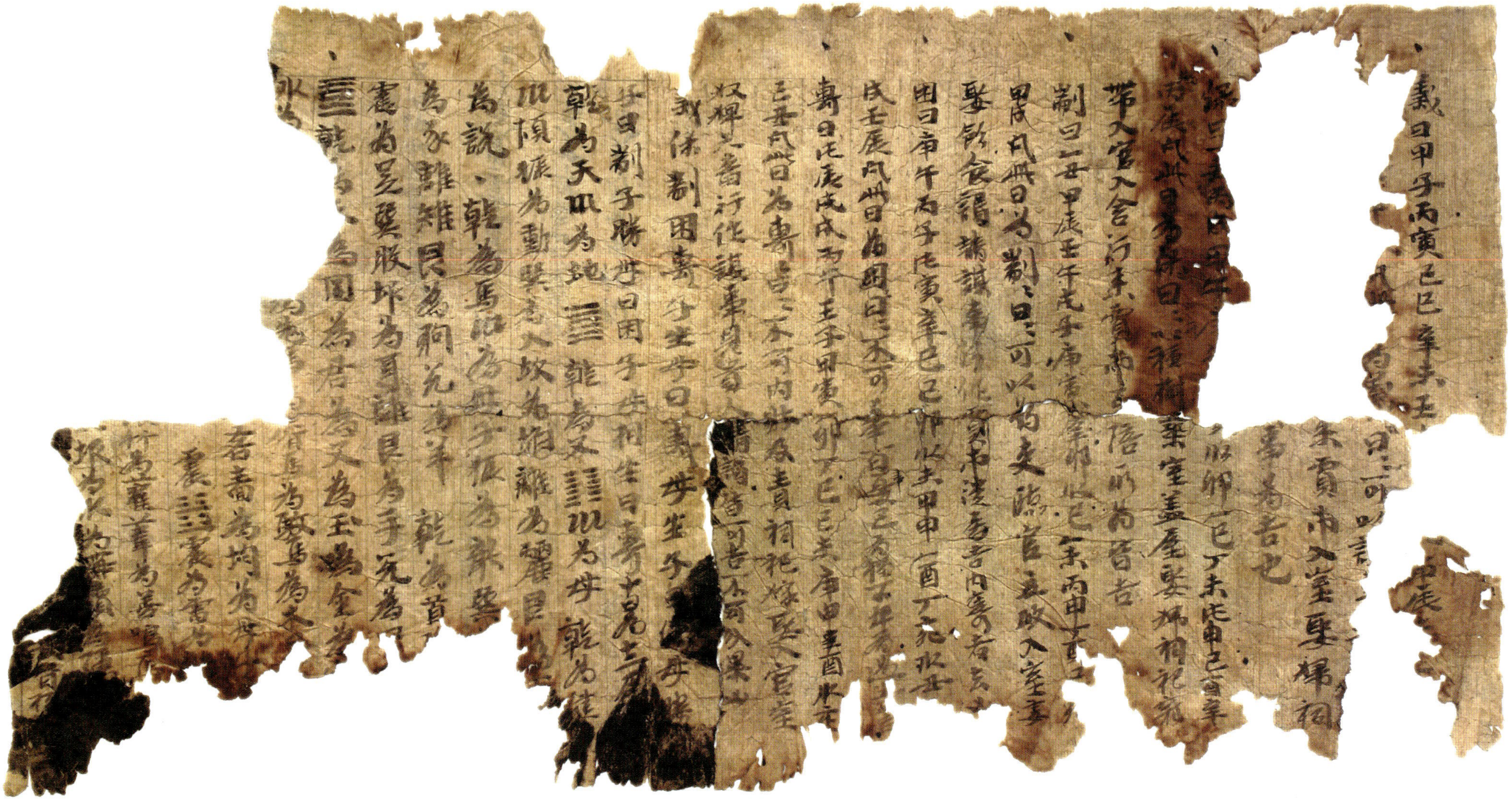

97TSYM1:13-3c

97TSYM1:13-3a

97TSYM1:13-3b

（一）

1 義日：甲子、丙寅、己巳、辛未、壬[申]、▭□、庚辰、□□▭

2 ▭□□□凡此[日]爲義日。義日可以謁〔一〕□□□□

3 ▭來、賈市、入室、娶婦、祠

4 ▭事，爲吉也。

5 保日：丁丑、丙戌、甲午、[庚][子]、□（壬）[寅]、水卯、乙巳、丁未、戊申、己酉、辛

6 亥、丙辰，凡此日爲保日。保日可以種樹、築室、蓋屋、娶婦、祠祀、冠

7 帶、入官、入舍、行來、賈市、[取]陪，所爲皆吉。

8 制日：乙丑、甲辰、壬午、戊子、庚寅、辛卯、水巳、乙未、丙申、丁酉、己[亥]、

9 甲戌，凡此日爲制日。制日可以爲吏、臨官、立政、入室、妻

10 娶、飲食、謁請、謀事、行作、賈市、徙居，吉。内寄者去，凶。

11 困日：庚午、丙子、戊寅、辛巳、己卯、水未、甲申、乙酉、丁亥、水丑、□（壬）

12 戌、壬辰，凡此日爲困日。困日不可舉百事，憂己有福，不卑有過，□吉。

13 專日：戊辰、戊戌、丙午、壬子、甲寅、乙卯、丁巳、己未、庚申、辛酉、水亥、

14 己丑，凡此日爲專日。專日不可内財及責，祠祀、嫁娶、入官、室〔二〕

15 奴婢、六畜、行作、謀事、見貴人、請謁皆可，吉。不可分異，凶。

16 義、保、制、困、專：子生母曰義，母生子曰保，母勝

---

17 子曰制，子勝母曰困，子母相生曰專。十日爲十二辰。

18 乾爲天，坤爲地。☰乾爲父，☷坤爲母。乾爲健，

19 坤〔爲〕順，振（震）爲動，巽爲入，坎爲掐，離爲麗，艮爲[止]，□（兑）

20 爲説。乾爲馬，坤爲母子，振（震）爲龍，巽□（爲）□（雞），□（坎）

21 爲豕，離〔爲〕雉，艮爲狗，兑爲羊。乾爲首，□（坤）□（爲）□（腹），

22 震爲足，巽〔爲〕股，坎爲耳，離〔爲目〕，艮爲手，兑爲[口]。

23 ☰乾[爲][天]，爲圜，爲君，爲父，爲玉，爲金，爲□（寒），□（爲）

24 冰，爲□（大）□（赤），□（爲）□（良）□（馬），爲老馬，爲瘠馬，爲駁馬，爲木[果]，▭

25 ▭吝嗇，爲均，爲母子▭

26 ▭震☳震爲雷，爲[龍]▭

27 ▭[筤]竹，爲萑葦，爲善鳴[馬]，▭

28 ▭☵坎爲水，爲溝瀆，爲隱□（伏），爲▭

29 ▭□（爲）□（下）[首]，[爲]▭

（後缺）

注釋

〔一〕殘存「言」旁，可補「謀事、謁請」。

〔二〕此處或有脫文。

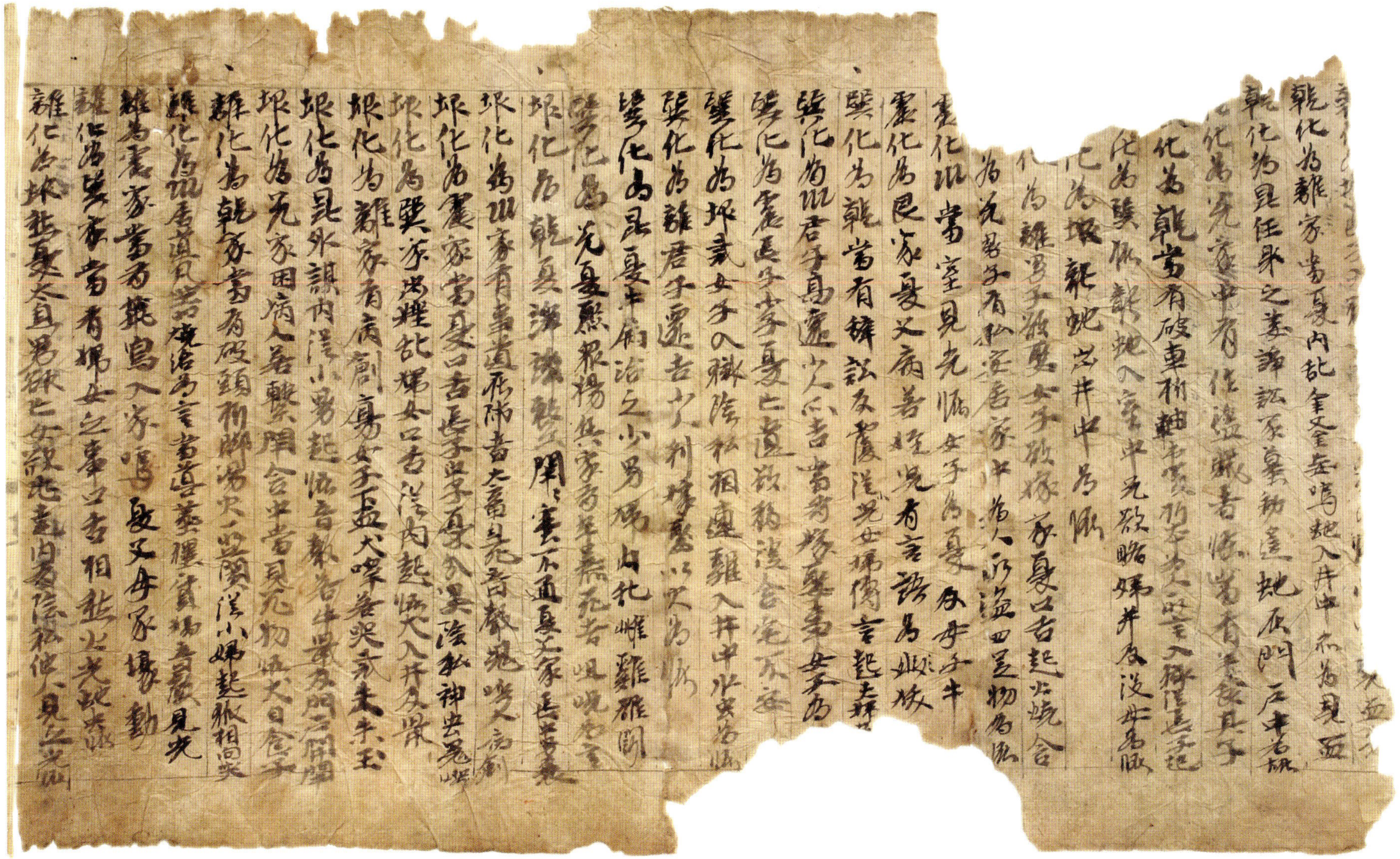

97TSYM1:13-4

（二）

1 乾化爲坎，長子入獄□□……家爲怪，……見血光。

2 乾化爲離，家當憂內亂，金釜妄鳴，蛇入井中，亦爲見血。

3 乾化爲昆（艮），任身之妻諍訟，冢墓動遥（搖），蛇在門戶中爲怪。

4 乾化爲兑，家中有作盜賊者，怪，當有羊食其子。

5 □化爲乾，當有破車折軸，市買折本，爲人所言入獄，從長子起。

6 □化爲巽，怪，龍蛇入室中，兒欲略婦，并及後母爲怪。

7 □化爲坎，龍蛇出井中爲怪。

8 □化爲離，男子欲娶，女子欲嫁，家憂口舌，起火燒舍。

9 □化爲兑，男子有私，安居家中，爲人所盜，四足物爲怪。

10 震化〔爲〕坤，當室見光怪，女子爲憂及母子牛。

11 震化爲艮，家憂父病，若姪兒，有言語爲妖〔二〕。

12 巽化爲乾，當有辭訟反覆，從小兒女婦傳言起，夫婦爲□（憂）。

13 巽化爲坤，君子高遷，小人亦吉，當有嫁娶事，女子爲□（憂）。

14 巽化爲震，長子、少子憂亡遺，欲移徙，舍宅不安。

15 巽化爲坎，戒女子入獄，陰私相連，雞入井中，水虫爲怪。

16 巽化爲離，君子遷吉，小人利嫁娶，以火爲怪。

17 巽化爲昆（艮），憂牛病，治之，少男、婦內乱，雌雞雄鬭。

18 巽化爲兑，憂聚衆揚兵，家有卒養死者，咀呪爲言。

19 坎化爲乾，憂諍訟繫閉，々塞不通，憂父家長、中男喪。

20 坎化爲坤，家有事，道在師者，六畜自死，音聲鬼呼，人病創。

21 坎化爲震，家當憂口舌，長子、中子憂分異、陰私，神虫鬼呼。

22 坎化爲巽，家出淫亂，婦女口舌從內起，怪，犬入井及鼠。

23 坎化爲離，家有病、創瘍，女子下血，犬嗥若哭，戒失朱（珠）玉。

24 坎化爲昆（艮），外謀內，從小男起，怪，音聲若牛、鼠，及門戶開閉。

25 坎化爲兑，家困病人，若繫閉，舍中當見死物，怪，犬自食子。

26 離化爲乾，家當有破頭折脚，湯火所爛，從小婦起，狐相向哭。

27 離化爲坤，居道瓦器燒治爲言，當導葬埋寡婦，音聲，見光。

28 離〔化〕爲震，家當有飛鳥入家鳴，憂父母，冢壕動。

29 離化爲巽，家當有婦女之事，口舌相愁，火光、蛇虫怪。

30 離化爲坎，愁憂太息，男欲亡，女欲兆（逃）走，內有陰私，他人見之，光怪。

注釋

〔二〕「妖」字先誤寫作「幽」字，旁有删除符號。

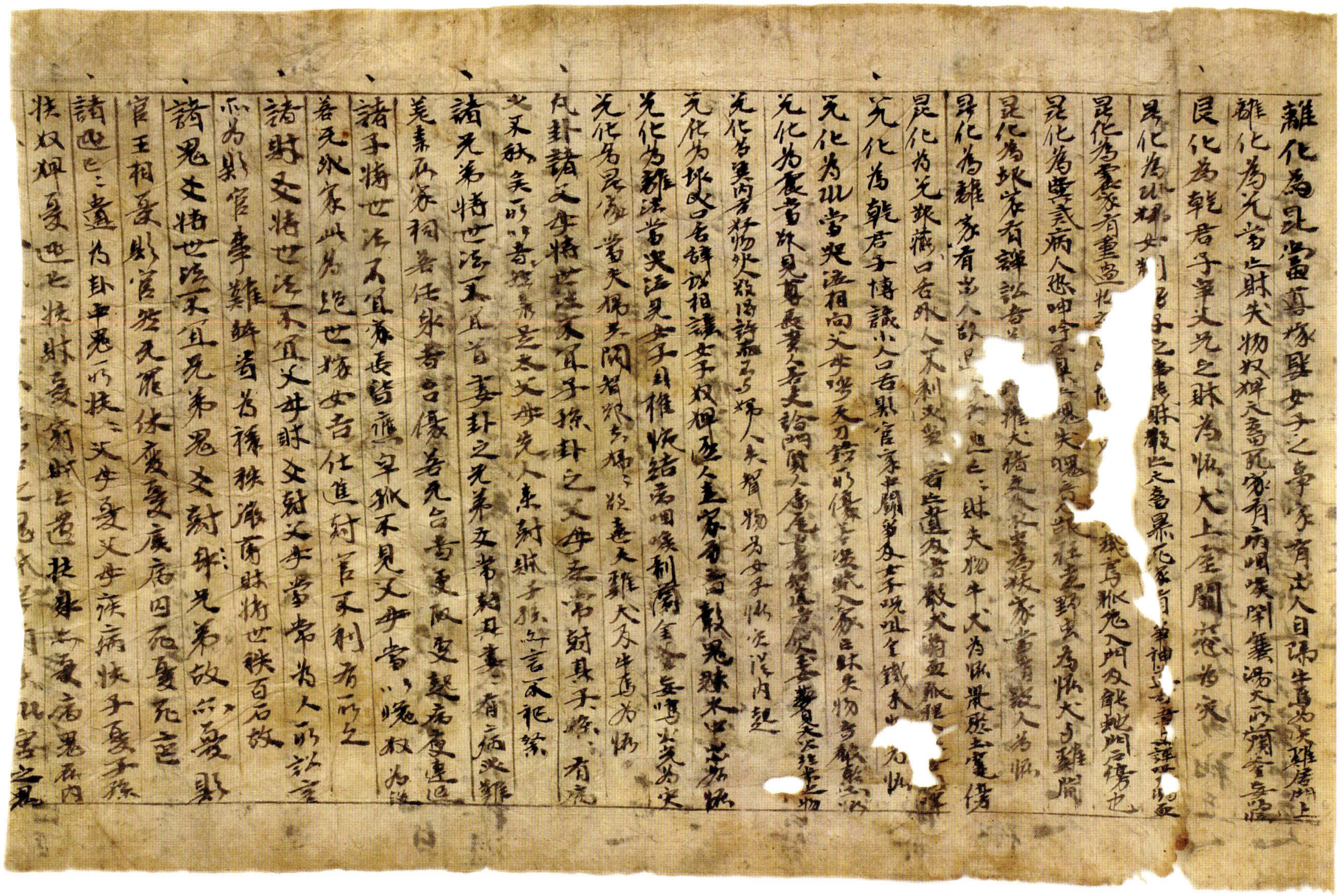

97TSYM1:13–5

0 5cm

31 離化爲昆(艮)，當導嫁娶女子之事，家有出人自歸，牛馬爲災，雞居門上。
32 離化爲兑，當亡財失物，奴婢、六畜死，家有病咽喉閉塞，湯火所藺，釜安鳴怪。
33 艮化爲乾，君子爭父兄之財爲怪，犬上屋鬭，窗爲災。
34 昆(艮)化爲坤，婦女制男子之事，錢財散亡，六畜暴死，家有事神道者，五官，凶，誣呪，[犬]溺血。
35 昆(艮)化爲震，家有重過，[收][魂]□□□□［　　］□飛鳥狐兔入門，及龍蛇門户傍也。
36 昆(艮)化爲巽，戒病人恐呻吟不樂，亡魂失魄，意欲狂走，野虫爲怪，犬与雞鬭。
37 昆(艮)化爲坎，家有諍訟者，[爲]□[所]摧，犬猪亥及水虫爲妖，家當有毀人爲怪。
38 昆(艮)化爲離，家有出人欲追，女子逃亡，々財失物，牛犬爲怪，鼠聚土竈傍。
39 昆(艮)化爲兑，欲藏口舌，外人不利，必爭口舌，亡遺，及音聲，犬溺血，狐狸[入][中][舍]，[狗]嘷。
40 兑化爲乾，君子博識，小人口舌，縣官，家中鬭爭及女子呪咀，金鐵木[火][爲]怪。
41 兑化爲坤，當哭泣相向，父母呼天，刀鐱所傷，若盜賊入家，亡財失物，音聲、聚土怪。
42 兑化爲震，當欲見尊長、貴人，若吏詣門，賢人屬尾，當有知道者，仙人、玉女，夢見天公、非常之物。
43 兑化爲巽，内有好物，外人欲得，許而不与，婦人失婿，物爲女子怪，災從内起。
44 兑化爲坎，必口舌辭訟相讓，女子、奴婢逐人走，家有音聲，鬼魅木中出爲怪。
45 兑化爲離，法當哭泣，見女子自椎惋結，病咽喉剥藺，釜安鳴，火光爲災。
46 兑化爲昆(艮)，家當夫婦共鬭，婿欲去婦，々欲遠夫，雞犬及牛馬爲怪。
47 凡卦，諸父母持世，法不宜子孫，卦之父母爻，常尅其子孫，子孫有病，
48 少不秋(愁)矣。所以然者，祟是太父母先人來尅賊子孫，亦言不祀祭。
49 諸兄弟持世，法不宜首妻，卦之兄弟爻，常尅其妻，々有病，必難
50 差，祟在家祠。若任身者，台(貽)傷；若无台(貽)者，更取妥起，病瘦連延。
51 諸子〔孫〕持世，法不宜家長，皆應早孤，不見父母，當以晚奴爲後。
52 若无外家，此爲絶世。嫁女吉，仕進尅官，不利有所之。
53 諸財爻持世，法不宜父母，財爻尅父母，當常爲人所訟言，
54 亦爲縣官事難解，皆爲禄秩微薄，財持世，秩百石故。
55 諸鬼爻持世，法不宜兄弟，鬼爻尅兄〔二〕弟，故亦憂縣
56 官、王相，憂縣官，然无罪休廢，憂疾病囚死，憂死喪。
57 諸逃亡、々遺，爲卦中鬼所扶，々父母，憂父母疾病；扶子，憂子孫；
58 扶奴婢，憂逃亡；扶財，憂寇賊、亡遺；扶身，亦憂病鬼在内。
59 ［　　　　］[宫]之鬼賊，若□□，坤宫之鬼

（後缺）

注釋

〔二〕「兄」字上原有「身」字，旁有删除符號。

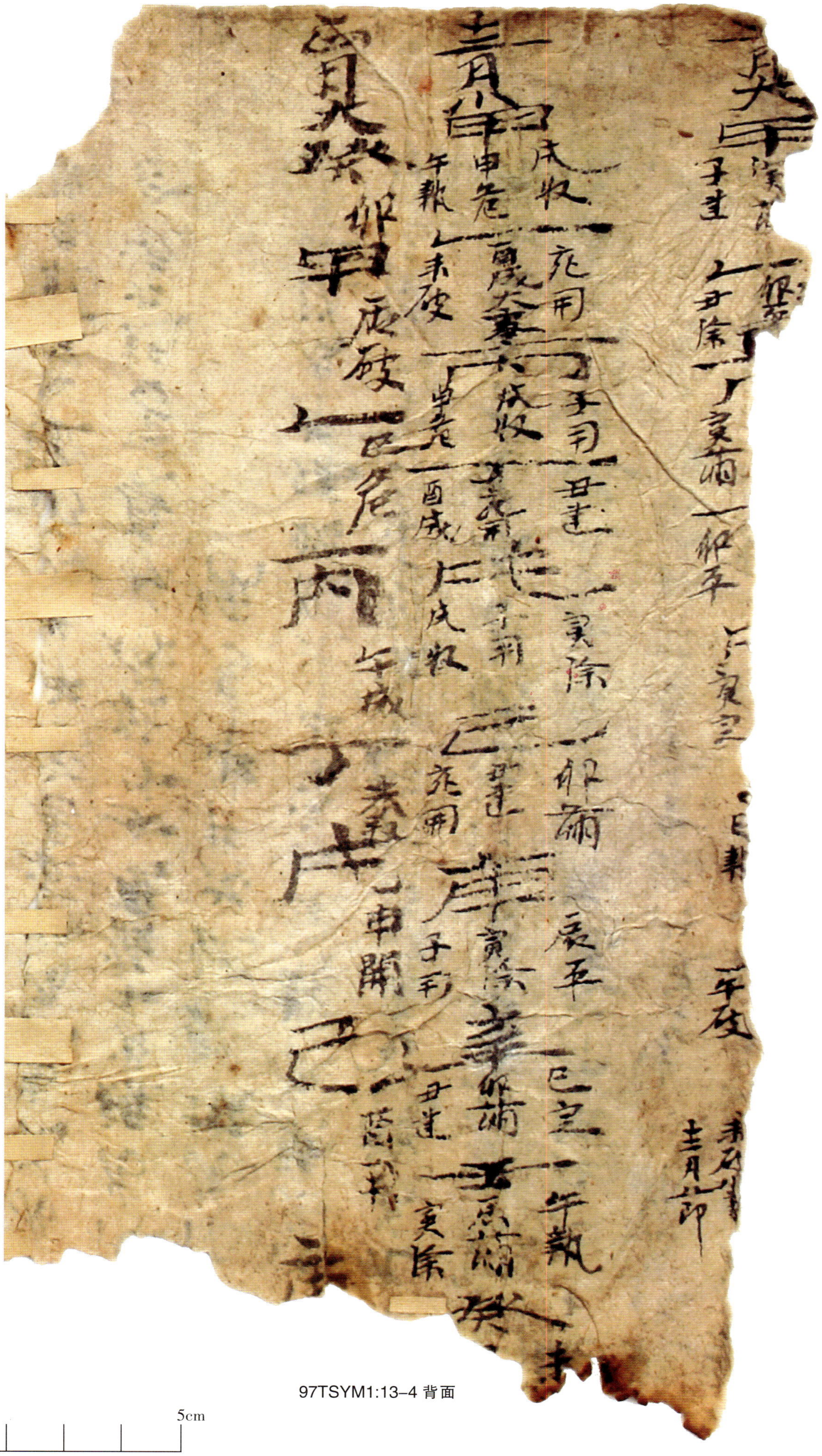

97TSYM1:13–4 背面

一〇　闞氏高昌永康十三年、十四年（四七八、四七九）曆日

本曆日倒書於易雜占（擬）背面，殘存三個月的内容，前一年的十一月、十二月，十一月前殘缺；後一年的正月未寫完，後餘白。在本墓出土文書中唯一有紀年的是闞氏高昌永康十二年（四七七）閏月十四日張祖買奴券，其中提到永康十二年，曆日時代當相近，推算爲永康十三年、十四年曆日。參見陳昊吐魯番洋海一號墓出土文書年代考釋，敦煌吐魯番研究第一〇卷（二〇〇七年）。

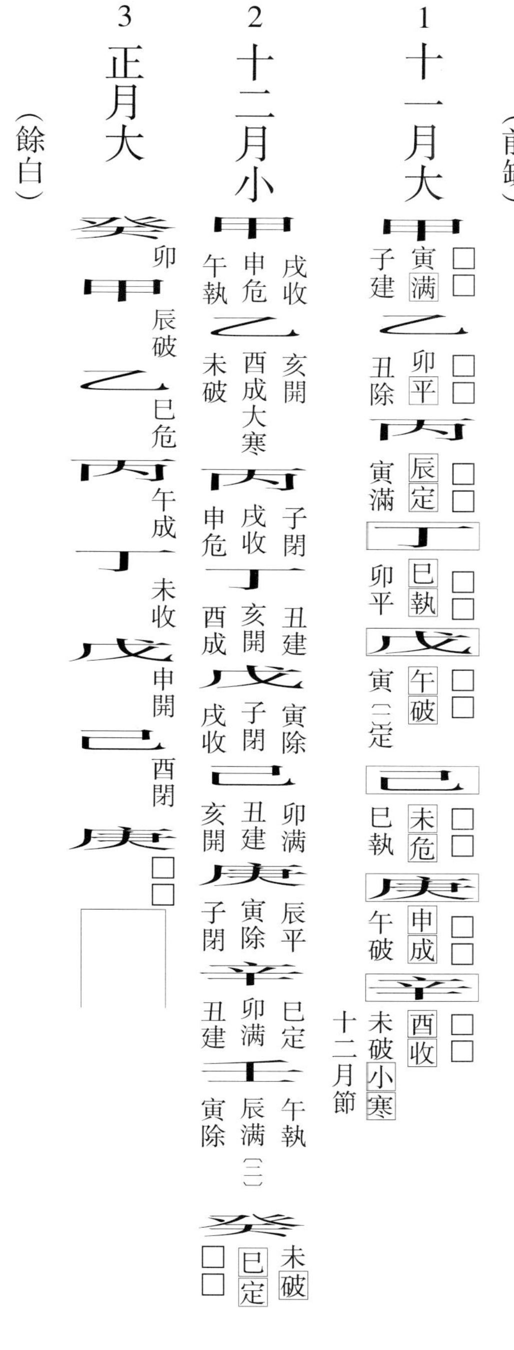

（前缺）

1 十一月大　甲 □□ 寅滿 子建　乙 □□ 卯平 丑除　丙 □□ 辰定 寅滿　丁 □□ 巳執 卯平　戊 □□ 午破 寅[一]定　己 □□ 未危 巳執　庚 □□ 申成 午破　辛 □□ 酉收 未破小寒 十二月節

2 十二月小　甲 戌收 申危 午執　乙 亥閉 酉成大寒 未破　丙 子閉 戌收 申危　丁 丑建 亥閉 酉成　戊 寅除 子閉 戌收　己 卯滿 丑建 亥開　庚 辰平 寅除 子閉　辛 巳定 卯滿 丑建　壬 午執 辰滿[二] 寅除　癸 未破 巳定 □□

3 正月大　癸 卯　甲 辰破　乙 巳危　丙 午成　丁 未收　戊 申開　己 酉閉　庚 □□

（餘白）

注釋

[一] 按推算應作「辰」字。

[二] 按推算應作「平」字。

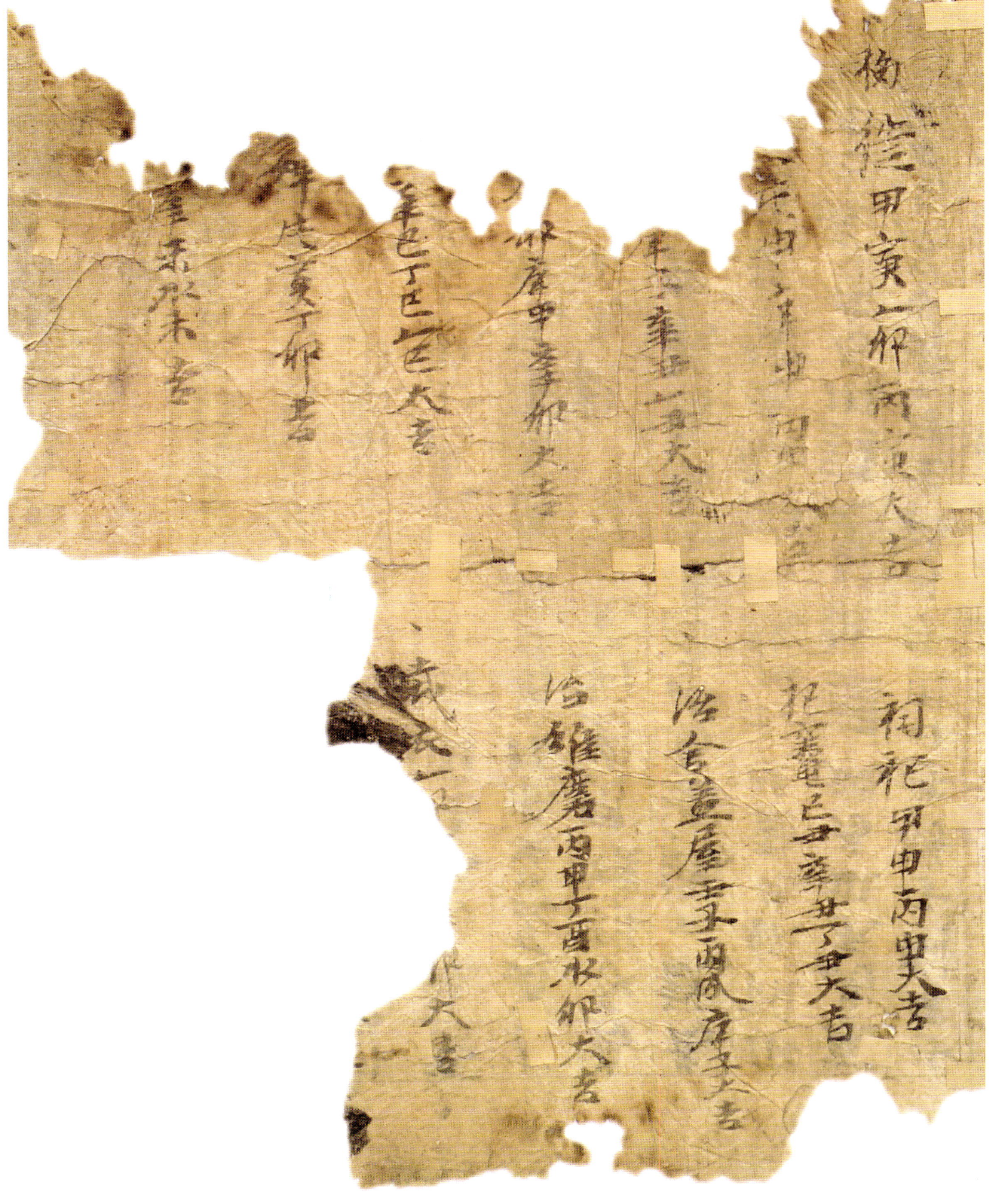

97TSYM1:13–3c 背面

一一　古寫本甲子推雜吉日法（擬）

本件文書寫於易雜占（擬）背面，前有紙縫，並不是原文書的開頭，可能寫於送使文書之後，字體與曆日文書接近。參見陳昊吐魯番洋海一號墓出土文書年代考釋，敦煌吐魯番研究第一〇卷（二〇〇七年）。

1　移徙，甲寅、乙卯、丙寅大吉　　祠祀，甲申、丙申大吉

2　□□，戊申、庚申、丙申大吉　　祀竈，己丑、辛丑、丁丑大吉

3　［　］庚子、辛丑、乙丑大吉　　治舍蓋屋，壬子、丙戌、庚子大吉

4　［　］□卯、庚申、辛卯大吉　　治碓磨，丙申、丁酉、水卯大吉

5　［　］□辛巳、丁巳、乙巳大吉　　裁衣，乙卯、□□、□卯大吉

6　［　］奴婢，戊寅、丁卯吉　　［　］　　［　］

7　［　］辛未、水未吉　　［　］

（餘白）

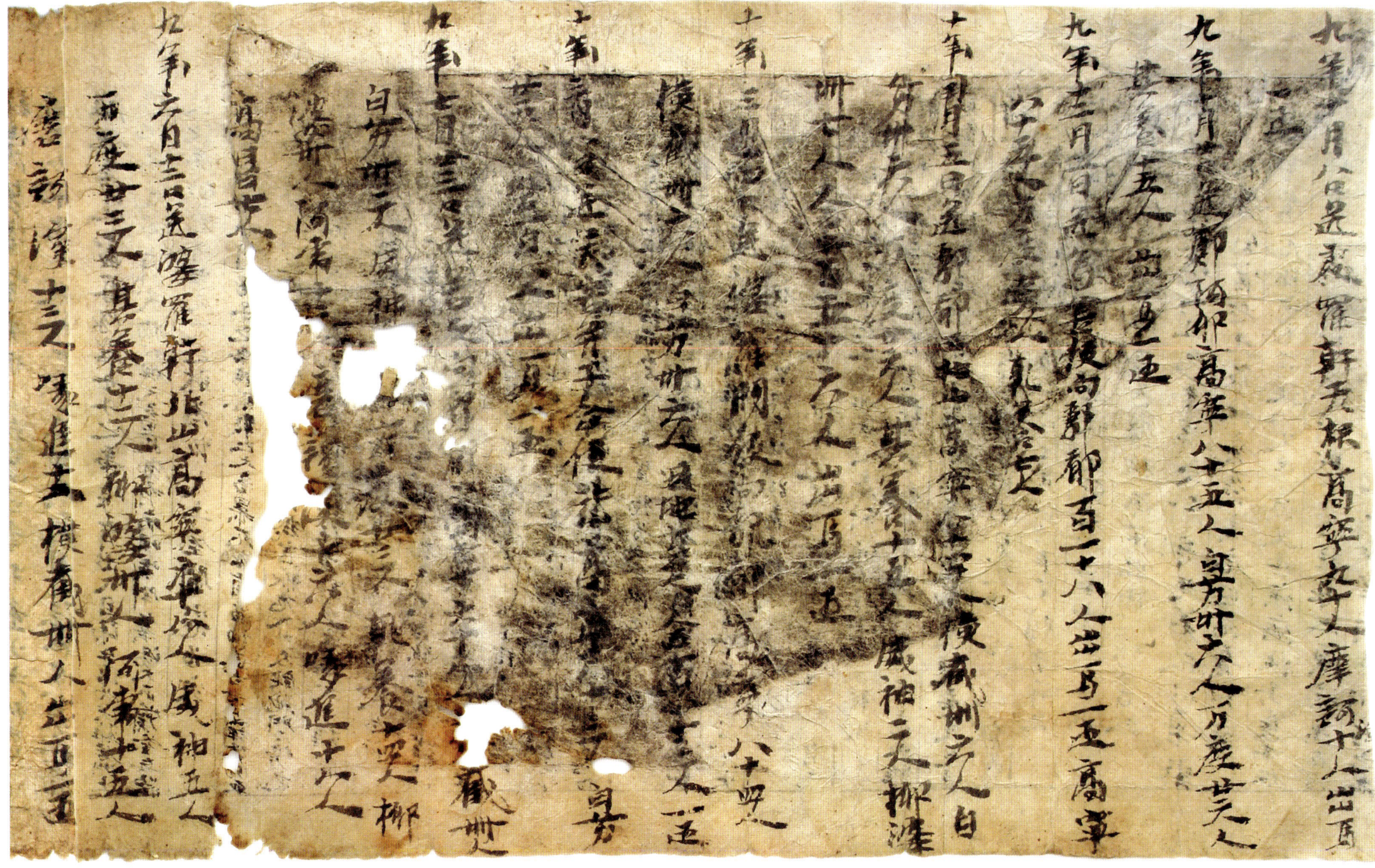

97TSYM1:13-4、5 背面

一二　闞氏高昌永康九年、十年（四七四、四七五）送使出人、出馬條記文書

本件文書寫於易雜占（擬）背面，文書由兩張紙粘接而成，局部破損。同墓出有闞氏高昌永康十二年（四七七）閏月十四日張祖買奴券，易雜占（擬）時代在永康十二年以後，應是利用廢棄的本文書及其他廢紙抄寫的，送使文書時代應在最前。由此推斷文書中「九年、十年」當是永康九年、十年。文書的内容是闞氏高昌王國各郡縣城鎮送使時出人出馬帳，每個年份旁，都有墨筆點記。參見榮新江闞氏高昌王國與柔然、西域的關係，歷史研究二〇〇七年第二期；吐魯番新出送使文書與闞氏高昌王國的郡縣城鎮，敦煌吐魯番研究第一〇卷（二〇〇七年）。

（前缺）

九年、十月八日送處羅幹无根，高寧九十人、摩訶演十人；出馬
一疋。
九年、十月廿日送鄭阿卯，高寧八十五人、白芳卌六人、万度廿六人、
其養十五人；出馬一疋。
九年、十二月二日送烏萇使向鄢耆，百一十八人；出馬一疋。高寧
八十五人、万度廿六人、乾養七人。
十年、閏月五日送鄢耆王北山，高寧八十四人、横截卌六人、白
芳卌六人、万度廿六人、其養十五人、威神二人、柳婆
卌七人，合二百五十六人；出馬．疋。
十年、三月十四日，送婆羅門使向鄢耆，高寧八十四人、
横截卌六人、白芳卌六人、田地十六人，合百八十二人；一疋[一]。
十年、三月八日送吴客并子合使北山，高寧八十三人、白芳
廿五人，合百八人；出馬一疋。
九年、七月廿三日送若久向鄢耆，高寧六十八人、横截卌人、
白芳卌二人、威神□□、万度廿三人、乾養十四人、柳
婆卌人、阿虎十二人、磨訶演十六人、喙進十八人、
高昌七人。
九年、六月十二日送婆羅幹北山，高寧六十八人、威神五人、
万度廿三人、其養十二人、柳婆卌人、阿虎十五人、

磨訶演十三人、喙進十人、横截卌人；出馬一疋。
（餘白）

注釋

〔一〕「一疋」二字上當缺「出馬」二字。

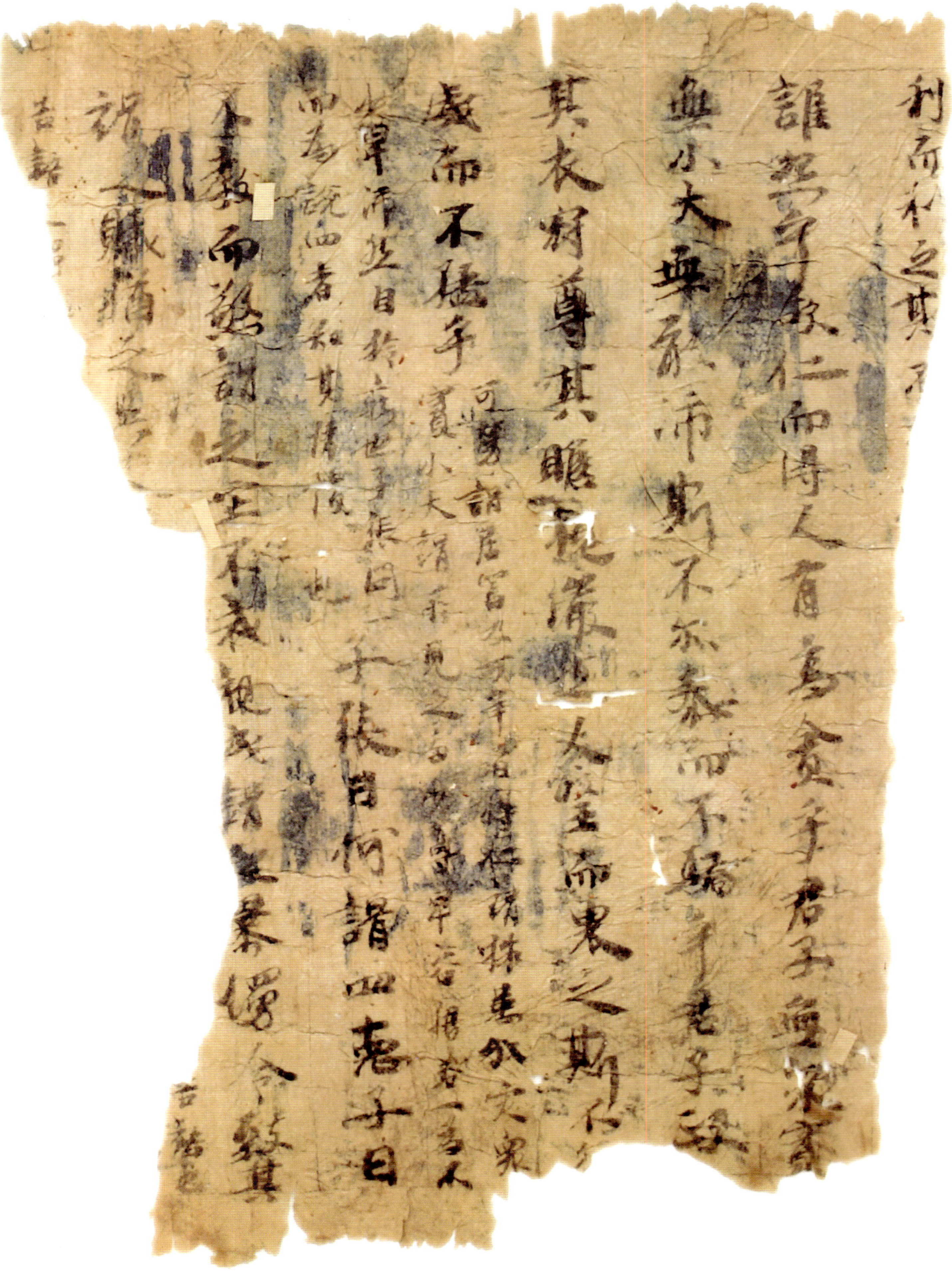
利而利之其[illegible]
誰怨乎欲仁而得人有焉貪乎君子無衆寡
無小大無敢慢斯不亦泰而不驕乎君子正
其衣冠尊其瞻視儼然人望而畏之斯不
威而不猛乎[illegible]
[illegible]子張曰何謂四惡子曰
[illegible]教而殺謂之虐不戒視成謂之暴慢令致期
[illegible]

97TSYM1:12

0 5cm

一三　古寫本論語堯曰注

本件寫本出自洋海一號墓，同墓出土有紀年文書闞氏高昌永康十二年（四七七）閏月十四日張祖買奴券，推測本件文書亦當在闞氏高昌時期。文書兩面均抄寫典籍，正面有藍色塗抹，有界欄（上下單欄，左右雙欄，欄高22.2cm），録論語堯曰古注，殘存九行，行一七、一八字不等，小字雙行夾注。參見朱玉麒吐魯番新出論語古注與孝經義寫本研究，敦煌吐魯番研究第一〇卷（二〇〇七年）；王素吐魯番新出闞氏高昌王國論語鄭氏注寫本補説，文物二〇〇七年第一一期。

（前缺）

1 利而利之，斯不亦□而

2 誰怨乎？欲仁而得人（仁），有焉（又）貪乎？君子無衆寡，

3 無小大，無敢沛（慢），斯不亦泰而不驕乎？君子政（正）

4 其衣冠，尊其瞻視，儼然人望而畏之，斯不亦

5 威而不猛乎？可勞謂居富及不年者，得仁謂捄患分灾，衆寡小大謂所見之多少，尊卑容貌若一，爲不

6 少卑，沛然自矜莊也。子張問一而爲説四者，知其懷憤也。子張曰：「何謂四惡？」子曰：

7 「不教而煞謂之虐，不戒視成謂之暴，慢令致其（期）

8 謂之賊，猶之與人也，□□□□□□□□□吉語也。

9 吉語□□□□

（後缺）

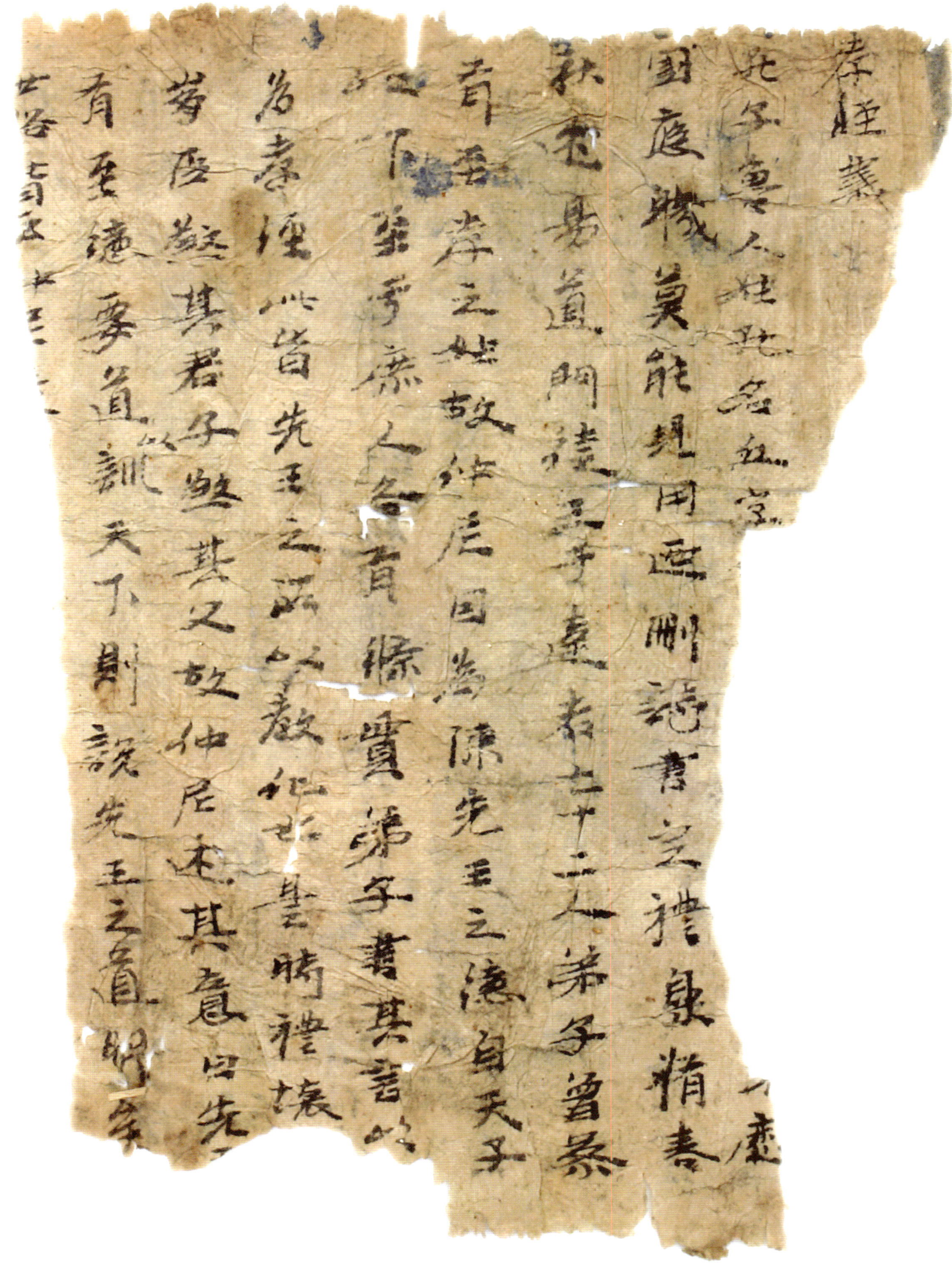

97TSYM1:12 背面

一四　古寫本孝經義

本件正面抄論語堯曰古注，背面即此文書，當與正面同時，無欄格，殘存十行，行一八字，原題「孝經義」。參見朱玉麒吐魯番新出論語古注與孝經義寫本研究，敦煌吐魯番研究第一〇卷（二〇〇七年）。

1 孝經義
2 孔子，魯人，姓孔，名丘，字仲[　　]□。歷
3 國應職，莫能見用。迺刪詩、書，定禮、樂，脩春
4 秋，述易道，門徒三千，達者七十二人。弟子曾參，
5 有至孝之姓（性）。故仲尼因爲陳先王之德，自天子
6 以下，至于庶人，各有條貫。弟子書其言，以
7 爲孝經，此皆先王之所以教化也，是時禮壞□
8 崩，臣煞其君，子煞其父。故仲尼述其意曰：「先王
9 有至德要道以訓天下。」則說先王之道明矣。
10 世俗皆云：仲尼□[　　]

（後缺）

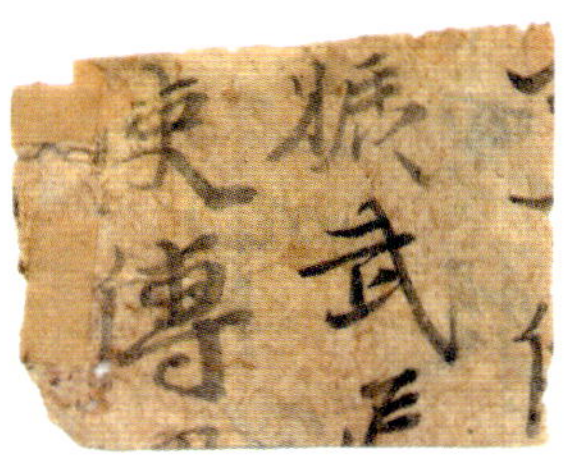
97TSYM1:11-2 背面

97TSYM1:11-2

97TSYM1:9-3 背面

97TSYM1:11-10c

97TSYM1:11-3

97TSYM1:11-10a

97TSYM1:11-10d

一五 文書殘片若干

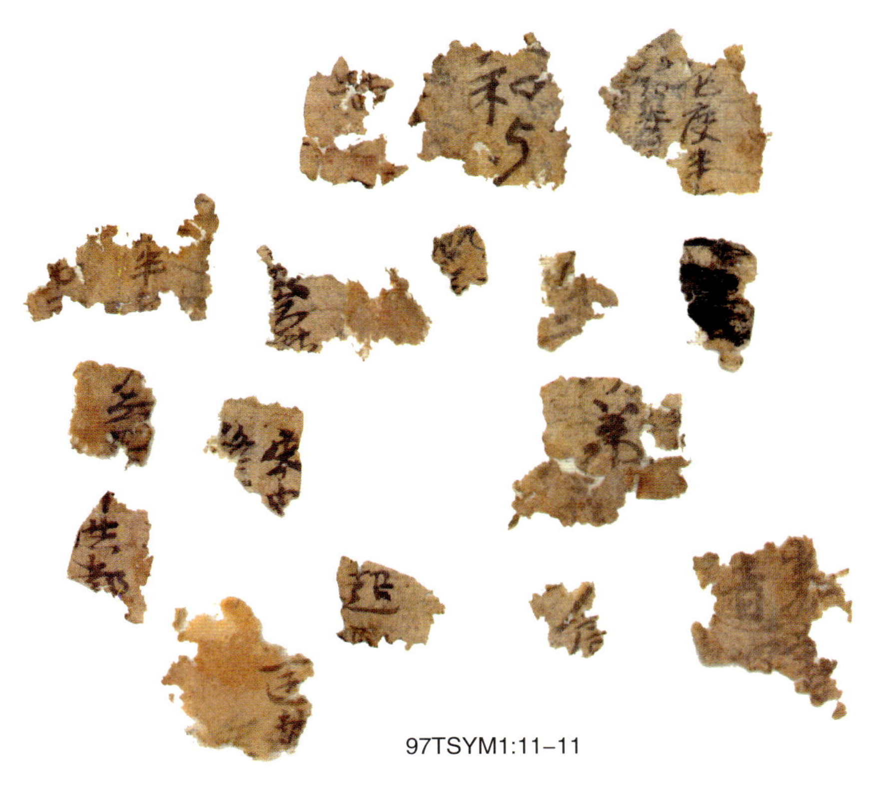
97TSYM1:11-11

97TSYM1:11-10e

97TSYM1:11-10f

一六 雜寫

趙貨紙帽原狀

二〇〇六年洋海出土文獻

洋海一號臺地四號墓出土文獻

洋海四號墓位於吐魯番鄯善縣洋海一號臺地，該墓曾經盜擾，二〇〇六年十月，吐魯番地區文物局進行了搶救性發掘。該墓爲竪穴雙偏室墓，夫妻合葬，男性墓主置於北偏室，女性墓主置於南偏室。可能是女性先葬。

該墓文書出土於墓道底部、北偏室近封門處和南偏室女性墓主左手臂下。有男、女性衣物疏各一件，無紀年，背無字。據該墓所出北涼緣禾二年（四三三）高昌郡高寧縣趙貨母子冥訟文書可知，該墓主人是趙貨，下葬年代在緣禾二年。除冥訟文書和衣物疏外，其餘文書揭自女性紙鞋及趙貨隨葬的紙帽。從紙鞋拆出前秦建元二十年（三八四）户籍、論語和詩經的白文殘本。趙貨所戴紙帽有紙十層之多，最外層塗墨，揭裱後拆出文書殘片近百件。拆出文書同屬賊曹文書，人名多互見，内容亦大多相關，其中有北涼義和三年（四三三）者，推測這批文書爲義和三年前不久高昌郡高寧縣官府文書，由於文書剪裁較多，無法直接綴合，從中可區分出若干組内容相近的文書，其他無法歸組者單獨標目。

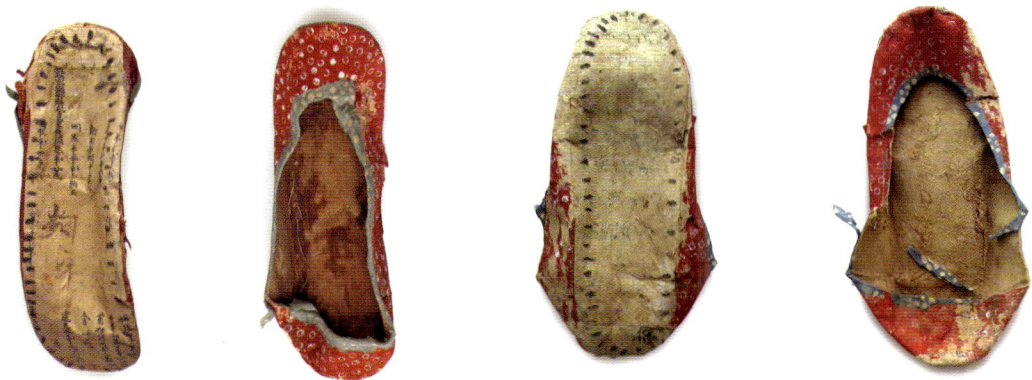

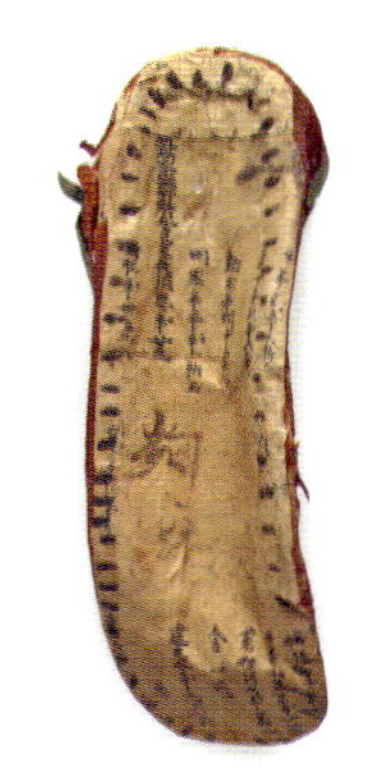
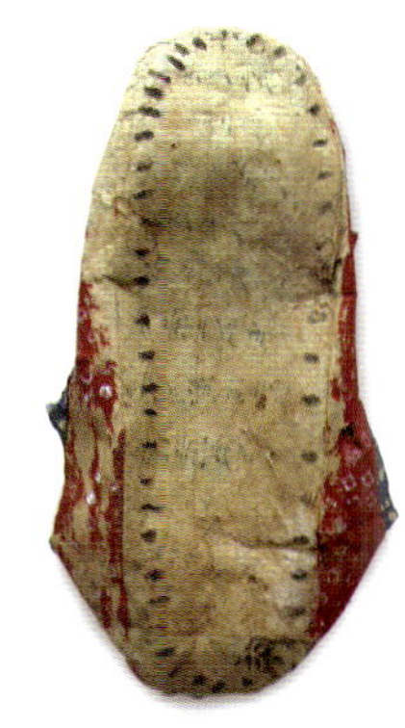

女性墓主紙鞋原狀

2006TSYIM4:1

一　北涼緣禾二年（四三三）高昌郡高寧縣趙貨母子冥訟文書

本件文書出土於北偏室近封門處，是寫給地府的冥辭與告白。「緣禾」年號見北涼緣禾五年（四三六）隨葬衣物疏（66TAM62:5，吐魯番出土文書壹，四七頁）；北涼緣禾五年（四三六）翟阿富券草（75TKM91:16<b>，吐魯番出土文書壹，六六頁）；北涼緣禾十年（四四一）高昌郡功曹白請改動行水官牒（79TAM382:6-3a，新出吐魯番文書及其研究，一〇頁）等。本件文書前有文字殘畫，當屬另一文書末尾。參見游自勇吐魯番新出冥訟文書與中古前期的冥界觀念，中華文史論叢二〇〇七年第四輯。

（前缺）

1 □　□　□

2 緣禾二年十月廿七日，高昌郡高寧縣

3 都鄉安邑里民趙貨辭：行年卅，以

4 立身不越王法，今横爲叔琳見狀

5 枉死，即就後世，銜恨入土[一]。皇天后土，當明照

6 察；鹽羅大王，平等之主，願加威

7 神，召琳夫妻及男女子孫[二]檢校。冀蒙列理，辭具。

8 貨母子白大公、己父，明爲了理，

9 莫爰（綴）歲月。

（餘白）

注釋

〔一〕「銜恨入土」原寫在行間。

〔二〕「夫妻及男女子孫」原寫在行間。

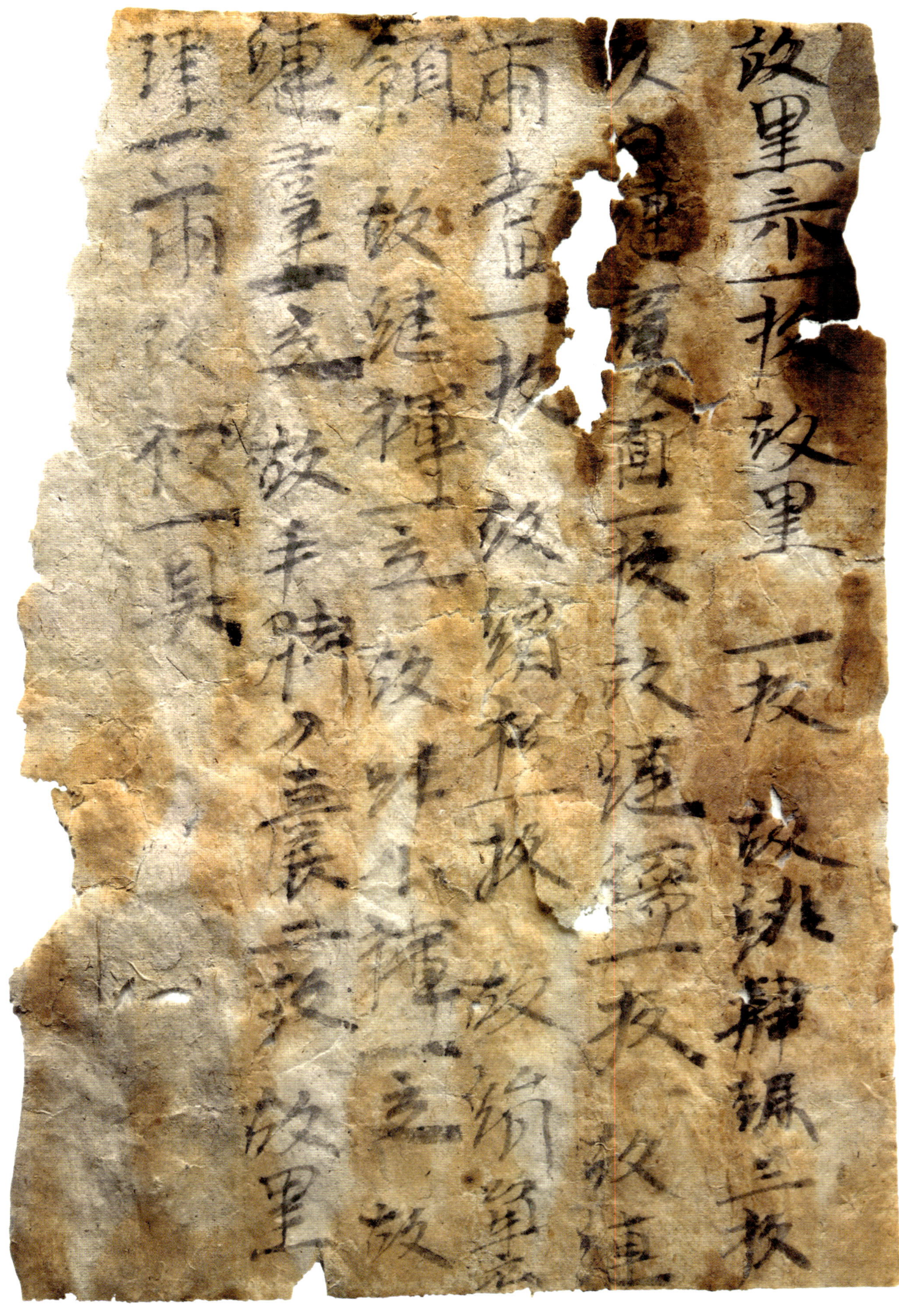

2006TSYIM4:4

二　北涼趙貨隨葬衣物疏

本件隨葬衣物疏出自墓道，屬男性墓主，當即趙貨。出土時已斷爲兩片。

1 故黑示（桑）一枚　故黑〔一〕一枚　故緋肆（肆？）緉三枚
2 故白縺（練）覆面一枚　故縺（練）繻（襦）一枚　故縺（練）
3 兩當一枚　故絹衫一枚　故絹單衣
4 一領　故縺（練）褌一立　故絓小褌一立　故
5 縺（練）羣一立　故手脚爪囊二枚　故黑
6 理〔二〕一兩　故絹〔三〕被一具

注釋

〔一〕「黑」字後原空未書。

〔二〕「理」爲「鞋」之訛字，「鞋」爲「履」之俗寫。

〔三〕「絹」字原寫在行間。

紺靖結髮一枚桐枚一枚集疏一枚紺尖一枚
帛練衣一枚■緋覆面一枚紫纈一領
綺[?]襠一領帛練衫一領緋袍帬一立黃綺
帬一立絳結綷結袴一立絓褌一立絢小褌一
帛練袜一量絳絲鞋一量懷右囊
二枚練鞶角囊一枚緋手脚爪囊
二枚綺被一領練辱一領
有方襍衣裳雜物

2006TSYIM4:8

0 5cm

三 北涼缺名隨葬衣物疏

本件隨葬衣物疏出自南偏室女性墓主左手臂下。

1 紺清〔一〕結髮一枚　桐（銅）杈（釵）一枚　棗疏（梳）一枚　紺夵一枚

2 帛縺（練）夵一枚〔二〕　緋覆面一枚　紫繻（襦）一領

3 綺兩當一領　帛縺（練）衫一領　緋絈帬一立　黃絹

4 帬一立　結〔三〕絳絓袴一立　絓褌一立　絈小褌一立

5 帛縺（練）袜一量　絳糸（絲）鞕（履）一量　懷右（袖）囊

6 二枚　縺（練）蹹（蹋）臼（鞠）囊一枚　緋手脚爪囊

7 二枚　絹被一領　縺（練）辱（褥）一領

8 有右條衣裳雜物

注釋

〔一〕「清」爲「綪」之誤，「綪」爲「續」之俗寫。

〔二〕「枚」字後塗去一字。

〔三〕「結」字原寫在行間。

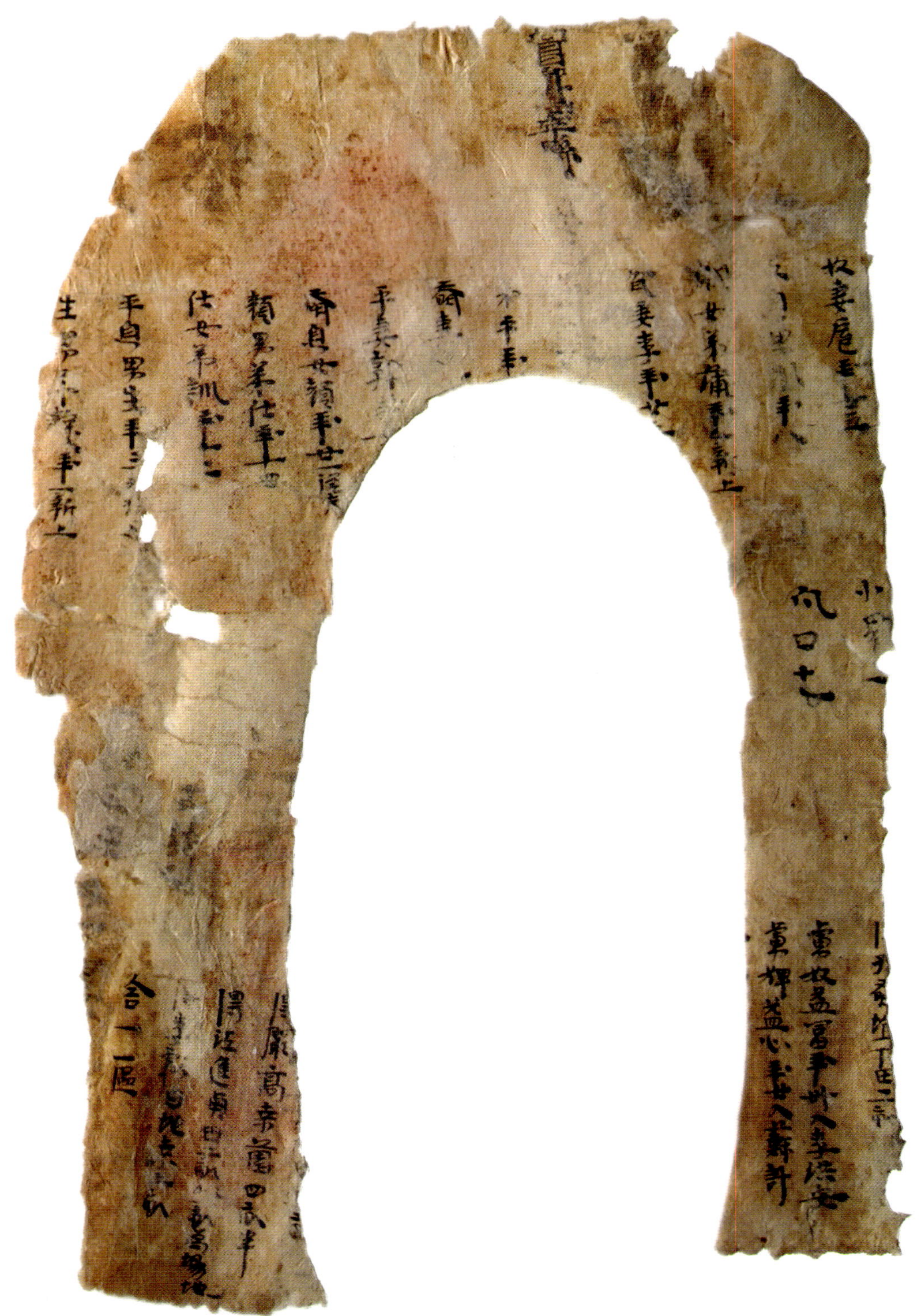

2006TSYIM4:5-1

四　前秦建元二十年（三八四）三月高昌郡高寧縣都鄉安邑里籍

本件文書拆自女性墓主左鞋，由兩鞋面和一鞋底組成，其中鞋底和一個鞋面可直接綴合。2006TSYIM4:5-1背面倒書論語公冶長「天道不可得文（聞）尒已矣」至「吾大夫崔子違之々一邦則」；2006TSYIM4:5-2背面倒書論語雍也「子曰回也其心三月不違仁」至「中人以下不可以語上矣」。2006TSYIM4:5-1的户籍一面原本對粘在2006TSYIM4:5-2背面論語文字的上面，揭裱時，部分文字没有揭乾净，仍然正面朝裏粘貼在論語寫本的表面，第一行「奴」、第二行「郞」、第五行「都鄉安邑里民崔奣」等字即據原卷判定。2006TSYIM4:5-2的空白處有幾個後寫大字，推測是學生習字之類，不録。參見榮新江吐魯番新出前秦建元二十年籍研究，中華文史論叢二〇〇七年第四輯。

（一）

（前缺）

1　奴妻扈年廿五　　小男一　　得孫奣塢下田二畝
2　奴息男郞年八　　凡口七　　虜奴益富年卅入李洪安　虜婢益心年廿入蘇計
3　郞女弟蒲年一新上　　舍一區
4　賀妻李年廿五[　　]　　[　　]
5　高昌郡高寧縣都鄉安邑里民崔奣[　　]
6　弟平年[　　]　　[　　]　　[　　]
7　奣妻□年[　　]　　[　　]　　[　　]
8　平妻郭年廿[　　]　　[　　]　　□□□田□□畝
9　奣息女顔年廿一從夫　　[　　]　　得闞高桑薗四畝半
10　顔男弟仕年十四　　[　　]　　得江進鹵田二畝以一畝爲場地
11　仕女弟訓年十二　　得李虧（？）田地桑三畝
12　平息男生年三新上　　舍一區
13　生男弟麴（？）年一新上　　建[　　]

（後缺）

2006TSYIM4:5-2

（二）

（前缺）

［　］　［　］　□□三　埽塢下［　］
女々弟素年九新上　凡口八　得猛季常田四畝
素女弟訓年六新上　西塞奴益富年廿入李雪　虜婢巧成年廿新上
勳男弟明年三新上　舍一區
明男弟平年一新上　建元廿年三月藉（籍）
高昌郡高寧縣都鄉安邑里民張晏年廿三
叔聰年卅五物故　奴女弟想年九　桑三畝半
母荆年五十三　晏妻辛年廿新上　城南常田十一畝入李規
叔妻劉年卌六　丁男二　得張崇桑一畝
晏女弟婢年廿物故　丁女三　沙車城下道北田二畝
婢男弟隆年十五　奴丁男三　率加田五畝
隆男弟駒［　］　［　］　［　］區
駒女弟［　］　［　］　［　］
聰息男［　］　凡口九
高昌郡高寧縣都鄉安邑里民［　］
妻朱年五十　丁男一　沙車城下田十畝入趙□
息男隆年卅三物故　丁女一　埽塢下桑二畝入楊撫
隆妻張年廿八還姓　小女一　□塢蘭二畝入□□
隆息女顏年九　小男一　舍一區
顏［　］　［　］　［　］

（後缺）

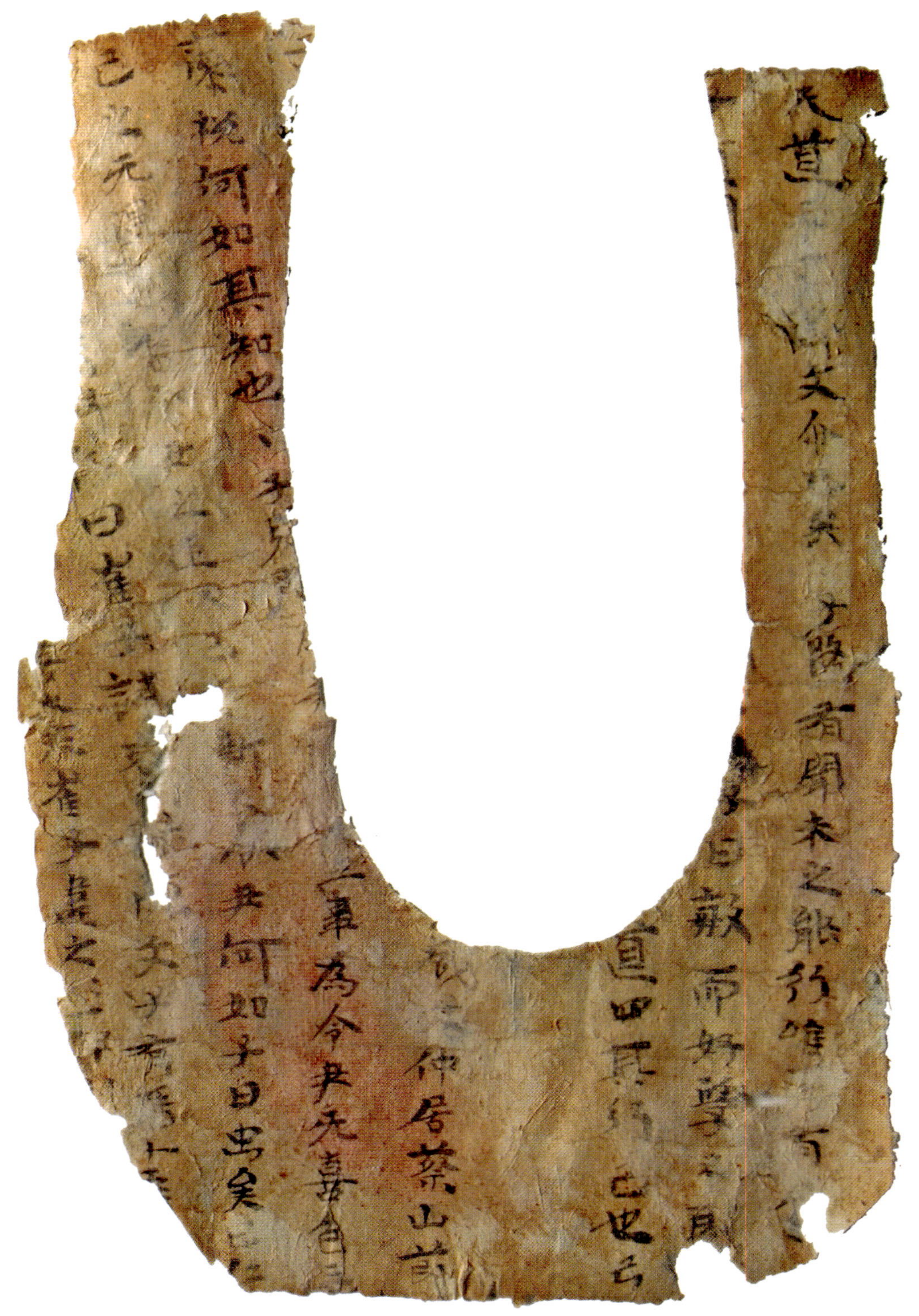

2006TSYIM4:5-1 背面

五　古寫本論語

本件文書寫於前秦建元二十年（三八四）三月高昌郡高寧縣都鄉安邑里籍背面，存二五行。内容爲論語白文本，存卷三公治長篇「天道不可得文（聞）尒已矣」至「吾大夫崔子違之々一邦則」，雍也篇「子曰回也其心三月不違仁」至「中人以下不可以語上矣」兩段文字。「子曰」上有頓點標記隔開。寫本第一七行上及第一九、二〇行間，有背面户籍文字粘貼其上，無法揭裱。

（前缺）

1 天道，不可得文（聞）尒已矣。」、子路有聞，未之能行，唯恐有聞。

2 子貢問□、子曰：「敏而好學，不恥下

3 □道四：其行己也弓（恭），

4 □

5 子□：晏□臧文仲居蔡，山節

6 藻棁，何如其知也？」、子張問：「令尹子文三事（仕）爲令尹，无喜色；三

7 已之，无愠色。舊令尹之正（政），必已告新令尹。何如？」子曰：「忠矣。」曰：「仁

8 □焉得仁？」曰：「崔子試（弑）齊君，陳文子有馬十乘，□

9 □吾大夫崔子。』違之。々一邦，則□

（中缺）

2006TSYIM4:5-2 背面

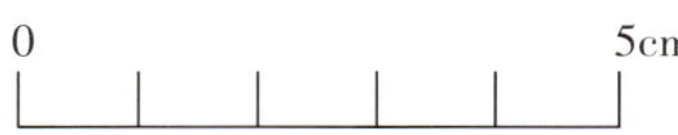

10 子曰：「回也，其心三月不違仁，其餘則日月至焉而

11 康子問：「　從正（政）　由也　何有？」曰：「賜也可使從

12 正（政）乎何有？」曰：「求□可使從正（政）也与？」曰：「求也

13 季氏使文子騫（閔）爲費宰。閔子騫曰：「善

14 在文（汶）上矣。」

15 伯牛有疾，子問之，自牖執其手，曰：「亡□，□□□！斯也人有斯疾也！斯也人有斯疾也！」

16 、子曰：「見（賢）哉，回也！一單（簞）食，一瓢飲，在陋巷，人不堪其憂，回也□□□

17 樂。見（賢）哉，□□！」冉有曰：「非不説子之道，力不足。」子□：「□□足者，中□

18 而廢。今女畫。」、子謂子夏曰：「爲君子□，無

19 得人焉爾□？」□：「□澹臺滅明者，行不

20 於偃之室也。」、子□：「□之反不伐，本（奔）而壁，

21 □□門，策其□，□：『□敢後，馬不進。』」子□：「□有祝駝（鮀）之佞，而

22 □宋朝之美，難乎勉（免）於今之世。」、子曰：「誰能出不由户？何莫由

23 斯道？」、子曰：「質勝文則□，文勝質則使（史）。文与質彬々，然後君子也。」

24 子曰：「人之生　而勉（免）。」、子曰：「知之者不如好之者，好之□

25 以語上；中人以下，不□以語上矣。」

（後缺）

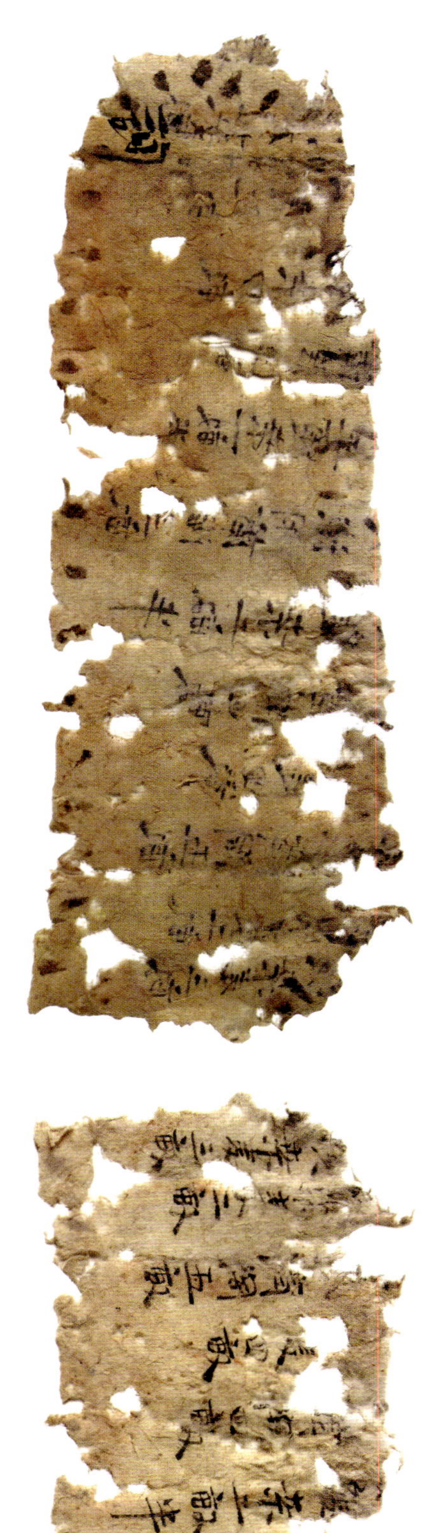

2006TSYIM4:2-5 背面

2006TSYIM4:2-5

0 5cm

六　前秦（？）田畝簿

本件文書拆自女性墓主右鞋底，其左鞋拆出前秦建元二十年（三八四）三月高昌郡高寧縣都鄉安邑里籍，推測兩者年代相距不遠，或爲前秦時期高昌郡高寧縣田畝簿。上缺，存下半部。部分條目上有朱筆畫記。背面簽署「詢」，另有墨點表示針眼。

（前缺）

1 □□桑□畝

2 □□□麥六畝

（詢）

3 □□小麥十畝

4 □□麥九畝

5 □□□桑四畝

6 □蒲陶三畝

7 □□□平頭桑一畝半

8 □□□德明蒲陶三畝

9 □□□雒桑二畝半

10 □蒲陶四畝

11 □麥四畝

12 □□□□蒲陶五畝

13 □□□桑麥二畝

14 □□□桑麥三畝

（後缺）

2006TSYIM4:2-1

0 5cm

七　古寫本詩經

本件文書拆自女性墓主右脚紙鞋，隸書，有烏絲欄，背無字。由若干殘片組成，大部分殘片可直接綴合。整組文書爲詩經白文本，存大雅蕩之什抑篇後半部、桑柔篇後半部和雲漢篇大部。綴合後紙高24.2cm，欄高22.9cm，欄格寬1.6cm，行十五至十九字不等。第五〇、五一行間有夾寫文字「□□□……□平能建國新諸侯喪賞申□」。

（前缺）

1 爾侯度，用戒不虞。慎爾出話，敬……

2 不柔嘉。白圭之玷，尚□摩（磨）也；斯言……

3 □也！毋易由言，無□「苟矣。莫捫……

4 □□矣。無言不讎，無德不報。惠于……

5 小子。々孫繩々〔二〕，萬民不承。視……

6 顏，□瑕有愆。相□爾室，……

7 曰「不顯，莫與云覯」。神之格□，……

8 射思？辟爾爲〔三〕德，卑臧卑……

9 于儀。不僭不賊，鮮□□□。投我以桃，報之以李。

10 彼□□角，實虹小子。荏染柔□，言緡之絲。

11 溫々□人，維德之基。其維悊人，告之話言。順德

12 之行。其維愚……

13 小子，未知臧……

14 之，言提其……

15 誰夙知而莫……

16 爾夢々，我心慘……

17 復（覆）用爲虐。借曰未知，亦聿既旄。於乎小子，

18 告爾□□。聽用我謀，庶無大悔。天方艱難，

19 曰喪□□。□壁（譬）不遠，昊天不忒（忒）。回遹其德，

（中缺）

注釋

〔二〕原件此處有空格，當有重文符號。

〔三〕「爾爲」二字，原寫作「爲爾」，旁有倒勾符號，據改。

2006TSYIM4:2-2

20 □。維此良人，作爲式穀。維此不順，

21 隧，貪人敗類。聽言則對，誦言如

22 □。□用其良，覆卑我悖。嗟爾朋友，予豈不

23 □彼飛蟲，時亦弋獲。既之〔一〕陰女，

24 □□來嚇々。民之罔極，職涼善背。爲民不利，

25 □云不克。民之回遹，職競用力。民之未戾，職

26 盜爲寇〔二〕。諒曰不可，覆背善詈。雖曰非（匪）予，既作

27 爾歌。桑柔十六章，其八章々八句，八章々六句。

28 雲漢，仍叔美宣王也。宣王承厲王之烈，

29 □□撥亂之志，遇災而懼，側身脩行，欲□

30 去之。天下喜於王化復行，百姓見憂，故作是詩也。

31 倬彼雲漢，昭回于天。王曰於乎，何辜今之

32 人！天降喪亂，飢饉薦臻。靡神不舉，□□斯牲。

33 圭璧既

注釋

〔一〕「之」字下原寫「來」字，又删去。

〔二〕原寫作「冠」，旁改作「寇」。

2006TSYIM4:2-4

2006TSYIM4:2-3

34 祖宮

35 不臨。耗斁□□，寧丁我

36 摧。今（兢）々（兢）□□，如霆如雷。

37 黎□，□有□遺。昊天上帝，則不我遺。胡不

38 相畏，先祖于摧？·旱既大甚，則不可沮。赫々炎々，

39 云我無所。大命近止，靡□□□。羣公先正，

40 則不我助。父母先祖，胡寧忍予。旱既大甚，

41 □々山川。旱魃爲虐，如惔如焚。我心□暑，憂

42 心如薰。羣公先正，則不我聞。昊天上帝，寧

43 卑我遯。旱既大甚，黽勉畏去。□□瘨我

44 方社不莫。

45 無悔怒。旱既

46 哉冢宰。趣

47 不能止。瞻□

48 □天，云如何里。瞻仰□天，有嘒其星。大夫

49 君子，昭假靡贏。大命近止，無棄爾成。何求

50 爲我，以戾庶正。瞻仰昊天，曷惠其寧。

51 雲漢八章，

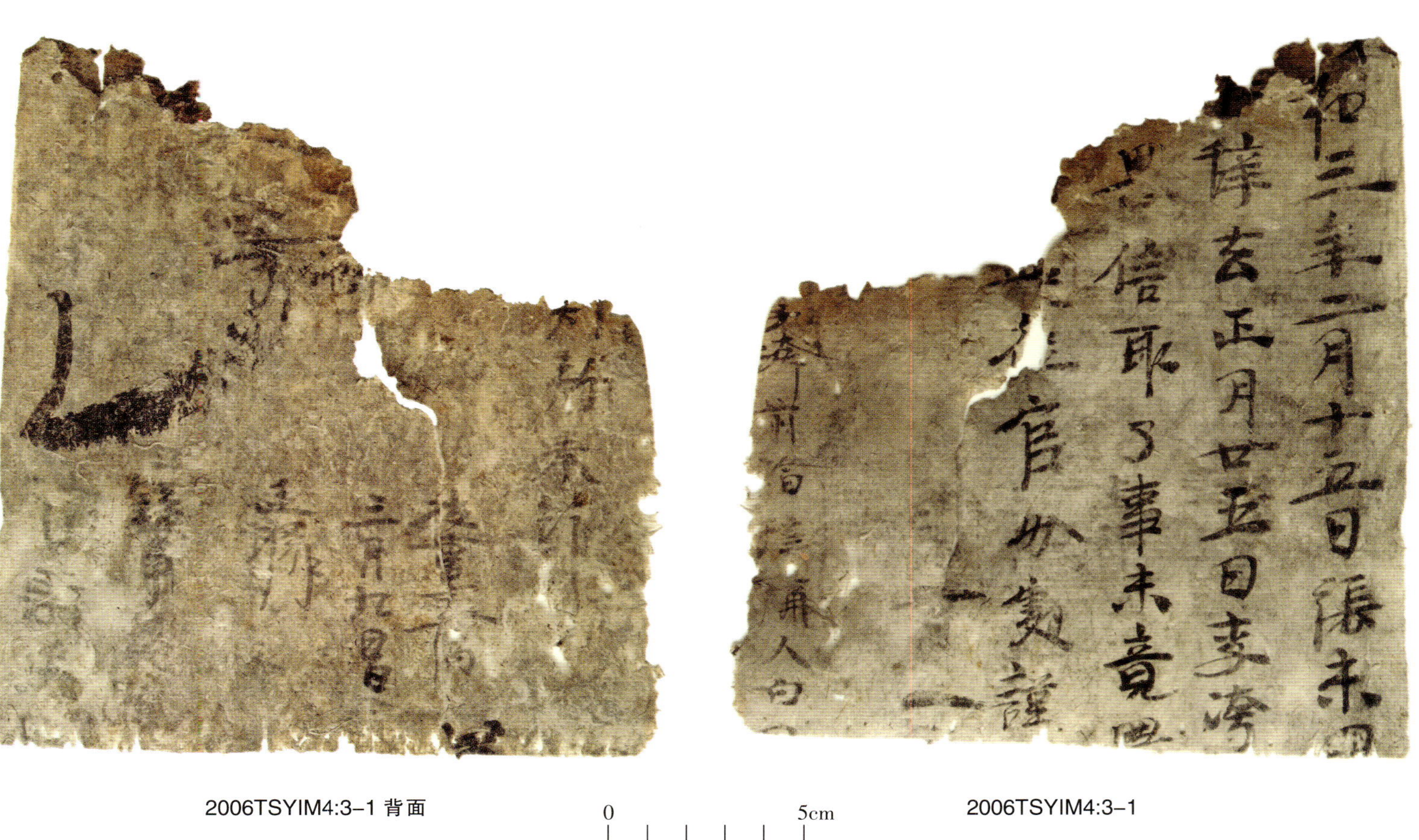

2006TSYIM4:3–1 背面　　0　5cm　　2006TSYIM4:3–1

八　北涼義和三年（四三三）二月十五日張未興辭

本件文書揭自趙貨紙帽。紀年首字殘，據殘畫可補「義」字，同墓所出有義和三年文書，可資爲證。據本件紀年，以下諸揭自趙貨紙帽的文書，其年代大致離此不遠，應在義和三年（四三三）之前，不一一加以説明。

1　義和三年二月十五日張未興［　］
2　□辭：去正月廿五日，李洿［　］
3　□□興信取了，事未竟，興［　］
4　□□□此，從官分處。謹［　］
5　　　一　一　［　］
6　［　］
7　［　］李洿前詣辭稱：人白□［　］

（後缺）

九　北涼某年三月九日官文書尾

本件文書揭自趙貨紙帽。「校曹主簿」署名殘半，據同墓所出2006TSYIM4:3-22北涼官文書尾，本校曹主簿或爲「養」。第五行「洿」或爲文書正面北涼義和三年（四三三）張未興辭中的「李洿」。末尾有勾勒。

（前缺）

1　［　］□勅奉行。
2　　　　　校曹主簿　養
3　　　　　三月九日白
4　［　］□
5　［　］史　洿　　廷掾　［　］
6　　　　　　　　　録事　［　］

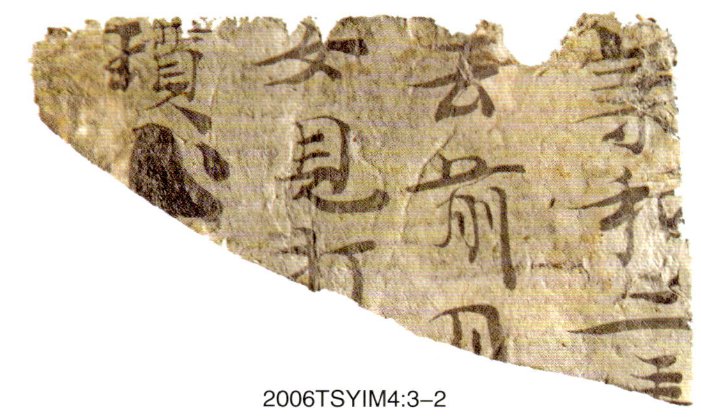
2006TSYIM4:3–2

2006TSYIM4:3–16 背面

一〇　北涼義和三年（四三三）文書爲保辜事

本組文書揭自趙貨紙帽。由 2006TSYIM4:3-2、2006TSYIM4:3-16 背面、2006TSYIM4:3-11 背面、2006TSYIM4:3-42、2006TSYIM4:3-8 背面、2006TSYIM4:3-7 背面、2006TSYIM4:3-5 背面、2006TSYIM4:3-37 等八片組成，人名「瓚」和「蒲」互見。其中 2006TSYIM4:3-16 背面和 2006TSYIM4:3-11 背面兩片字迹相同；2006TSYIM4:3-2 背面塗墨，是否有字不清；2006TSYIM4:3-37 背無字。

（一）

1 義和三年

2 去前月

3 女見打

4 瓚□

（後缺）

（二）

（前缺）

1 □薗□

2 辭：瓚[一]見蒲單

3 二辭各□一□

4 □左真并召□

（後缺）

注釋

[一]「瓚」原寫在行間。

2006TSYIM4:3-42

2006TSYIM4:3-11 背面

（三）

（前缺）

1 ］瓚詣□［

2 ］□辭召□［

3 ］瓚比從［

4 ］獨横蒲［

5 ］請遣［

6 ］□鳳遣［

7 ］□行。

（後缺）

（四）

（前缺）

1 ］蒲□［

2 ］妻陽以［

（後缺）

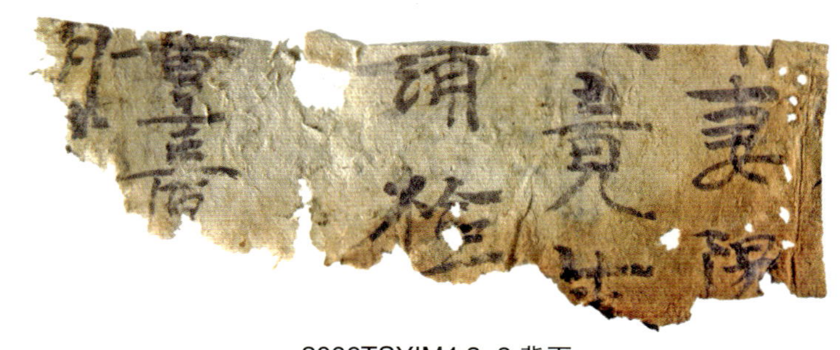
2006TSYIM4:3–8 背面

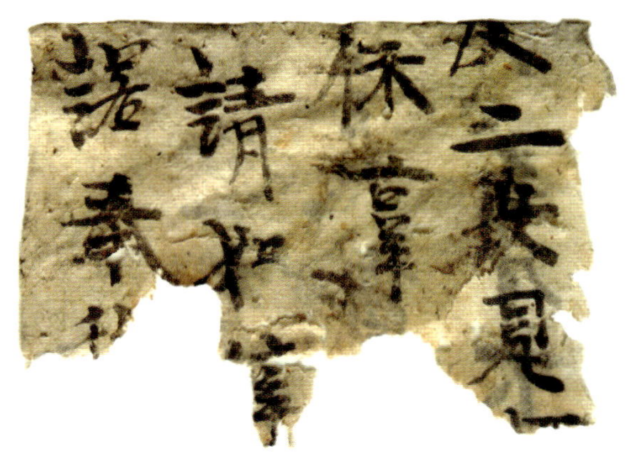
2006TSYIM4:3–7 背面

（五）

（前缺）

1 □妻陽

2 □竟求

3 蒲檢

4

5 曹主簿

6 月廿

（後缺）

（六）

（前缺）

1 及二女見打

2 保辜

3 請如辭

4 諸奉行

（後缺）

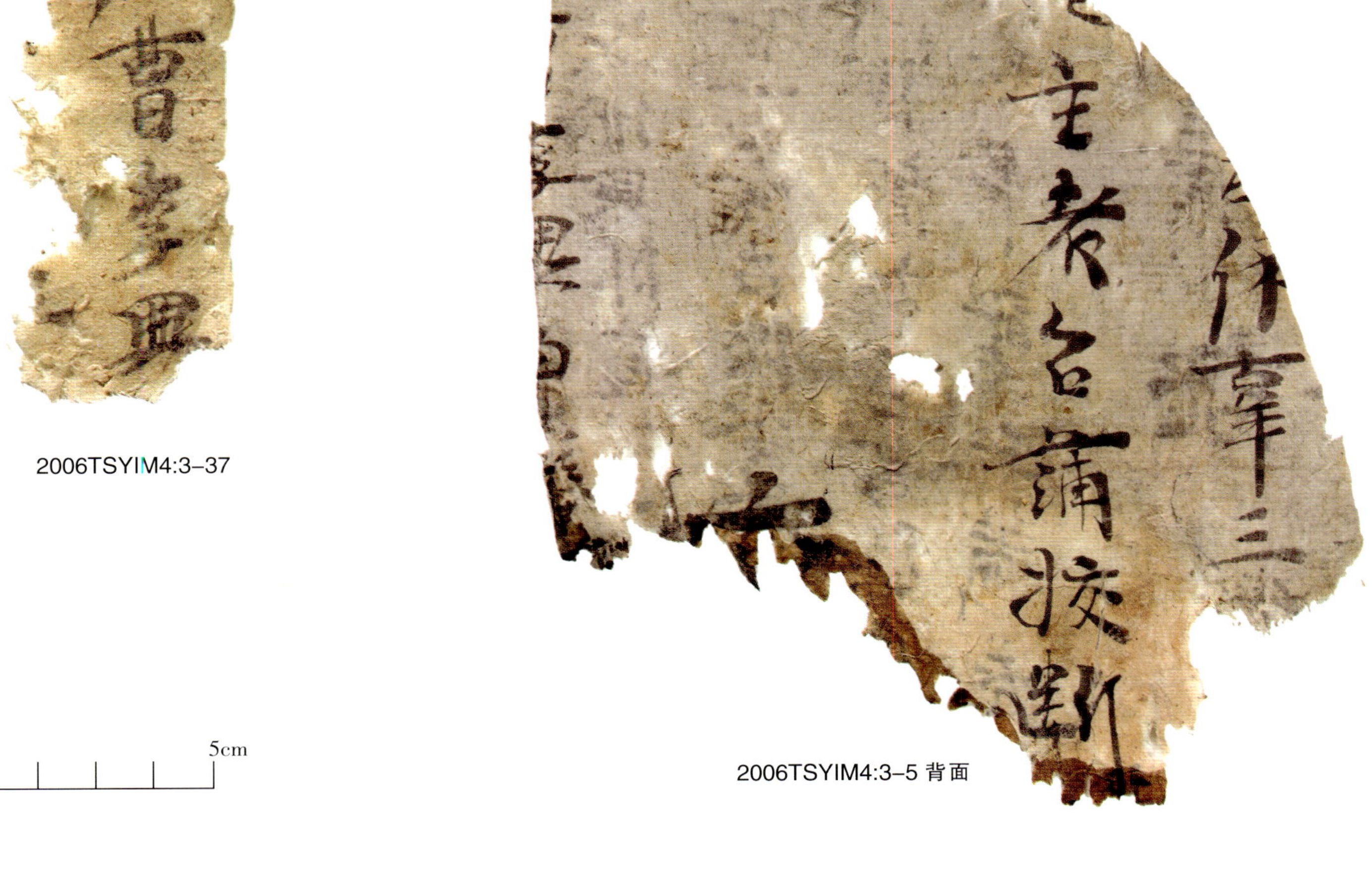

2006TSYIM4:3-5 背面

2006TSYIM4:3-37

（七）

（前缺）

1 [ ]□保辜三[ ]

2 [ ]□主者召蒲校斷[ ]

3 [ ]□[ ]

4 [ ]□□李興白□□[ ]

（後缺）

（八）

（前缺）

1 户曹李興[ ]

2 [ ]□

（後缺）

一一　北涼高昌郡高寧縣差役文書

本組文書揭自趙貨紙帽。由二十五片組成，無法直接綴合，但内容相似，均與差役有關。本組文書中多有「與高昌、田地相承保」字樣，可知屬高昌、田地之外的某縣文書，而據同墓北涼緣禾二年（四三三）高昌郡高寧縣趙貨母子冥訟文書，以及前秦建元二十年（三八四）三月高昌郡高寧縣都鄉安邑里籍，該墓文書屬高寧縣，因此推斷本組是高寧縣賊曹文書，年代當在緣禾二年（四三三）之前。

本組文書（一）正面第一行翟紾見同墓北涼高昌郡某縣賊曹闞禄白爲翟紾失盜事（2006TSYIM4:3-20）。背面上有「争」押署，下可辨「録事」二字。（一二）看似兩片對粘，實際是由於揭裱過甚導致「闞禄白謹」等字脱落倒挂在文書下方，據原卷判定原屬同件。（一九）末尾有粗筆勾勒「乙」殘畫。（二〇）與正面倒書，下有墨筆勾勒「乙」殘畫。（二一）第四行押署人名「校」見哈拉和卓九一號墓文書殘片（75TKM91:15<b>，吐魯番出土文書壹，八三頁）。（二二）背面塗墨，無字可讀。（二四）背面倒書殘字「明」。

2006TSYIM4:3-3

2006TSYIM4:3-3 背面

（一）

1 □□［　　］
2 ［　　］□□張相富[一]、翟紾——右二家户候次，逮三□□［　　］
3 ［　　］火[二]，与高昌、田地承［　　］
4 ［　　］七日候廿日竟□［　　］
5 ［　　］曹闞禄白，謹條□［　　］
6 ［　　］□諸紀識奉行。
7 ［　　］主簿　就

注釋

〔一〕「張相富」原寫在右側行間。
〔二〕「火」字上塗去兩字。

2006TSYIM4:3-4

2006TSYIM4:3-5

0 5cm

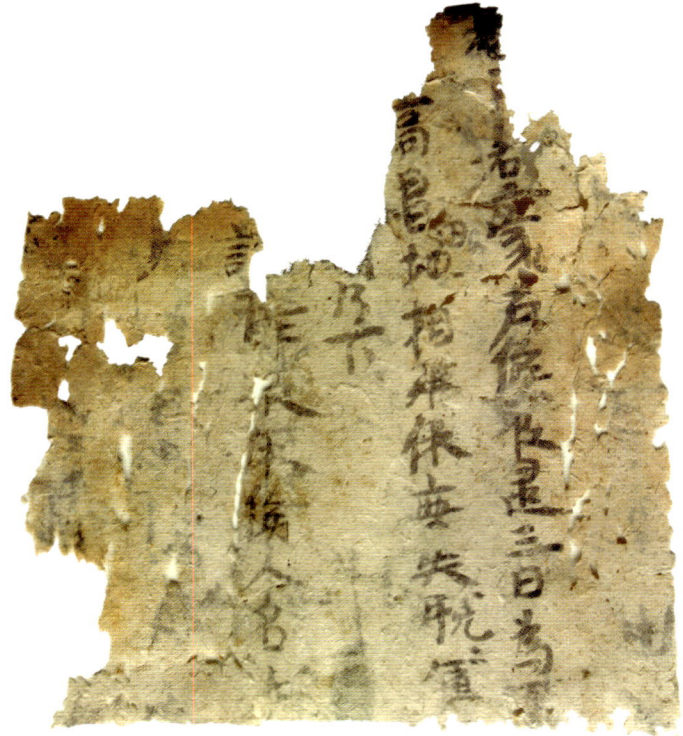

（二）

1 □——右二家户候次，逮三日爲更，

2 □高昌、田地相承保，無失脱，失脱軍

3 到乃下。

4 謹條次取候人名如

5 行。

（後缺）

（三）

（前缺）

1

2 □杜佛興、陳□、□

3 ——右十四家户候次，逮□

4 賊曹闞禄白，謹條□

5 如右，事諸紀識奉

6 主簿 就

7 □

（後缺）

2006TSYIM4:3–6

2006TSYIM4:3–7

（四）

（前缺）

1 □夜火，与高昌□

2 □月十七日候廿日□□

3 □——右二家户候□

4 □ □

5 □ □□

（後缺）

（五）

（前缺）

1 □□——右二家户□□

2 □昌、田地相承□

3 □代，々到乃下□

（後缺）

2006TSYIM4:3-8

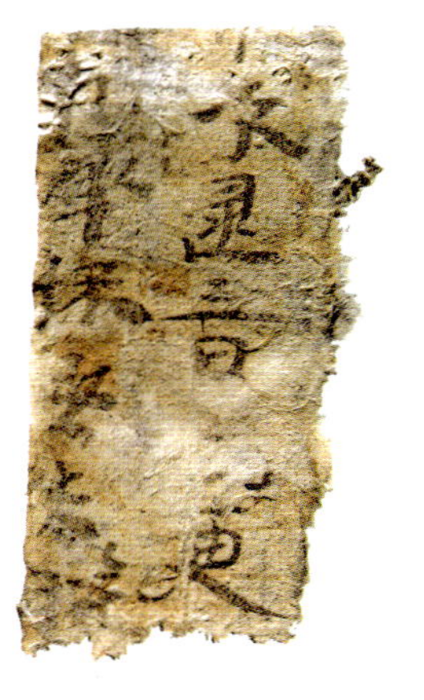

2006TSYIM4:3-9

0　5cm

（六）

（前缺）

1 ［　］逮三日爲［　］

2 ［　］失脱，失脱軍法［　］

3 ［　］

4 ［　］□□□

（後缺）

（七）

（前缺）

1 ［　］□候次，逮三日爲更，［　］

2 ［　］相承保，無失脱，失脱［　］

（後缺）

2006TSYIM4:3-10

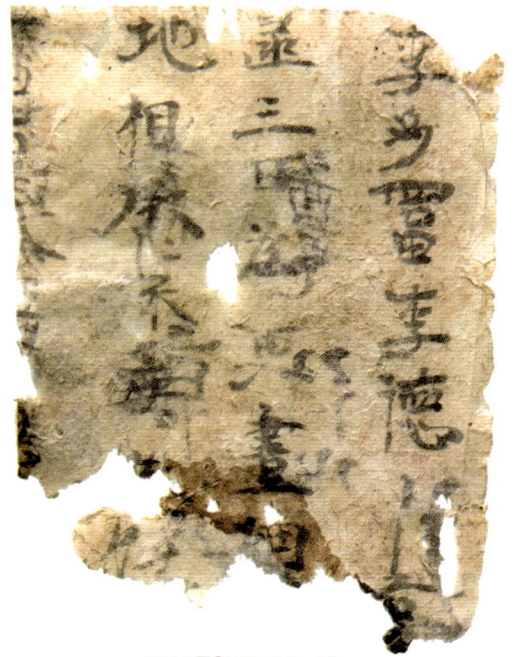

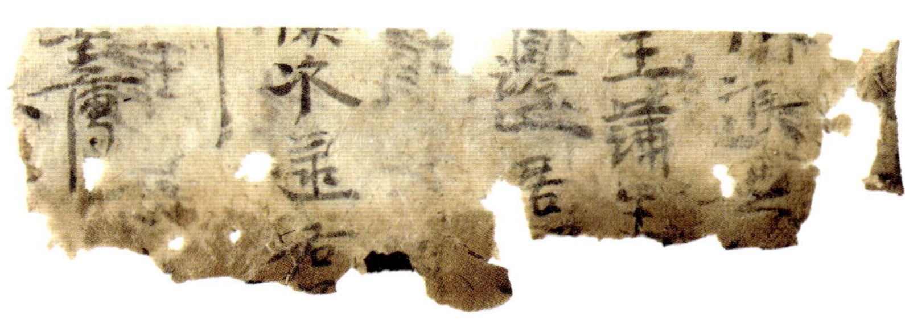

2006TSYIM4:3-11

0　5cm

（八）

（前缺）

1 李沙富、李德——右

2 逮三日爲更，晝烟

3 地相承保，無失脱，

4 □与代，々□□

（後缺）

（九）

（前缺）

1 □□

2 □□興

3 王蒲生

4 □居

5 □

6 候次，逮右□

7 行。

8 主簿

9 史

（後缺）

2006TSYIM4:3-12

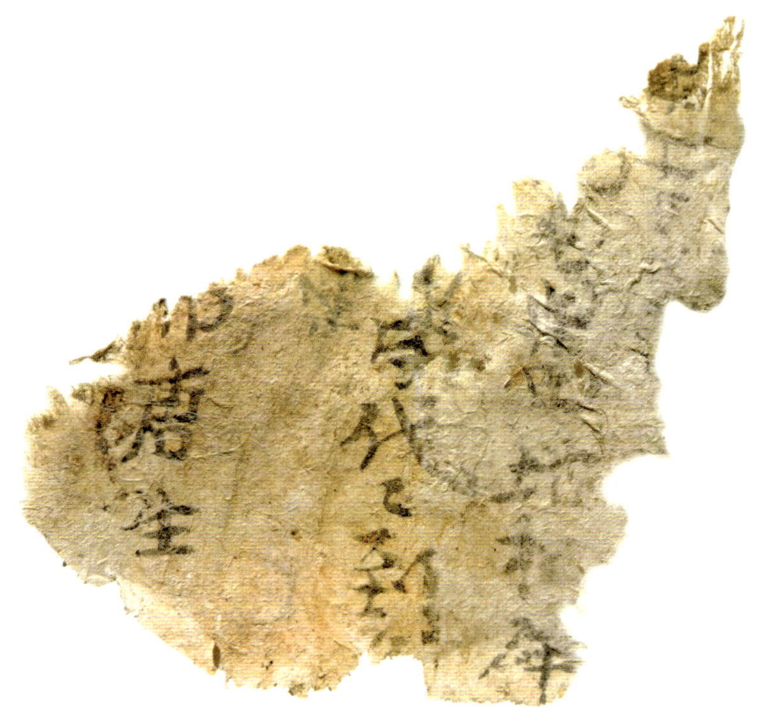

2006TSYIM4:3-13

（一〇）

（前缺）

1 ［　］次，逮三日爲更［　］

2 ［　］失脱，失脱軍法，［　］

3 ［　］

4 ［　］名如右

（後缺）

（一一）

（前缺）

1 ［　］

2 ［　］高昌、田地相承［　］

3 ［　］与代，々到乃［　］

4 ［　］

5 ［　］□唐生［　］

（後缺）

2006TSYIM4:3–14

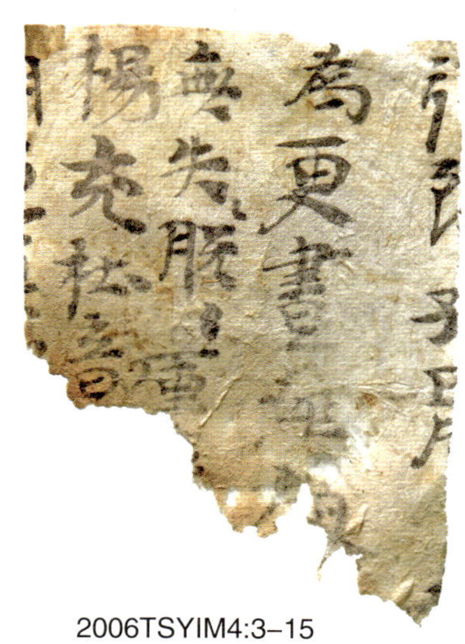

2006TSYIM4:3–15

（一二）

1 孔明、□□——右二人□

2 賊曹闞禄白，謹

3 右，事諸紀識

（後缺）

（一三）

（前缺）

1 張□、孔□——右

2 爲更，晝烟夜

3 無失脱，失脱軍法，

4 楊充、杜音

5 □□□□

（後缺）

2006TSYIM4:3-17b 背面

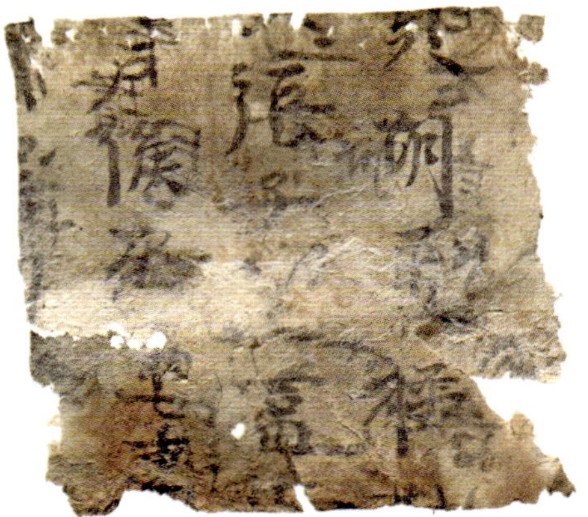

2006TSYIM4:3-16

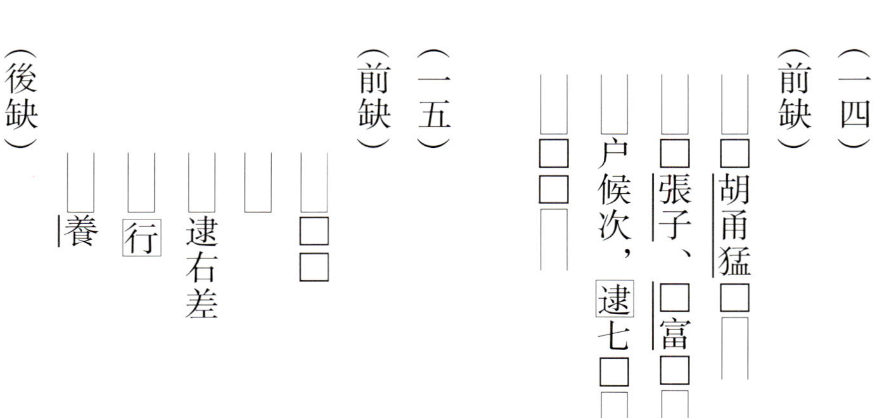

（一四）

（前缺）

□胡甬猛□

□張子、□富□

户候次，逮七□

□□

（一五）

（前缺）

□□

逮右差

行

養

（後缺）

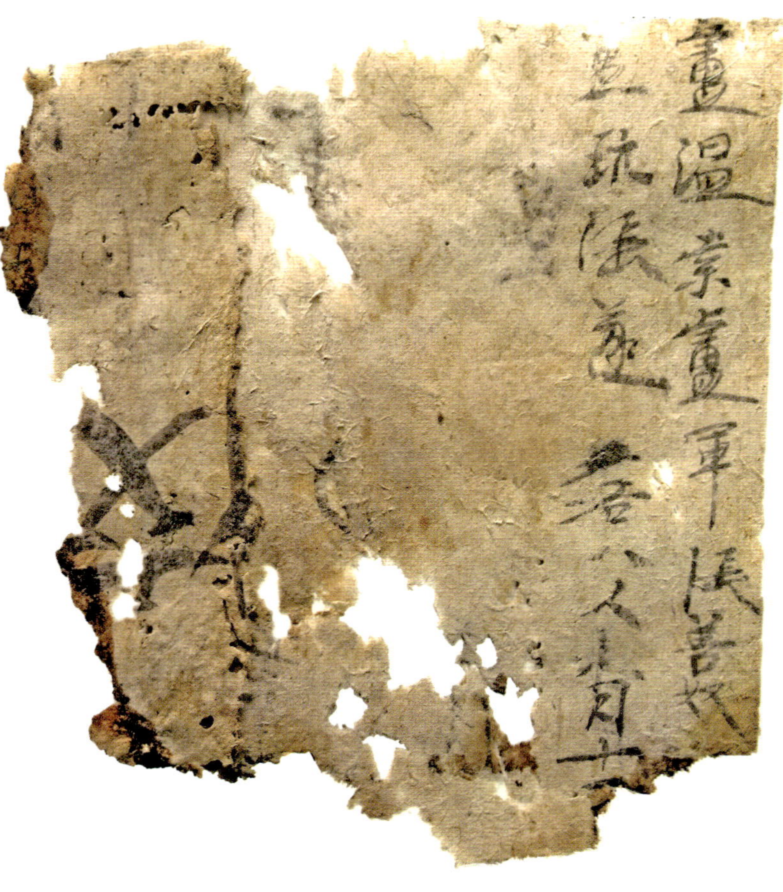

2006TSYIM4:3-19a 背面　　2006TSYIM4:3-19b 背面

（一六）

1 盧温　索盧軍　張善奴　□

2 盧玩　張遂　右八人，八月十一日

（中空）

3 校

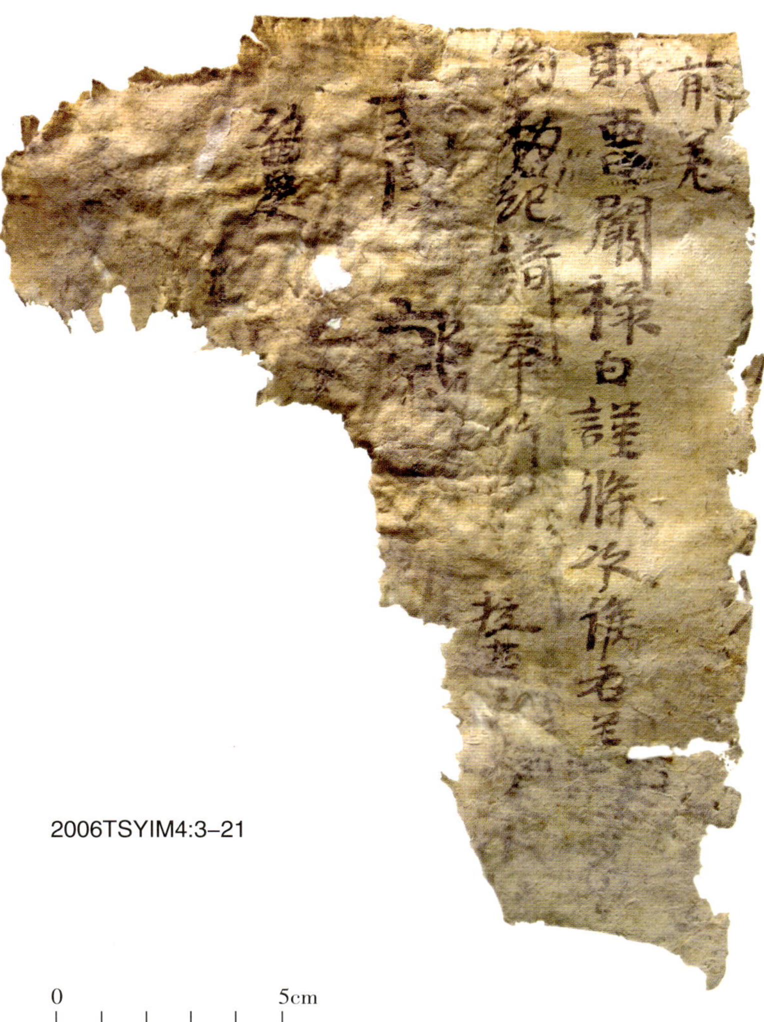

2006TSYIM4:3-21

（一七）

（前缺）

1

2 前差

3 賊曹闞禄白，謹條次候右差

4 約勅紀識奉行。　校曹

5 主簿　就

6 功曹史　□

（後缺）

2006TSYIM4:3-21 背面

2006TSYIM4:3-24

（一八）

（前缺）

1 □

2 □軍法，

3 □成宋，遣

4 牛，承前□

5 賊曹闞禄白，謹條

6 人名如右，事諸紀識奉行。

7 　　校曹主簿

8 　　□□□□日

（後缺）

（一九）

（前缺）

1 □條次□

2 勑奉行。

3 　　校曹主簿　養

4 　八月廿六日白

5 　　廷掾　謐

6 　　録事　猛

2006TSYIM4:3–24 背面

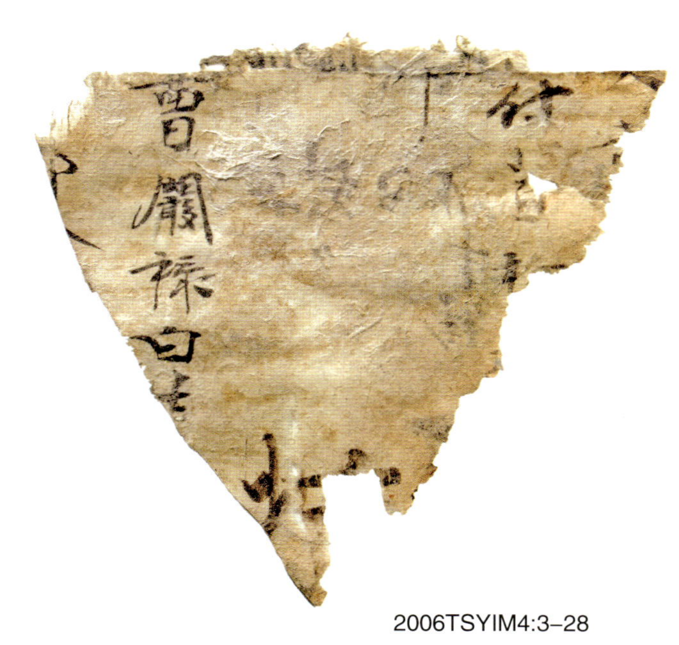

2006TSYIM4:3–28

（二〇）

（前缺）

1 □□□禄白，□

2 □幢騎□□□□

3 行。

4 主簿 就

5 功曹史□

（後缺）

（二一）

（前缺）

1 □□

2 付曹□

3 行。

4 校

5 曹闞禄白，□

6 □

（後缺）

2006TSYIM4:3-33　　2006TSYIM4:3-30

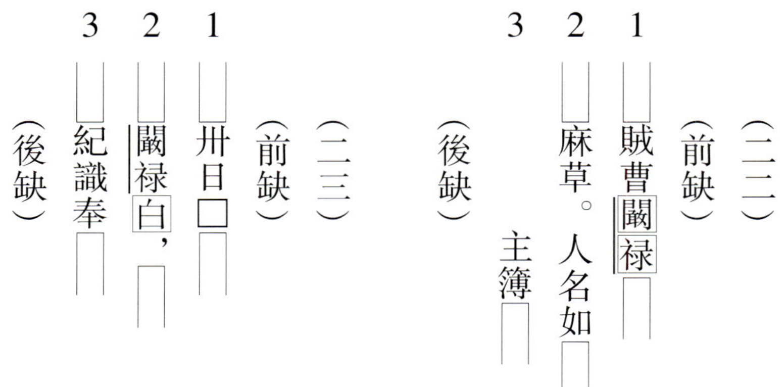

（二二）

（前缺）

1 □賊曹闞禄□

2 □麻草。人名如□

3 　　主簿□

（後缺）

（二三）

（前缺）

1 □卅日□□

2 □闞禄白，□

3 □紀識奉□

（後缺）

2006TSYIM4:3–38

2006TSYIM4:3–38 背面

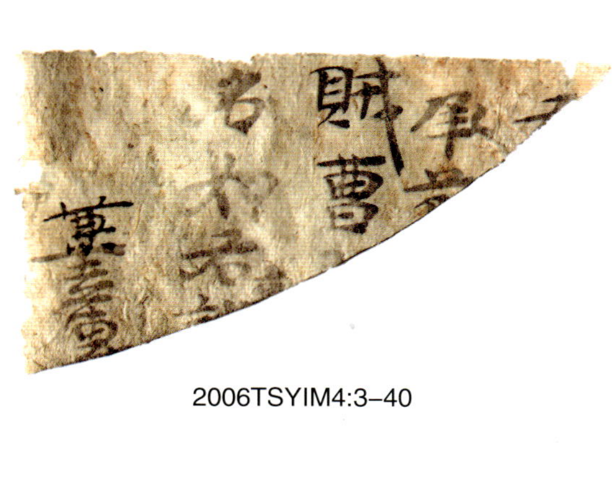

2006TSYIM4:3–40

（二四）

（前缺）

1 ［ ］差［ ］

2 ［ ］承前［ ］

3 ［ ］逮右差［ ］

4 ［ ］ ［ ］

5 ［ ］養

（二五）

1 □［ ］

2 承前［ ］

3 賊曹□［ ］

4 名如右，□□［ ］

5 兼主簿［ ］

（後缺）

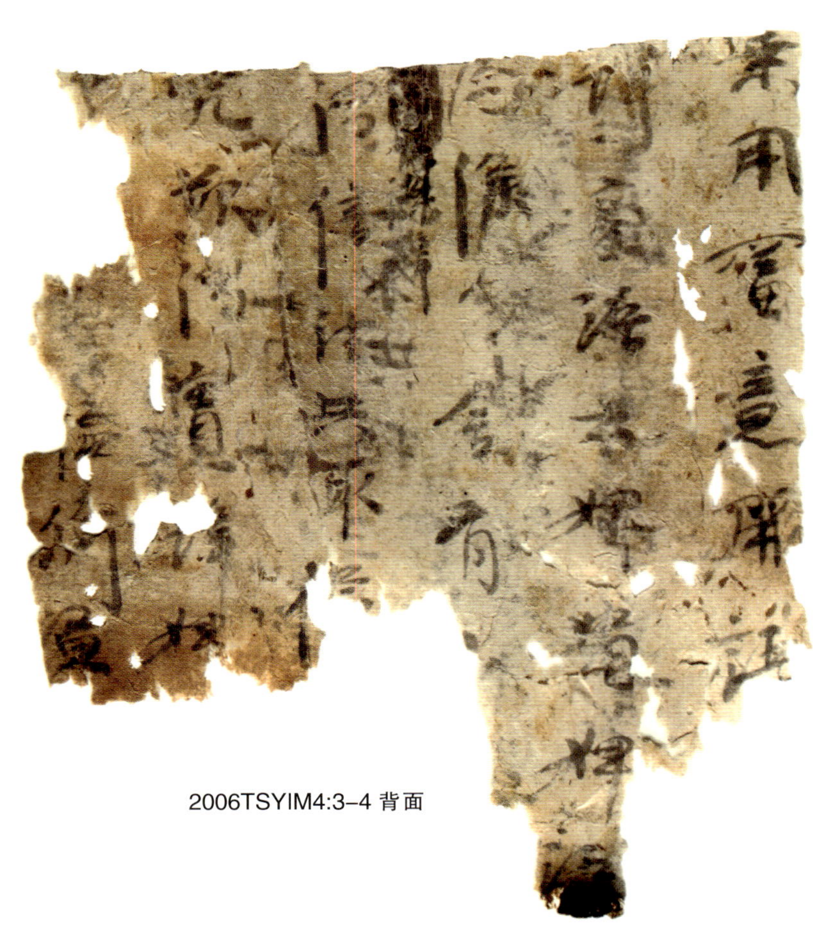

2006TSYIM4:3-4 背面

2006TSYIM4:3-26

一二　北涼文書爲偷盜事

本件文書揭自趙貨紙帽。與正面倒書。第三、四行間有文字夾寫，後塗去。

（前缺）

1 ［　］乘用，富意開語［　］

2 ［　］辭□語云，婢□婢語［　］

3 ［　］爲候分，舍有□［　］

4 ［　］得信，往共取□［　］

5 ［　］究，欲得實辭，婢［　］

6 ［　］□偷盜［　］

（後缺）

一三　北涼宋□辭

本件文書揭自趙貨紙帽。

1 宋□列辭稱：於舍亡右□［　］

2 ［　］□□行□□［　］

3 ［　］曹主［　］

（後缺）

0 5cm

2006TSYIM4:3-18

一四 北涼愛紀辭

本件文書揭自趙貨紙帽。正面有未揭裱乾淨之文字，末尾有粗筆勾勒。背面有殘字二及揭裱未淨之粘貼文字，不可釋讀。

（前缺）

1 □

2 愛紀列辭稱：去秋共

3 奴往□□曹宿，愛取細袴

4 索祖□沙彌奴相生等，飢□

5 録超等責辭，校案須□

6 奉行。

7 校曹主簿養

8 □

9 □

2006TSYIM4:3-19b　　2006TSYIM4:3-19a

0　5cm

一五　北涼某年九月十六日某人辭

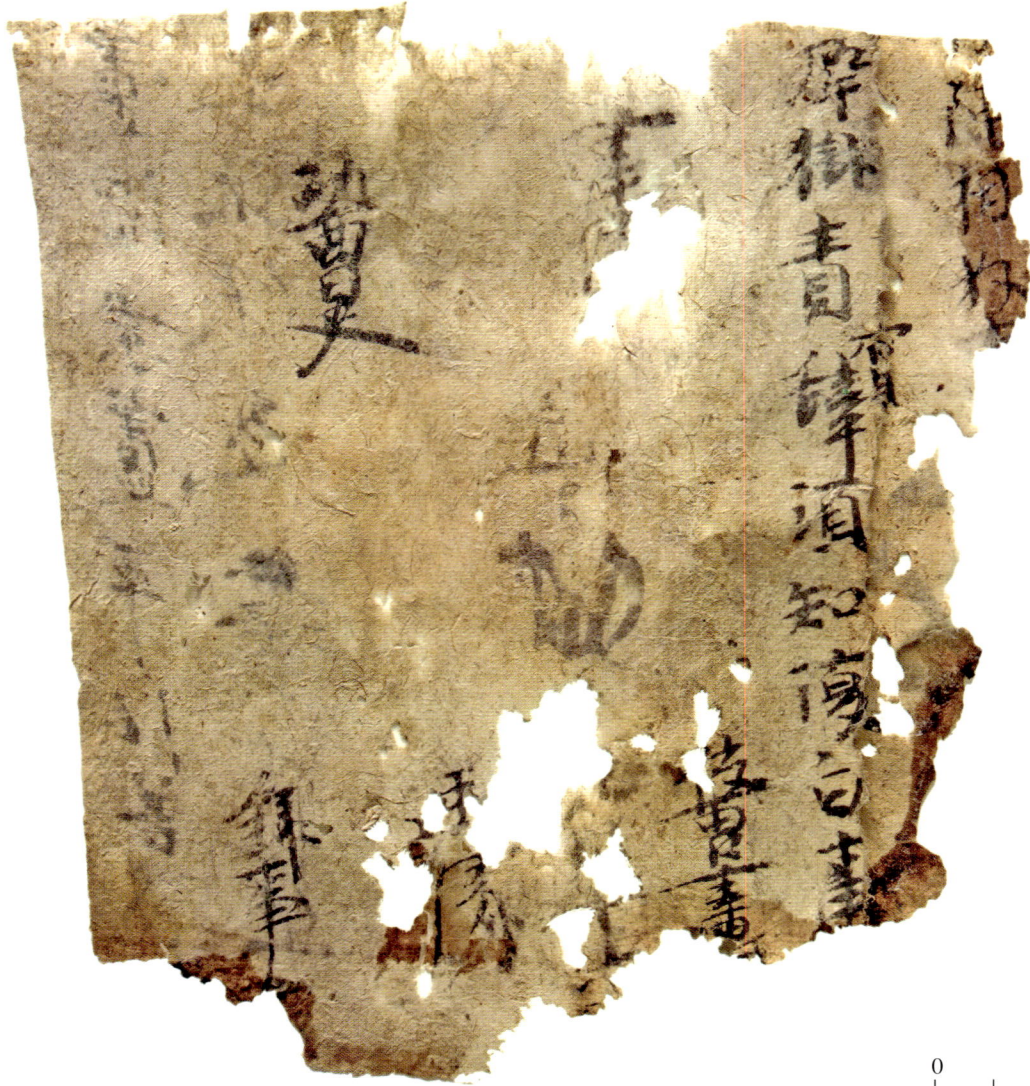

本件文書揭自趙貨紙帽。由兩片綴合。後餘白，紙邊似有文字殘迹。

（前缺）

1 □□陳相奴□□

2 □閉獄責實辭，須知復白，事□

3 　　　　　校曹主簿□

4 　主簿□　九月十六□

5 　　　　　廷掾□

6 　功曹史

7 　　　　　録事□

（後缺）

2006TSYIM4:3-25 背面

2006TSYIM4:3-20

一六　北涼高昌郡某縣賊曹闞禄白爲翟紾失盜事

本件文書揭自趙貨紙帽。翟紾見同墓北涼高昌郡高寧縣差役文書（一）。

1 賊曹闞禄白：翟紾□

2 □（亡右𥶡雜物）王相興、宋得成偷紾□□□

3 □□緑鞾（履）□九，閉獄責辭，□□

4 □□□□□復求精校，請□

5 □□

（後缺）

一七　北涼殘文書

本件文書揭自趙貨紙帽。

（前缺）

1 □□物

2 □□閉獄

3 □□□□

4 □，被問須知

5 □

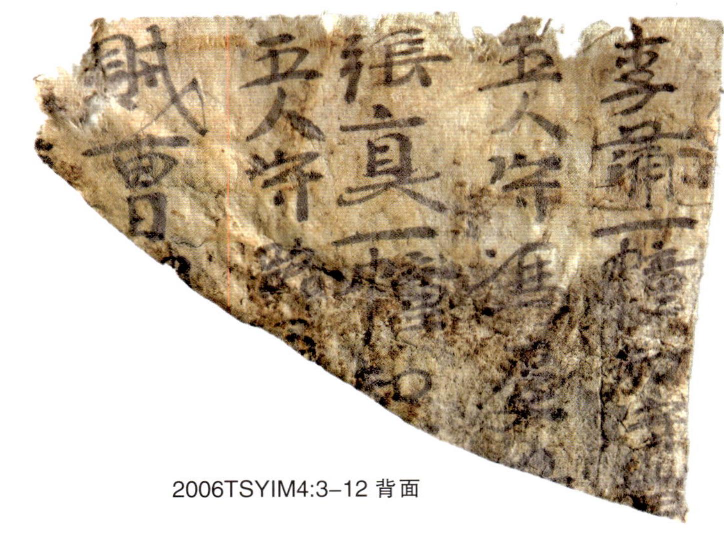
2006TSYIM4:3–12 背面

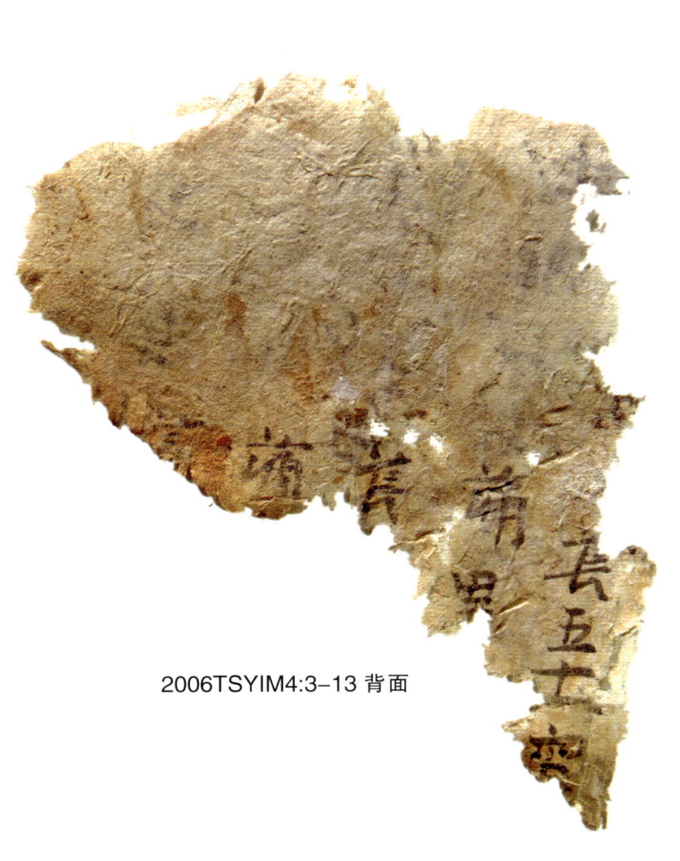
2006TSYIM4:3–13 背面

一八　北涼戍守文書

本件文書揭自趙貨紙帽。

李蒲一幢知守曹□
五人守馮受□
張真一幢知
五人守路□
賊曹□
□□
（後缺）

一九　北涼殘户籍

本件文書揭自趙貨紙帽。與正面倒書。

（前缺）
□萇五十一□
蒲男□
萇
蒲
萇
（後缺）

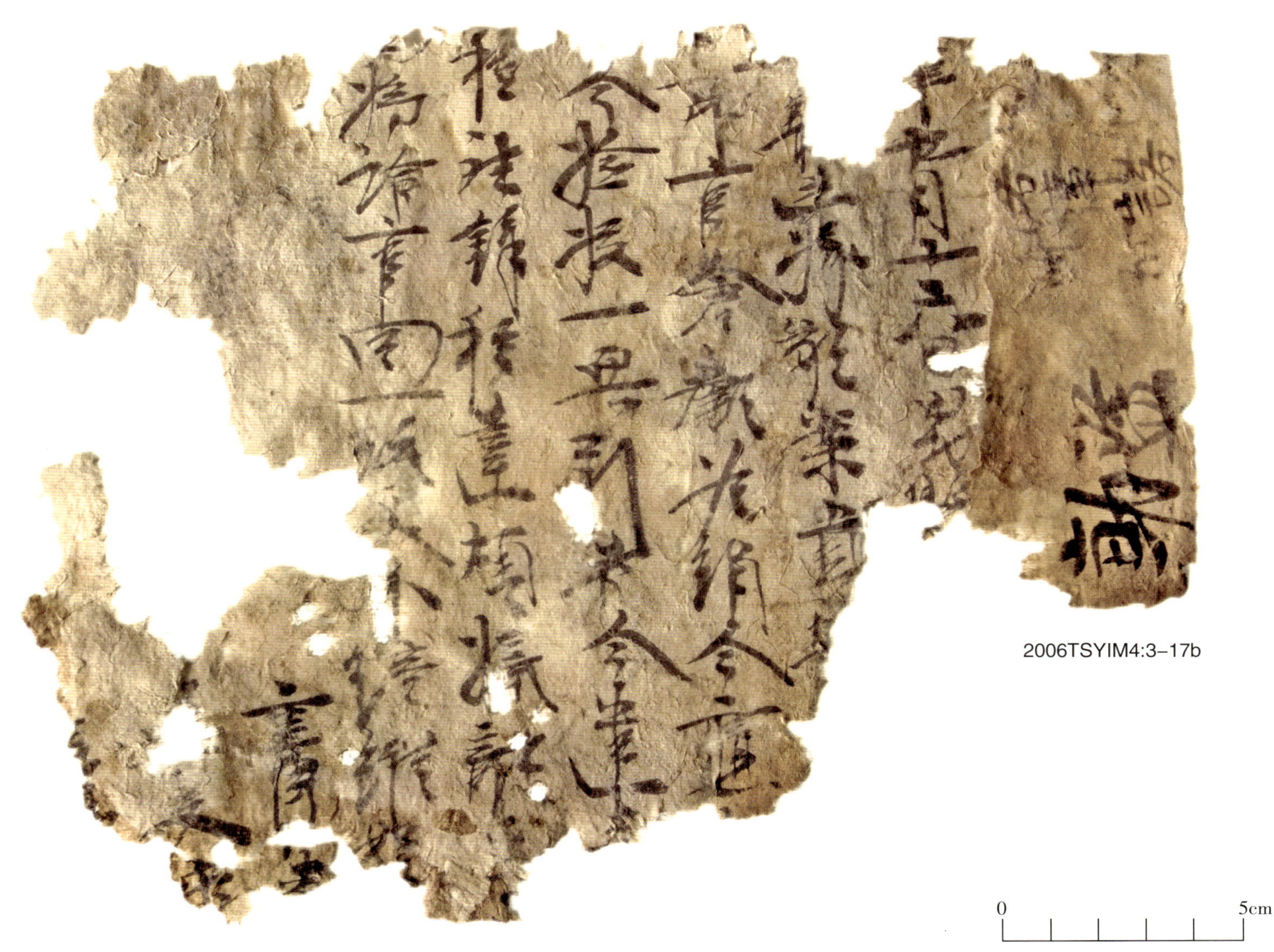
2006TSYIM4:3–17b

2006TSYIM4:3–17a

二〇　北涼某年九月十六日某縣廷掾案爲檢校絹事

本件文書揭自趙貨紙帽。背無字。右側粘連一殘片，另録。

［　］年九月十六日，田地縣［　］
［　］□縣廷掾敬案貴(?)□［　］
［　］□取官倉獻(?)爲絹。今應□［　］
［　］今檢校，一無到者，今遣□［　］
［　］□往録移達，煩攝離□［　］
［　］□將詣官同一□□不縚縱□［　］
主簿□
功曹史□
録事［　］

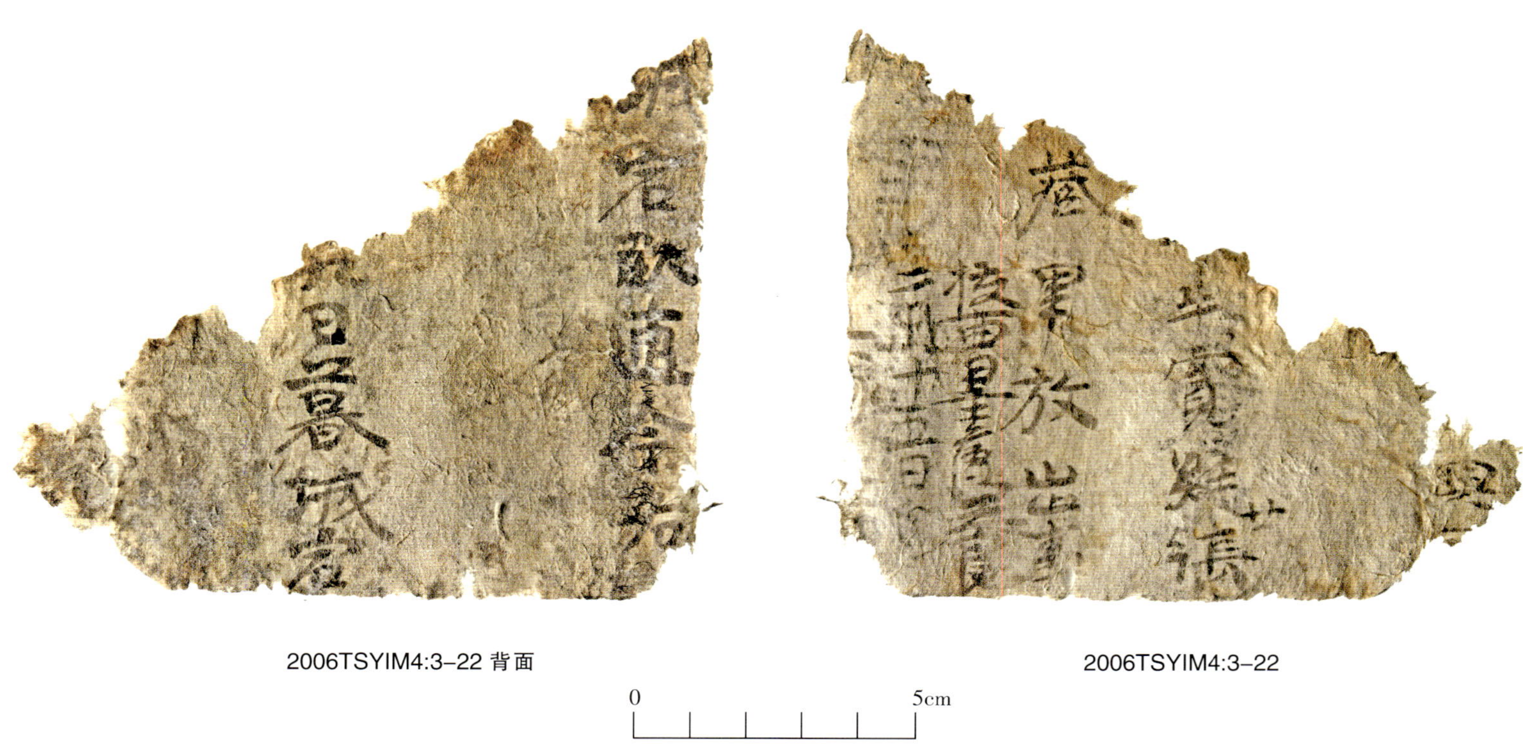

2006TSYIM4:3-22　　2006TSYIM4:3-22 背面

0　5cm

二一　北涼某年二月十五日殘文書

本件文書揭自趙貨紙帽。

（前缺）

1 ［　］興□

2 ［　］

3 ［　］牛賈毯廿張

4 ［　］藏畢放出，事

5 ［　］校曹主簿養

6 二月十五日白

7 廷掾 □

二二　北涼殘文書

本件文書揭自趙貨紙帽。

（前缺）

1 ［　］城宕既逋，今各

2 ［　］

3 ［　］九日暮城宕

4 ［　］

（後缺）

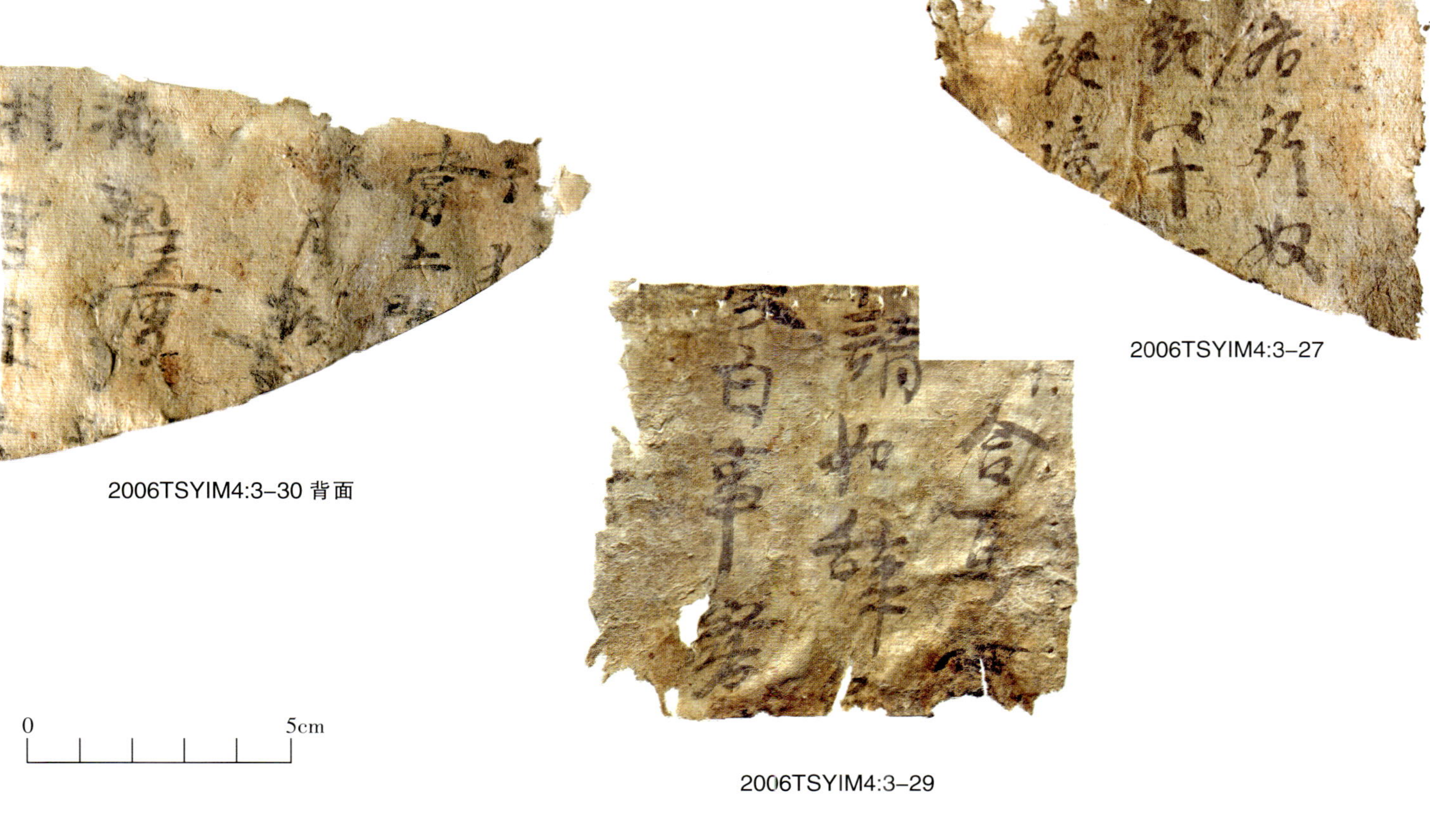
2006TSYIM4:3-30 背面
2006TSYIM4:3-27
2006TSYIM4:3-29

二三 北涼殘文書

本件文書揭自趙貨紙帽。

1 各行奴□

2 毯八十六□

3 紀識□

（後缺）

二四 北涼殘文書

本件文書揭自趙貨紙帽。

（前缺）

1 □向䒤馬□□

2 □□請如辭。□□

3 □□白，事諾□

（後缺）

二五 北涼殘文書

本件文書揭自趙貨紙帽。

（前缺）

1 □□□□

2 □當亡□□

3 □復問須□

4 主簿□

（後缺）

2006TSYIM4:3–31

2006TSYIM4:3–34

0　5cm

二六　北涼殘文書

本件文書揭自趙貨紙帽。背面塗墨。

（前缺）

1 洿、牛藏、蘇

2 □即攝

3 □逃攝

4 賓

5 □

（後缺）

二七　北涼殘文書

本件文書揭自趙貨紙帽。背無字。

（前缺）

1 □□

2 案審不到

3 □□仰□

4 □□准

（後缺）

2006TSYIM4:3-32

二八　北涼殘文書

本件文書揭自趙貨紙帽。

（前缺）

1　［　］取□□［　］

2　［　］常日［　］

3　［　］

4　［　］直諂［　］

5　［　］□兒物［　］

6　［　］□道□［　］

7　［　］常被［　］

8　［　］奉行

9　［　］□［　］

（後缺）

2006TSYIM4:3-36

2006TSYIM4:3-6 背面

二九　北涼殘文書

本件文書揭自趙貨紙帽。背無字。

（前缺）

1 □□令往

2 □住海二日到廿五

（後缺）

三〇　北涼某年六月六日官文書尾

本件文書揭自趙貨紙帽。末尾有勾勒。

（前缺）

1 六月六日

2 □　廷掾

3 □　録事

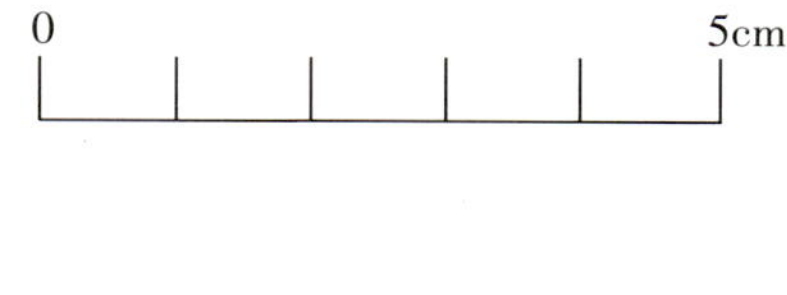

2006TSYIM4:3–9 背面

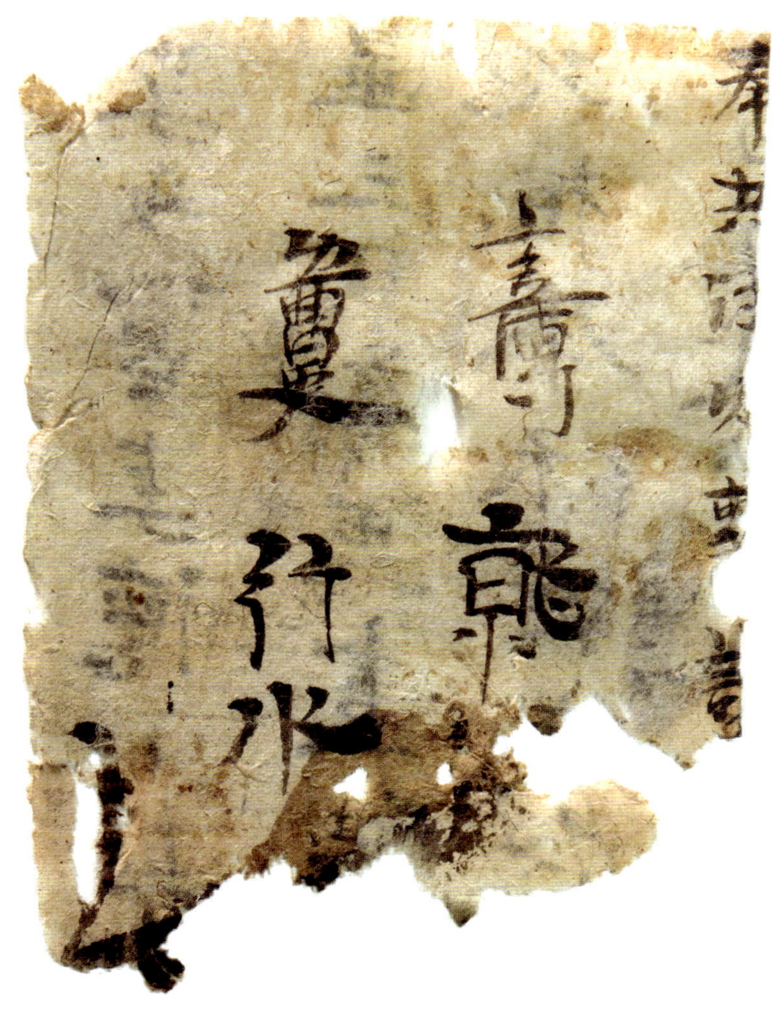

2006TSYIM4:3–10 背面

三一　北涼官文書尾

本件文書揭自趙貨紙帽。

（前缺）

1 □廷掾　溢

2 □録事　勃

（後缺）

三二　北涼官文書尾

本件文書揭自趙貨紙帽。末尾有勾勒。

（前缺）

1 奉共往□，事諸□

2 主簿　就

3 功曹史　行水

2006TSYIM4:3-14 背面

2006TSYIM4:3-17b

2006TSYIM4:3-20 背面

三三　北涼官文書尾

本件文書揭自趙貨紙帽。

（前缺）

1 □□　就

2 功曹

（後缺）

三四　北涼官文書尾

本件文書揭自趙貨紙帽。爲同墓北涼某年九月十六日某縣廷掾案爲檢校絹事（2006TSYIM4:3-17a）右側原粘貼之紙片，中有「卌九」二字，似爲揭裱未净之文字，不録。

（前缺）

1 右，事諸

2 溢

3 勍

（後缺）

三五　北涼某年九月六日官文書尾

本件文書揭自趙貨紙帽。

（前缺）

1 □曹主

2 九月六

3 廷掾

4 録事

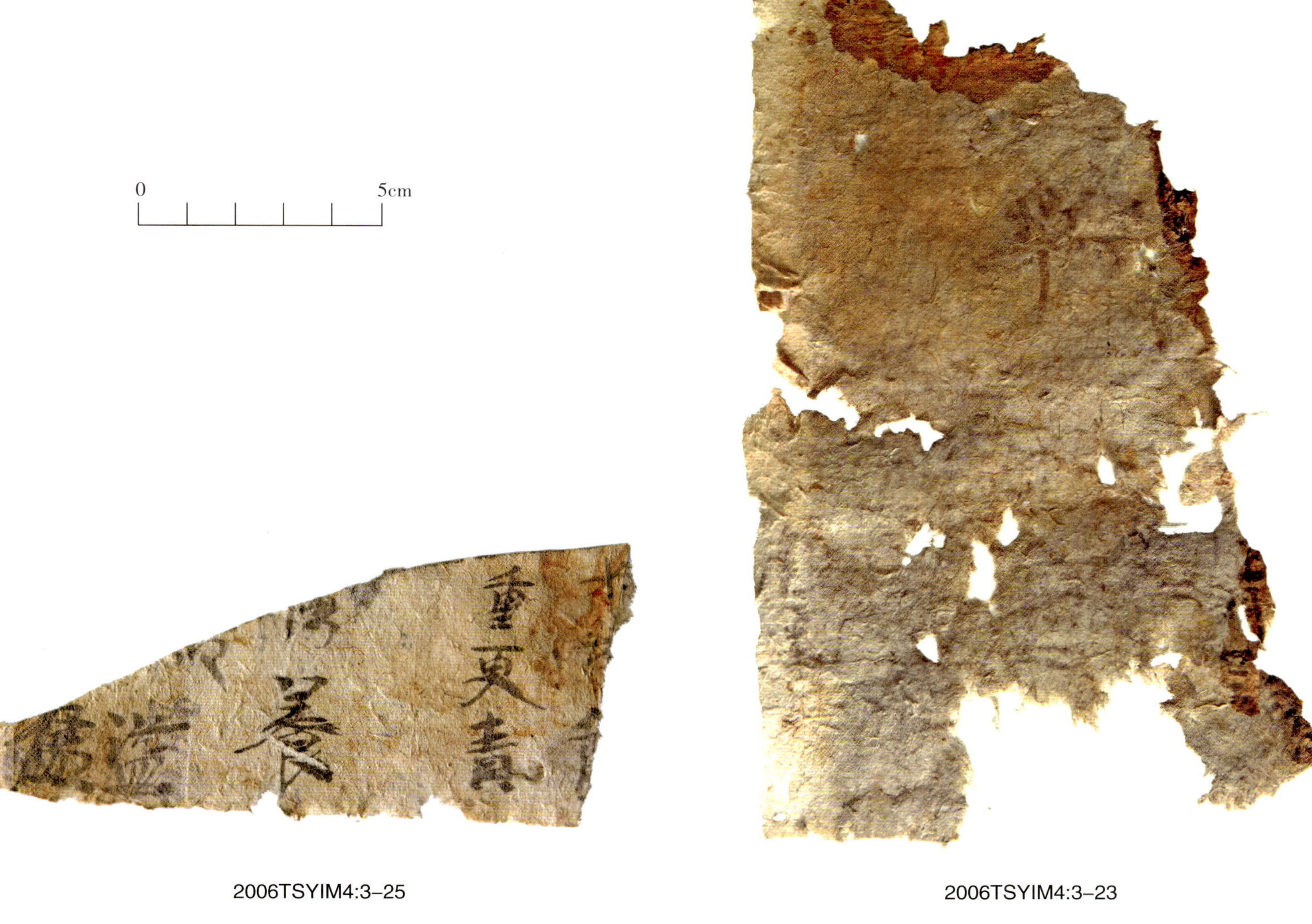

2006TSYIM4:3–23　　2006TSYIM4:3–25

三六　北涼某年正月二十五日官文書尾

本件文書揭自趙貨紙帽。背無字。

（前缺）

1 [　　]正月廿五日白
2 [　　]　主簿　[　　]
3 [　　]争　功曹史　[　　]
4 [　　]　□□（廷）（掾）[　　]
5 [　　]　録事　[　　]

三七　北涼官文書尾

本件文書揭自趙貨紙帽。

（前缺）

1 [　　]□辭□
2 [　　]重更責
3 [　　]
4 [　　][簿]　養
5 [　　]白
6 [　　]溢
7 [　　]猛

（後缺）

2006TSYIM4:3–26 背面

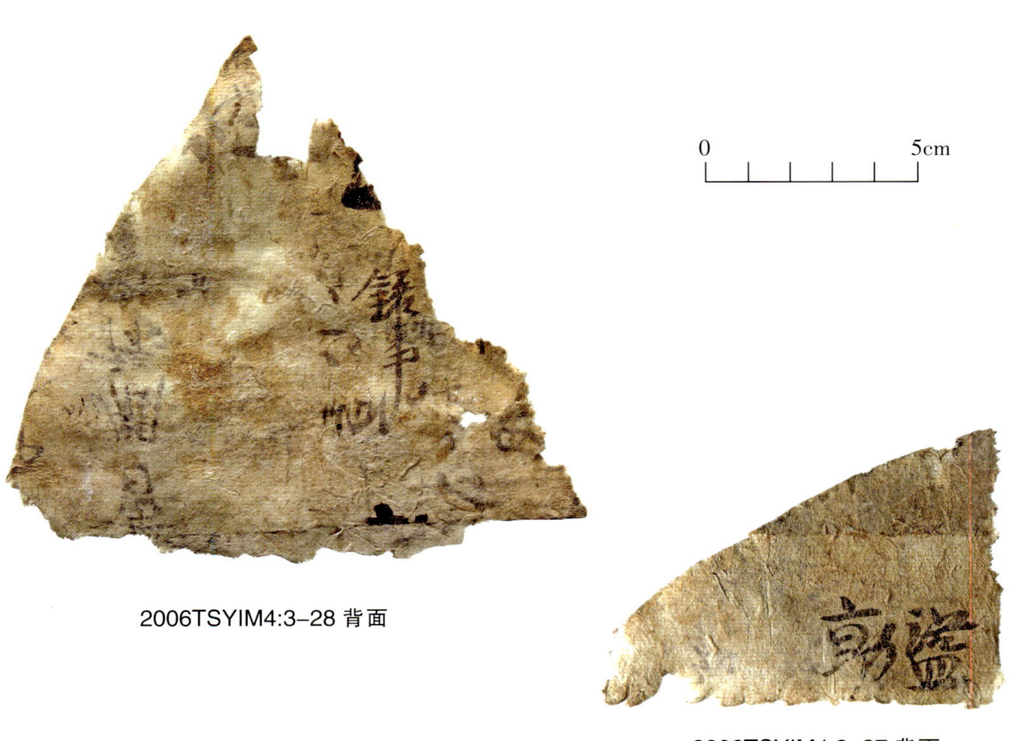
2006TSYIM4:3–28 背面

2006TSYIM4:3–27 背面

三八　北涼某年九月某日官文書尾

本件文書揭自趙貨紙帽。

（前缺）

1 ［　］　九月□［　］

2 ［　］　廷掾［　］

3 ［　］　録事［　］

三九　北涼官文書尾

本件文書揭自趙貨紙帽。與正面倒書。

（前缺）

1 ［　］　溢

2 ［　］□　勍

四〇　北涼官文書尾

本件文書揭自趙貨紙帽。與正面倒書。「録事」上有勾勒。

（前缺）

1 録事　□

（後缺）

2006TSYIM4:3-32 背面

2006TSYIM4:3-29 背面

四一 北涼官文書尾

本件文書揭自趙貨紙帽。末尾有勾勒。

（前缺）

1 □簿 就

2 □曹史 昺

（後缺）

四二 北涼某年某月二十六日官文書尾

本件文書揭自趙貨紙帽。前四行爲一官文書末尾，有勾勒。最後一行與上文倒書，爲另一文書的人名「昺」押署。

（前缺）

1 □校曹主□

2 □□月廿六□

3 廷掾□

4 録事□

2006TSYIM4:3-35

2006TSYIM4:3-39

2006TSYIM4:3-42 背面

四三　北涼官文書尾

本件文書揭自趙貨紙帽。「録」上有勾勒。

（前缺）

1 功曹史　昺

2 録□

（後缺）

四四　北涼某年八月十一日官文書尾

本件文書揭自趙貨紙帽。背無字。

（前缺）

1 □識奉行　校曹主簿□

2 □□　八月十一□

四五　北涼官文書尾

本件文書揭自趙貨紙帽。

（前缺）

1 主簿□

2 録事□

（後缺）

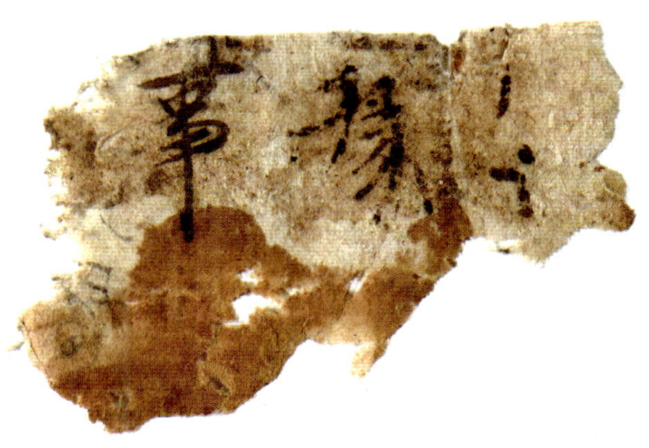
2006TSYIM4:3-41

2006TSYIM4:3-41 背面

0 5cm

四六　北涼官文書尾

本件文書揭自趙貨紙帽。

（前缺）

1 ［　］□□［　］

2 ［　］廷掾［　］

3 ［　］録事［　］

（後缺）

四七　北涼某年某月十九日官文書尾

本件文書揭自趙貨紙帽。

（前缺）

1 ［　］月十九日白

2 ［　］掾［　］

3 ［　］事［　］

（後缺）

四八　文書殘片若干

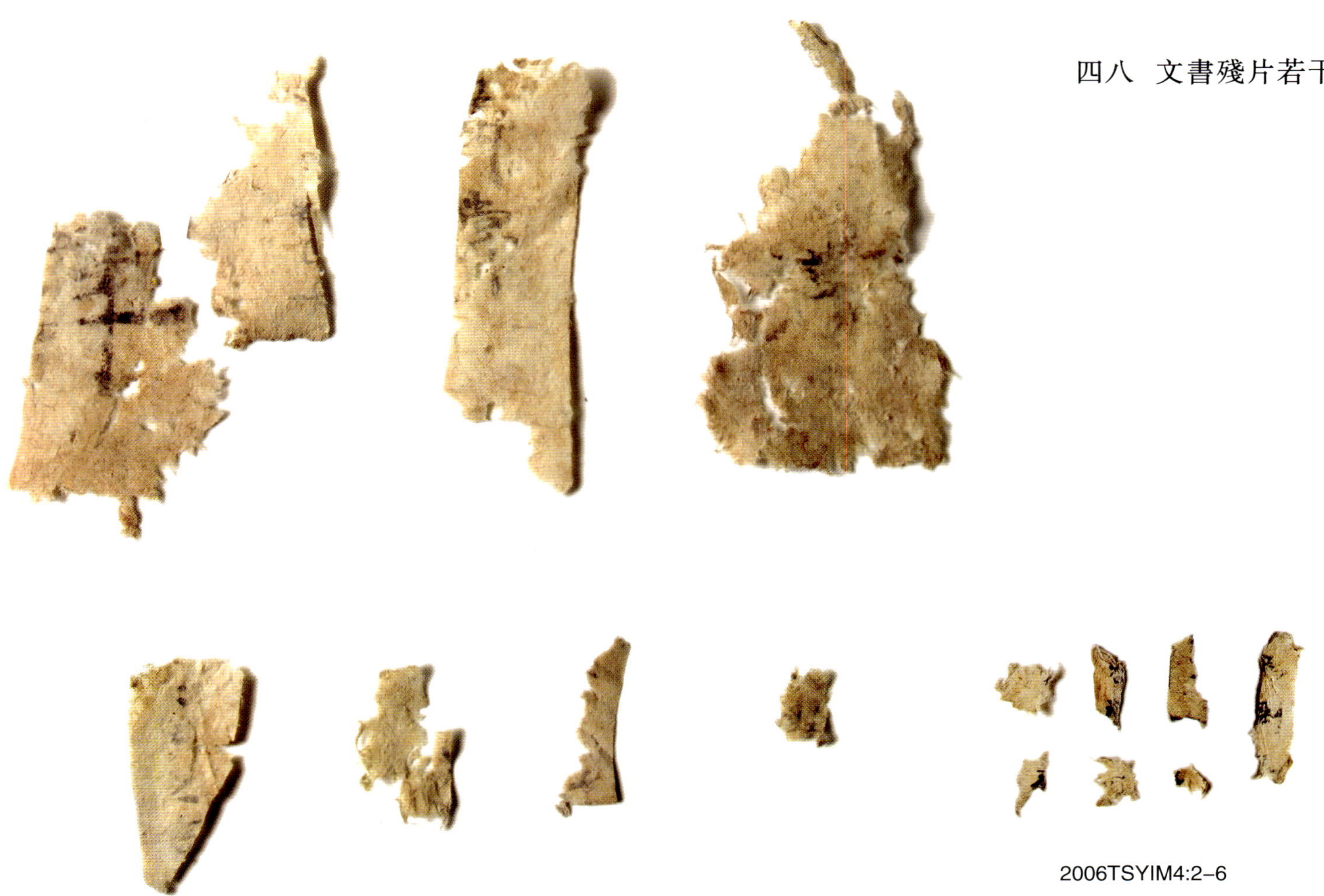

2006TSYIM4:2-6

2006TSYIM4:5-3

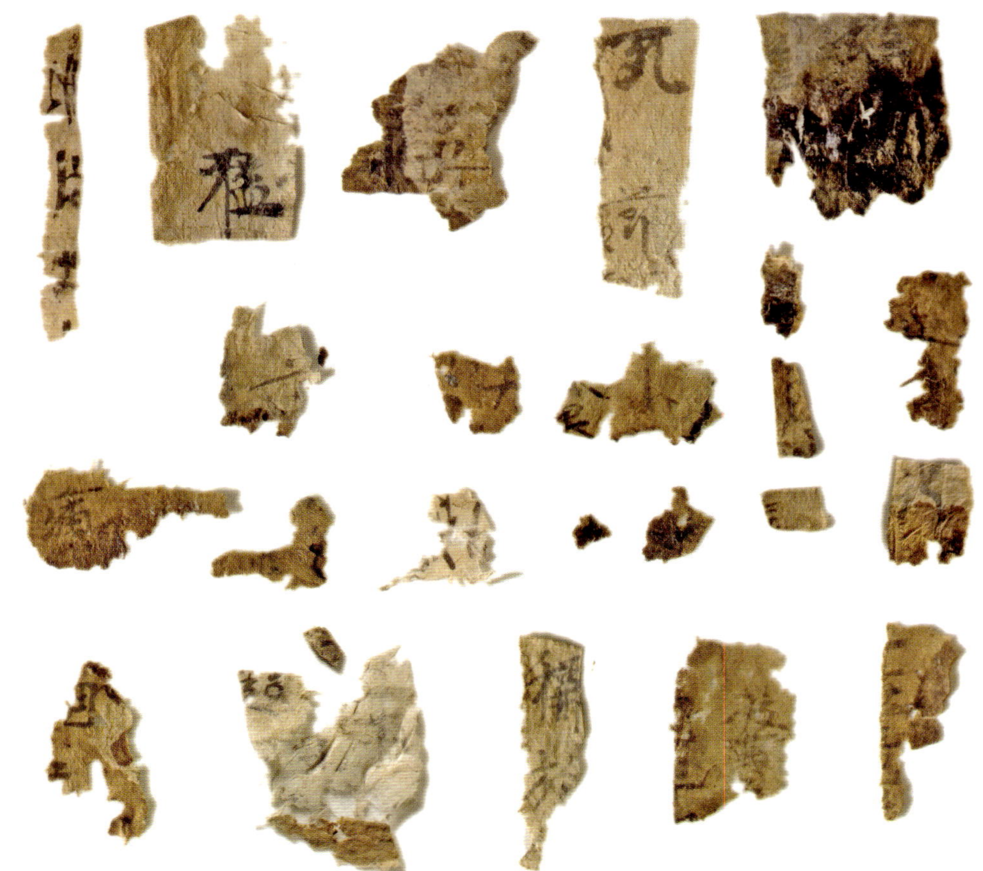

2006TSYIM4:3-43a

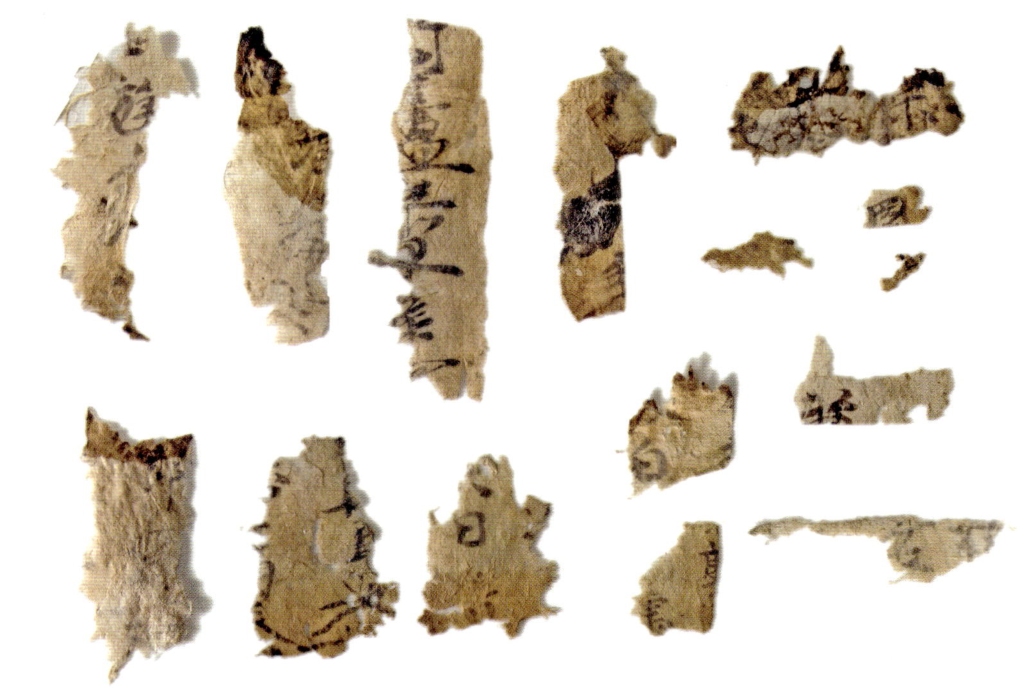

2006TSYIM4:3–43b

2006TSYIM4:4–43c